As Melhores
SELEÇÕES ESTRANGEIRAS
de Todos os Tempos

Proibida a reprodução total ou parcial em qualquer mídia
sem a autorização escrita da editora.
Os infratores estão sujeitos às penas da lei.

A Editora não é responsável pelo conteúdo deste livro.
O Autor conhece os fatos narrados, pelos quais é responsável,
assim como se responsabiliza pelos juízos emitidos.

Consulte nosso catálogo completo e últimos lançamentos em **www.editoracontexto.com.br**.

As Melhores
SELEÇÕES ESTRANGEIRAS
de Todos os Tempos

Mauro Beting

Copyright © 2023 do Autor

Todos os direitos desta edição reservados à
Editora Contexto (Editora Pinsky Ltda.)

Capa e projeto gráfico
Gustavo S. Vilas Boas

Preparação de textos
Adriana Teixeira

Revisão
Flávia Portellada

Dados Internacionais de Catalogação na Publicação (CIP)
(Câmara Brasileira do Livro, SP, Brasil)

Beting, Mauro
As melhores seleções estrangeiras de todos os tempos / Mauro
Beting. – 1.ed., 1ª reimpressão.– São Paulo : Contexto, 2023.

Bibliografia
ISBN 978-85-7244-461-3

1. Copa do Mundo (Futebol) – História

I. Título.

09-13289   CDD-796.334668

Angélica Ilacqua – Bibliotecária – CRB-8/7057

Índice para catálogo sistemático:
1. Copa do Mundo : Futebol : História 796.334668

2023

EDITORA CONTEXTO
Diretor editorial: *Jaime Pinsky*

Rua Dr. José Elias, 520 – Alto da Lapa
05083-030 – São Paulo – SP
PABX: (11) 3832 5838
contato@editoracontexto.com.br
www.editoracontexto.com.br

À mãe que sentia meus chutes na barriga,
enquanto ouvia a Inglaterra de 1966.
Ao pai que me contava o que era a Hungria de 1954,
quando eu ainda não sabia escrever.
Ao tio Leo que me mostrava a Holanda de 1974
quando eu não sabia contar.
Ao irmão Gianfranco que vibrou quando
a Alemanha dos bisavós foi campeã em 1974.
Ao nonno Angelo que celebrou no céu
quando a Itália ganhou a Copa de 1982.
Ao meu maior, Luca, que chutava a barriga do meu amor
Helen em 1998, enquanto a França passeava.
Ao meu menor, Gabriel, que gosta de craques
e ama o Maradona de 1986.
Ao meu mundo que para um mês a cada quatro anos.
Quando troco namorada por
Coreia do Sul 1 a 1 Bulgária, na Copa de 1986.
Quando ganho tudo por não perder nada de qualquer jogo.

Sumário

Lá fora também se joga bola 9

Hungria de 1954 • A magia magiar.......................................13

Inglaterra de 1966 • Goal save the Queen! 47

Holanda de 1974 • Suprassumo laranja 73

Alemanha de 1974 • Mais dos mesmos 109

Itália de 1982 • Bianco. Verde. E Rossi............................139

Argentina de 1986 • Diego por todos e todos por El Diez 177

França de 1998 • Bleu. Blanc. Rouge. E negro 211

Bibliografia...237

O autor..239

Lá fora também se joga bola

Abrindo o jogo

Se o mundo da bola discute até quem é o "Pelé" do futebol (Pelé? Maradona? Garrincha?), definir as melhores seleções de todos os tempos (fora as brasileiras) é assunto para a vida toda. É quase impossível comparar períodos distintos do esporte, e pode resultar anacrônico igualar o futebol de diferentes décadas. A bola que voa em 2010 é outra pelota, se comparada a que rolava em 1970. Piorou? Melhorou? Mudou. Como a vida. Como o mundo.

A memória é seletiva. Esquecemos os "bagres", escalamos apenas os craques nos nossos times dos sonhos – mais oníricos que reais. Editar (logo, selecionar) times e tempos não é fácil. É ritual de árbitro: entrar em campo vaiado, só por ter tido a pretensão de apitar um jogo desse tipo, e correndo o risco de ser ainda mais xingado por qualquer deslize. Selecionar apenas sete times é um jogo de sete erros. Mesmo acertando a mão na hora de escolher quem tanto acertou o pé em campos do mundo.

Como jornalista por esporte há quase duas décadas, como apaixonado pelo futebol que vejo há 37 anos em estádios e estúdios, eu e o time de editores da Contexto fizemos como os sete treinadores deste livro: adotamos critérios (discutíveis, como o futebol), selecionamos elencos (ainda mais polêmicos), escalamos os times (prontos para serem "cornetados"), teimamos demais, nos unimos nos erros, delegamos os acertos, vamos levar pancada da imprensa, e fomos ao jogo invencível: como contar o muito que contaram essas seleções para a antologia ilógica do jogo?

Para narrar uma história de futebol não bastam historinhas. Este é livro para ser consumido sem moderação em botecos e barracos de mesas redondas, e sem reservas em bancos de escola e de beira de gramado. Para tanto, escalei para fazer as entrevistas e as análises os jovens jornalistas André Rocha

10 As melhores seleções estrangeiras de todos os tempos

e Dassler Marques. Dois que sabem muito. E aprenderam que, no futebol, só se chuta dentro de campo. Não no Jornalismo.

O Brasil de 1970, o melhor dos "Brasis" e do mundo, não era apenas um punhado de craques. Era uma constelação ordenada. Não seria o melhor de todos os times dos campos, se não funcionasse como uma equipe organizada. Contar a história de uma seleção histórica de Copa sem aprofundar taticamente a discussão é julgar um livro pela capa – e levar para casa algo muito superficial, o que este livro não é.

Critérios de seleção

Primeiro critério para um esquadrão participar do nosso campeonato: disputar uma Copa do Mundo. Ficam de fora grandes equipes como a Celeste Olímpica do Uruguai, medalha de ouro em 1924 e 1928. O Wunderteam austríaco dos anos 1930. Outra ausência é a Argentina dos anos 1940, de luta e de luto, sem futebol e sem mundiais.

Segundo critério para figurar nesta obra, que rendeu tantas noites maldormidas e sonhos bem acordados: é preciso ser uma seleção "sub-58", isto é, ter jogadores que entraram em campo a partir de 1952. É necessário, para estar neste estudo, um futebol preservado pela tecnologia. Imagens para realmente valer por muito mais de mil palavras. O Uruguai campeão de 1930 e 1950 e a Itália bicampeã mundial de 1934-38 foram grandes times que li e ouvi – mas não vi nada além de alguns gols. A Hungria de 1954 já deu para ver. E nada igual se veria depois. Existem imagens suficientes para tentar entender a magia do jogo magiar. Mais de 5 mil partidas em filmes do acervo de Gustavo Roman, craque de Niterói, como Zizinho e Gérson, enciclopédia esportiva como Nilton Santos.

Terceiro critério de convocação: uma seleção apenas por país. O Brasil pentacampeão (e mais o maravilhoso time de 1982) está na obra-prima (e irmã) de Milton Leite, *As melhores seleções brasileiras de todos os tempos*, desta editora. Fora o Uruguai (que não entra pelo segundo critério de seleção), uma equipe representativa de cada escola campeã mundial está no livro: Inglaterra de 1966, Alemanha de 1974, Itália de 1982, Argentina de 1986 e França de 1998. Alguns desses países mereceriam mais de uma seleção, campeã ou não.

Quarto critério de escolha: futebol é mais que bola na rede. Não é preciso conquistar uma Copa para ganhar o mundo. Dois vices mais campeões que muitos vencedores também estão selecionados: a Hungria de Puskas, vice em 1954, e a Holanda de Cruyff, vice em 1974. Duas revoluções táticas e técnicas apresentadas de modo total, como o futebol que jogavam: análise tática de cada jogo, cronologia da formação e explosão do time, desempenho na Copa do Mundo, casos, acasos, coisas e o ocaso de uma era. Além do perfil do craque bandeira de cada equipe.

Quinto critério: campeão não precisa ser admirado, mas deve ser respeitado. Exemplo: a Inglaterra de 1970 era melhor que a de 1966 – mas sagrou-se campeã mundial quando foi seleção anfitriã; a França, em 1982 e 1986, era melhor tecnicamente que a campeã de 1998. Mas quem ergueu a taça foi Zidane, não Platini. A Itália de 1978 jogou mais futebol que a de 1982 (e muito mais que a tetracampeã de 2006). Mas a Squadra Azzurra foi tri no Mundial da Espanha; quatro anos antes, acabou em quarto lugar, na Copa da Argentina. A base e o treinador eram os mesmos.

Sexto critério: não basta ser campeão – é preciso ter craque. A Argentina tem uma escola tão boa quanto a brasileira. Mas ganhou "apenas" duas Copas, em 1978 e 1986. Ou só uma: a segunda foi conquistada pela pessoa física, digo, técnica, de Diego Maradona. Sem ele, possivelmente o organizado time argentino não teria vencido a Alemanha – vice no México, campeã do mundo em 1990 com um bom time, bem arrumado, mas sem grandes craques. Não melhor que aquela seleção que venceu a favorita Holanda, em 1974, com alguns dos favoritos de todos os campos e tempos – Beckenbauer, Gerd Müller, Overath, Breitner e Maier. Todos craques. Melhores que os de 1990.

Saideira

Times enfim escalados, antes de começar o jogo, a pergunta sem resposta: qual a melhor seleção das sete? Até para não correr o risco de apontar uma das duas únicas que não foram campeãs mundiais, fico em cima do muro. Em paz com a consciência. E em dúvida se, realmente, a história é contada apenas pelos vencedores na atividade que é a mais perfeita imperfeição bolada pelo homem – o futebol.

Bom jogo!

12 As melhores seleções estrangeiras de todos os tempos

* * * * *

Meus agradecimentos...

A André Rocha e Dassler Marques. Sem eles não teria jogo nem livro. Fizeram muitas das reportagens e entrevistas, e muitas das melhores linhas da obra. Estão em qualquer seleção de futebol, jornalismo e amizade.

A Gustavo Roman. Sem ele não haveria as imagens que pude ver das sete seleções. A paixão e o trabalho dele e de poucos evitam que o futebol tenha uma imagem distorcida da história e da realidade.

A Alexandre Battibugli. Quem sabe enxergar e clicar a bola que rola e a foto que ilumina o esporte.

A todos estes e muitos mais que me ensinam: Acaz Fellegger, Ademir da Guia, Adilson Laranjeira, Alberto Helena Júnior, Alemão, Alex Muller, Alexandre Santos, Antero Greco, Antonio Petrin, Armando Nogueira, Arnaldo Ribeiro, Caio Maia, Careca, Carlinhos Brickmann, Carlos Alberto Parreira, Celso Unzelte, César, César Sampaio, Chico Lang, Cláudio Zaidan, Cosme Rímoli, Dalmo Pessoa, Daniel de Paula, Dario Pereyra, Djalma Santos, Dudu, Dudu Magnani, Dulcídio Boschillia, Dunga, Éder Luís, Eduardo Ramos, Elia Júnior, Ely Coimbra, Ênio Rodrigues, Erich Beting, Fábio Medeiros, Falcão, Fernando Santos, Fernando Solera, Fiori Gigliotti, Flávio Prado, Gérson, Gianfranco Beting, Gustavo Roman, Jairzinho, Joelmir Beting, Jorge Kajuru, José Carlos Carboni, José Paulo de Andrade, José Silvério, Jota Júnior, Juca Kfouri, Julinho Botelho, Júnior, Jurandir Bheting, Jusler Beting, Leandro Quesada, Leão, Leivinha, Lédio Carmona, Leonardo Bertozzi, Luciano Borges, Luciano do Valle, Luiz Felipe Scolari, Luiz Fernando Bindi, Luiz Fernando Gomes, Luiz Mendes, Marcelo Duarte, Marcello Di Lallo, Marco Antonio, Maurício Noriega, Maurício Vargas, Marinho Peres, Milton Neves, Milton Peruzzi, Mozart Maragno, Müller, Nelinho, Neto, Neto Strifezzi, Nivaldo Prieto, Oscar, Osmar de Oliveira, Osmar Santos, Paulo Calçade, Paulo César Carpegiani, Paulo César Caju, Paulo Planet Buarque, Paulo Soares, Paulo Vinicius Coelho, Pedro Luís, Pedro Rocha, Pepe, Raul Plasmann, Rivellino, Roberto Avallone, Roberto Petri, Rubens Minelli, Ruy Carlos Ostermann, Sérgio Patrick, Sérgio Xavier, Silvio Lancelotti, Sílvio Luiz, Sócrates, Telê Santana, Toninho Neves, Tostão, Ubiratan Leal, Ulisses Costa, Valdir de Moraes, Walter Abrahão, Zagallo, Zico, Zito.

Ao futebol, obrigado por nos ensinar tudo o que desaprendemos em 90 minutos.

Hungria de 1954

Chefe da comissão técnica. E tem mais! Você também é o segundo homem que mais apita no Ministério do Esporte. Não acabou! É presidente do comitê olímpico! E, de brinde, pode montar clubes, desfazer times, agendar amistosos, organizar campeonatos, e preparar a seleção para ganhar o ouro olímpico e a Copa do Mundo, com cinco anos de prazo para fazer tudo isso! Você tem o direito de reunir os convocados quando e quanto quiser. Já agrupados em apenas duas equipes base montadas do jeito que você quiser!

Esse pacotão de presente era tudo que teve o húngaro Gusztav Sebes. Não houve homem mais poderoso no planeta do futebol. Ele era tudo isso. Sabia muito de bola. E pôde contar com uma maravilhosa geração com a bola nos pés, com a cabeça e as mentes no lugar, e os corpos bem treinados em regime militar. A Seleção de Ouro da Hungria na primeira metade dos anos 1950 não era só um processo esportivo. Era um projeto político. Uma afirmação nacional. Um dogma comunista. Sebes era o catalisador. Até nas preleções tabelava política com futebol, socialismo com filosofia de jogo. Poderia haver algo mais coletivo que um time vencedor? Poderia haver algo mais socialmente justo que um grupo campeão pela doação a um bem comum?

16 As melhores seleções estrangeiras de todos os tempos

A Hungria não era apenas uma revolução técnica, tática e física – era um projeto de Estado, a melhor propaganda do governo comunista. Como toda equipe, nasceu da individualidade, potencializada pelo conjunto harmônico e bem dirigido. Sem o "pé de obra" qualificado, não passaria de propaganda enganosa. Foi uma conjunção extremamente feliz que originou um dos maiores (não) campeões de todos os tempos. A seleção acima de ideologias. O futebol total e totalitário. A Seleção de Ouro nos Jogos Olímpicos de 1952, em Helsinque, prata na Copa da Suíça em 1954. Tropa de elite dispersa pelo chumbo da Cortina de Ferro em 1956.

Plano quinquenal

A Hungria tinha reputação de bom e ofensivo futebol. Na Copa de 1938, perdera a final para a Itália, mas não o rumo do gol. Em maio de 1947, em Budapeste, uma vitória sobre a Áustria por 5 a 2 começava a mostrar uma equipe e uma geração ainda mais ofensivas, técnicas e abusadas. Em agosto, um 9 a 0 sobre a Bulgária mostrou o caminho. Outros bons resultados foram chamando a atenção de clubes da Europa Ocidental. O centromédio Joszef Bozsik quase foi parar na França. Outros talentos começaram a ser cortejados por salários de profissionais (os húngaros, oficialmente, eram "amadores", com todas as aspas e pompas). Até Sebes assumir o comando do futebol húngaro e estabelecer o seu "plano quinquenal". Não era esse o nome, mas a intenção manifesta: ganhar a Copa de 1954, cinco anos depois.

Desde 1949, Gusztav Sebes convocava o escrete para, nos meios de semana, correr a Hungria atrás da bola e de amistosos. Quase uma seleção permanente, dispersa nos fins de semana para os jogos dos clubes. Naquele time que fechou 1949 marcando 4,7 gols em média por partida, já despontavam o cerebral centromédio Bozsik, os jovens meias Sandor Kocsis e Ferenc Puskas, e os pontas Laszlo Budai e Zoltan Czibor. Encantado com a performance e o projeto, Sebes contou com seu poder para preparar o planejamento estatal: queria entrosamento parecido com o da Itália campeã mundial em 1934, que tinha oito atletas que atuavam pela Juventus ou pela Internazionale. Foi o que inspirou a seleção húngara a ter entre os titulares sete de um time, e três de outro. Para tanto, Sebes mexeu pauzinhos e grades: tirou da prisão o zagueiro Gyula Lorant (denunciado por espionagem e por liderar o movimento de atletas que desejavam ganhar dinheiro pela Europa jogando por um clube

Hungria de 1954 **17**

"pirata") e o colocou para trancar a zaga do clube montado para ser o orgulho nacional – e do governo.

O time que depois viria a ser a seleção nacional já existia na capital e se chamava Kispest, terceiro colocado em 1949. Virou Honved (defensores da pátria, em húngaro), em 18 de dezembro de 1949. Era um clube de pouca torcida em Budapeste, e não avesso ao regime comunista como Ferencvaros, o clube mais popular. Mais fácil de manipular e brincar de futebol de botão. Nele já atuava uma dupla que se conhecia praticamente de berço (eram vizinhos de porta): Bozsik e Puskas. Logo depois do zagueiro Lorant, em 1950, chegaram o goleiro Gyula Grosics (o "Pantera Negra"), o ponta-direita Laszlo Budai e o meia-atacante Sandor Kocsis. Este, um torcedor fanático do Ferencvaros, mas seduzido pela companhia ilimitada e pelas benesses de atuar pelo time dos "homens" e do exército. O clube não contratava – recrutava. Era melhor jogar pelo exército que servi-lo. Atuando pelo Honved, era dever andar de farda, desfilar em paradas militares. Mas as mordomias e contrabandos no exterior eram garantidos. Melhor que servir nas fronteiras. Ou ser impiedosamente vencido nos campeonatos nacionais.

Até a Copa de 1954, o Honved ganharia quatro títulos nacionais; os outros dois seriam conquistados pelo outro time base – ou satélite: o MTK, ligado à Polícia Secreta húngara, a AVH (a KGB do país). Bela equipe do centroavante Nandor Hidegkuti, do quarto-zagueiro Jozsef Zakarias, do lateral-esquerdo Mihaly Lantos e de outros três reservas selecionáveis, entre eles o atacante Peter Palotas.

Seleção de Ouro

Treinando como seleção desde 1949, os resultados não poderiam ser outros. Nos Jogos Olímpicos de Helsinque, em 1952, um show: cinco vitórias, quatro gols em média por jogo, apenas dois sofridos. O ouro no peito, e a encomenda do governo a Sebes para 1954: nada além da taça Jules Rimet seria tolerado pelo regime comunista. Ele sabia. E o time, embora não conhecesse a ameaça, pressentia. Mas não tinha receio de nada. Sabia como ganhar. Em 1952, foram dez vitórias, com 45 gols a favor e apenas seis contra.

Os excessos de um time de futebol alegre em campo (e vida muuuito alegre fora) não foram aceitos: Budai, Kocsis e Czibor chegaram a ser afastados de um amistoso por estarem animados em dobro, a ponto de quase caírem de quatro, bêbados. Só foram perdoados por prometerem atuar em triplo no jogo da vida para a Hungria: em 25 de novembro de 1953. Wembley. Contra a pátria mãe da bola, a Inglaterra.

O convite para o confronto viera da federação inglesa na noite em que a Hungria arrasara por 6 a 0 a Suécia, na semifinal olímpica, em Helsinque. Quando, nas palavras do velho Puskas, a seleção apresentara o protótipo do que viria a ser, 22 anos depois, o "futebol total" da Holanda, em 1974: intensa movimentação, jogadores não guardando posições, polivalência, técnica, tática e condicionamento físico apurados, marcação adiantada, e um imenso prazer em buscar o gol. Tudo aquilo que a Inglaterra não imaginava saber nem jogar. Para melhorar, a Hungria seguia treinando e atuando junta, em 1953. O excelente ponta-esquerda Czibor era mais um na constelação proletária do Honved. A seleção que brilhara em 1952 era a mesma daquela temporada. Apenas com a fixação de Hidegkuti no comando do ataque. Ou com a camisa 9. Porque, na prática, ele era o primeiro centroavante indigno do nome. Era muito mais um meia que recuava para abrir espaços para os outros meias (Kocsis e Puskas) entrarem em diagonal. Ou pelos cantos. Por todos os lugares na pobre área rival.

O esquema era novo na seleção. Mas não no futebol húngaro. Marton Bukowi, treinador do MTK, é o pai não-reconhecido do 4-2-4 que seria popularizado pelo Brasil de 1958. Não por acaso dirigido por Vicente Feola, auxiliar de Bela Gutman (treinador que o São Paulo foi buscar no futebol húngaro para ser campeão paulista de 1957). A gênese do 4-2-4 foi o maior legado tático deixado pela seleção húngara. A primeira grande mudança no mais popular esquema tático da história: o WM, introduzido em 1925 por Herbert Chapman, no Arsenal inglês. Assim chamado por formar as duas letras no gramado, se olhadas de cima: três za-

A Inglaterra de 1953 ainda usava o WM inventado em 1925 e que só cairia em desuso no início dos anos 1960: três na zaga, um quadrado no meio e três atacantes.

gueiros, dois médios defensivos, dois meias ofensivos e três atacantes. Em números, um 3-2-2-3. Em letras, o WM.

O clássico sistema britânico consistia numa defesa formada por três zagueiros em linha (dois laterais e um central); dois médios defensivos de cada lado formando um quadrado na intermediária com dois meias-armadores ofensivos; e dois pontas e um centroavante no ataque. Passou a ser um edito imperial na Inglaterra e em quase todo o planeta o WM. Ou 3-2-2-3, em números.

Os húngaros subverteram o jogo. À frente e atrás. Na zaga, recuaram o médio defensivo esquerdo para a defesa, deixando o zagueiro-central na sobra de uma linha de três beques: os laterais marcavam os pontas rivais, esse médio recuado ficava com o centroavante, e sobrava um zagueiro (ou vice-versa, dependendo da equipe ou do rival). Pronto: a zaga já tinha os quatro atrás, não mais três. No meio-campo, o médio que sobrava ganhou a companhia de um dos meias-armadores, mais recuado. Esse dava um pé na marcação, e começava o jogo. Era o segundo da intermediária. O primeiro pensador da equipe.

À frente, estava o ponta de toque húngaro. Ou o centroavante recuado. O ponta de lança que deixava a área e recuava para pensar o jogo. O MTK e Bukowi foram pioneiros ao bolar um camisa 9 que não ficasse enfiado entre os zagueiros rivais e buscasse jogo mais atrás, trocando de posição com os dois meias, que entravam em seu espaço, que se mexiam, que faziam os gols por ele. Bukowi queria maior movimentação do centroavante, então um poste fixo na área, marcado por um beque que não poupava pancada. Ele achava que os jogadores precisavam se mexer para buscar espaços e confundir a marcação. Nos treinos, chegava a trocar de função os atacantes e zagueiros. Um absurdo à época.

O que o MTK de Bukowi bolou, a seleção húngara burilou com Sebes.

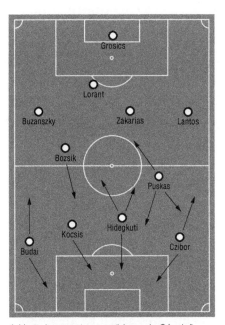

A Hungria que atuou no "Jogo do Século", em Wembley; o centromédio Bozsik fez de tudo, mas quem fez mais que todos foi o centroavante recuado Hidegkuti.

20   As melhores seleções estrangeiras de todos os tempos

Nos Jogos Olímpicos de Helsinque, em 1952, o centroavante recuado foi Palotas. Mas, por problemas cardíacos, não apresentava a mobilidade exigida. Algo que Hidegkuti tinha de sobra, além de notável técnica e admirável conhecimento tático. No primeiro amistoso depois da Olimpíada, em setembro de 1952, assumiu a função, na brilhante virada sobre a Suíça por 4 a 2. O time ficou mais inteligente, mais tático, mais veloz. Fala Puskas: "Nosso time jogava bem demais sem a bola. E o centroavante recuado foi nossa obra-prima".

Nos treinamentos durante a semana da seleção (praticamente) permanente a partir de 1949, Sebes e seu treinador de campo, Gyula Mandi, criavam muitas situações de jogo – algo raro até então. Com a ajuda dos atletas, ficava mais fácil. Os pontas Budai e Czibor, e o meia-direita Kocsis chegavam a tentar até 100 vezes alguns lances nos treinos. Gostavam demais dos treinamentos que viravam quase brincadeira. Mesmo quando a coisa ficou mais séria depois da conquista do ouro olímpico, em 1952. Mesmo quando a Inglaterra virou adversária.

O maior amistoso de todos os tempos

Match of the Century. Era o chamado da imprensa inglesa para a tarde de quarta-feira, 25 de novembro de 1953. O English Team jamais havia perdido no estádio de Wembley. Desde 1901, a seleção inglesa não era derrotada em Londres por uma seleção estrangeira. Desde a primavera de 1950, a equipe húngara não era batida. Eram 19 vitórias em 22 jogos. Até hoje, nenhuma outra partida que não valia "nada" valeu tanto quanto aquele jogo. Um divisor de águas tático, um multiplicador técnico. O réquiem do WM.

Os ingleses estudaram os húngaros. Assistiram aos jogos dos rivais em 1953, como a espetacular vitória na Itália por 3 a 0, em maio. Os húngaros sabiam um pouco mais dos ingleses. Ao menos Gusztav Sebes: assistira um mês antes ao empate por 4 a 4 da Inglaterra contra um combinado mundial, em Wembley. Na véspera, calçou chuteiras e mediu o gramado. Chegou a observar a posição do Sol para melhor pensar a partida. Pediu as bolas que seriam usadas na partida (eram mais pesadas que as comuns na Hungria). Durante três semanas, treinou a seleção contra equipes armadas rigorosamente no WM inglês.

Torcida e imprensa adoravam o time húngaro. Mas desconfiavam das chances contra os inventores do futebol. Dez dias antes, um empate sem sal contra a Suécia por 2 a 2 baixou a bola. Não do time, que ficou aceso pelas críticas. Sebes aproveitou e, na véspera, por mais de quatro horas (!), mostrou o que precisava ser feito em Wembley. O exagero não se repetiria mais. Sebes aprenderia que era melhor deixar os craques da equipe decidirem a estratégia a ser usada no dia do jogo. O ofensivo lateral-direito Jenö Buzanszky disse que a sorte da Hungria era ter autênticos "computadores" em campo, que sabiam programar – e reprogramar – uma partida. Eles eram Bozsik, Puskas e Hidegkuti. Além disso, a equipe trabalhava demais.

Para Wembley, Sebes havia definido a tática a ser usada:

– Eu queria [o centroavante] Hidegkuti flutuando em um redemoinho com nossos atacantes para confundir a zaga inglesa. A defesa deles se sentiria obrigada a segui-lo e isso abriria espaços para o Bozsik vir de trás e armar com os meias Puskas e Kocsis. Lá na defesa, a ideia era contar com o recuo de nossas pontas, e com o Zakarias na zaga, deixando o Lorant como líbero.

Para Puskas, bastava a bola rolando para eles saberem o que fazer. "Em cinco minutos, a gente entendia o que era preciso, quais as deficiências do adversário. O treinador não precisava falar pra gente."

Dez minutos antes do apito inicial, o capitão inglês, o médio-direito Billy Wright, disse que ficou mais tranquilo ao ver as leves chuteiras usadas pelos húngaros – se comparadas às pesadas chancas inglesas. Ao final do jogo, ele admitiu que esse foi um dos tantos erros cometidos...

Logo na saída, Puskas fez sete embaixadinhas e tocou com categoria para Czibor, que fez as graças dele. Serviu para quebrar um pouco o gelo. Mas o *iceberg* britânico só precisou de 43 segundos para ser derretido: Bozsik

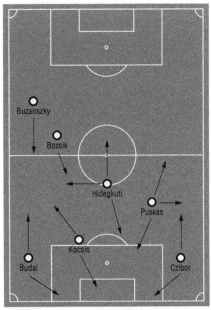

A chave tática bolada pelos húngaros: o centroavante recuado Hidegkuti armava o time e abria espaço para a entrada dos meias Kocsis e Puskas.

22 As melhores seleções estrangeiras de todos os tempos

tocou para Hidegkuti invadir como quis a área e mandar no ângulo do goleiro Merrick. Os ingleses haviam tocado duas vezes na bola e já perdiam em casa para os reinventores do futebol. O gol foi tão bonito que boa parte de Wembley aplaudiu. A outra parte tremeu quando a Inglaterra saiu com a bola, apenas 26 segundos depois do gol. Não se celebrava tanto um gol. Por mais motivos que existissem.

Os dois pontas húngaros Budai e Czibor eram (ou deveriam ser) marcados pelos dois zagueiros-laterais ingleses. Além disso, ainda recuavam para ajudar na contenção aos pontas rivais; como Hidegkuti saía da área o tempo todo, o central Johnston se perdeu e boiou, mais que sobrou; para piorar, os dois marcadores do quadrado do meio-campo inglês não encontraram Kocsis e Puskas, que se mexiam muito, e jogavam demais. E ainda tinha Hidegkuti, o melhor em campo. Praticamente três criadores ficaram livres – e mais o imenso centromédio Bozsik, jamais acompanhado pelo meia-esquerda inglês Sewell (que se juntava aos três da frente inglesa). Razoavelmente livre ficava o meia-direita inglês Taylor, com o recuo de Zakarias para a zaga. Mas ele parecia foragido em campo. Escondeu-se.

Os três zagueiros húngaros tiveram muitas dificuldades com o ataque inglês, sobretudo Stanley Matthews e Mortensen. Mas a pálida partida do ponta-esquerda Robb facilitou para o lateral Buzanszky. Se tudo ainda desse errado, sobrava Lorant, de boa atuação na zaga, e o goleiro Grosics, que ao menos uma vez saiu da área para afastar com os pés, como um segundo líbero. O primeiro na Europa – na Argentina, Amadeo Carrizo já dava show atuando adiantado.

A Hungria respondia aos ataques ingleses com classe e categoria, focando em Budai, o ponta, pela direita, que era marcado pelo zagueiro Eckersley como se esse fosse um guarda inglês que não pode se mexer. Com 10 minutos, quatro chances já haviam sido criadas pelo time húngaro. Aos 11, o árbitro Leo Horn foi mais inglês que holandês, e anulou absurdamente um gol de Hidegkuti, que entrou livre na área. Os pais do futebol tinham uma defesa que era uma mãe para os húngaros. E os deuses da bola ainda oravam pelos criadores: o empate de Sewell, aos 11, caiu do céu. Também porque a defesa húngara, exposta pela natureza, foi ainda mais infeliz no combate. A semente do rombo defensivo que se viria em 1954 estava sendo plantada em Wembley.

Hidegkuti coroou os brilhantes 19 minutos dele e de todo o time desempatando o jogo, na sétima chance de gol húngara. Um massacre ainda maior pelo fato de, com a bola, a Inglaterra não atuar mal. Mas, na marca-

Aos 23, o mais belo gol da carreira de Puskas: Budai recuou e lançou Czibor, o ponta-esquerda, que apareceu pela direita (!), livre às costas de uma aparvalhada linha de impedimento mal feita pelos ingleses. Ele avançou, foi ao fundo e serviu Puskas, no bico da pequena área direita. Num drible seco, de futsal, deixou o capitão Wright perdido e estatelado no gramado, e fuzilou Merrick.

Três minutos depois, numa cobrança de falta sem barreira (os ingleses não faziam barreira...), Bozsik atirou da meia direita, Puskas esticou a perna, e matou o jogo. Mas não a sede húngara. Aos 32, Kocsis só não ampliou porque o goleiro defendeu a cabeçada depois de uma impressionante impulsão do meia. Ou seria centroavante? Aos 39, Budai perdeu a última chance de gol húngara em 45 minutos – a 14a!

Os ingleses ainda descontaram no fim do primeiro tempo. Na segunda etapa, Puskas foi atuar aberto à esquerda, com o ponta Czibor dando um pé a Lantos na contenção a Matthews. Os húngaros retomaram do 4 a 2. A Inglaterra contava os minutos. Diz o central Johnston, aquele que não sabia se ia atrás de Hidegkuti, se ficava, ou se mudava de profissão: "A tragédia do nosso time foi a sensação de total impotência. Tínhamos a perspectiva terrível de sermos impiedosamente goleados". E não faltavam bons jogadores aos ingleses. O genial ponta-direita Stanley Matthews tentava algo. Mas Grosics impedia. Aos 5 minutos, o quinto gol. Falta da mesma posição onde Bozsik chutara a bola do quarto gol. E você acha que os ingleses se importavam? Ninguém na barreira. Para ficar mais bonito, a Hungria resolveu inovar. Ou repetir lance ensaiado: bola na testa de Kocsis, bola no travessão, bola aos pés de Bozsik, bola na rede de Merrick.

Não faça como os ingleses. Não perca a conta: o sexto gol veio aos 8 minutos, o terceiro (*hat trick*) de Hidegkuti. A aliteração não altera o produto. Depois de 21 segundos de posse de bola e de tabelinha de cabeça entre Kocsis e Budai, Puskas deu um balãozinho para um sensacional sem-pulo de Hidegkuti, o melhor entre tantos melhores em campo. Quase todo Wembley aplaudiu. O árbitro não se segurou e deu um tapinha nas costas de Puskas. O mundo não vira nada igual.

Nem a Hungria veria mais gols. Grosics deu um jeito de deixar a partida menos magiar ["Magiar" é sinônimo de húngaro. Termo bastante apropriado para aquela seleção]; e cometeu um pênalti tolo. Alf Ramsey, futuro campeão mundial em 1966, como treinador, diminuiu, apenas 24 segundos depois do pênalti. Um jogo de cavalheiros. Mas um jogo espetacular.

A Inglaterra ainda fez mais um, e criou ao menos oito chances de gol. Muito. Mas quase nada perto das 21 oportunidades húngaras. Foram 35 finalizações. A Inglaterra não chegou a dez. E chegaria ao fim toda uma era. Define Bobby Robson, bom treinador do English Team, falecido em 31 de julho de 2009, vítima de câncer: "Até aquele jogo, nós [ingleses] pensávamos que todo mundo era nosso pupilo, que nós éramos os mestres. Contra a Hungria, tudo mudou. Eles eram os *masters*. Nunca mais fomos os mesmos".

O jogo marcou tanto que até o uniforme a Inglaterra mudou. Inspirados nos húngaros, camisas e calções passariam a ser mais justos. Mas o futebol, sabidamente, é injusto. E aquela partida, que ajudou a mudar a história do futebol, não mudaria o placar da final da Copa de 1954.

A revanche

A Seleção de Ouro literalmente construiu o Nepstadion ("estádio do povo") de Budapeste, inaugurado em 1953 para receber a revanche contra a Inglaterra. Os atletas "trabalharam" na construção. Assim pareceu. Foi essa a propaganda para o povo, "dono" do estádio, com os craques ilustrados como pedreiros nos canteiros da obra. Mas a obra inesquecível foi o que fizeram contra a Inglaterra.

Os 6 a 3 de Wembley, em 1953, viraram 7 a 1 em Budapeste, em 23 de maio de 1954. Os húngaros foram tão brilhantes como em Londres. Os ingleses, ainda piores. O treinador britânico Walter Winterbottom afirmou que os donos da casa e da bola tinham uma sabedoria tática inigualável. O craque bandeira Stanley Matthews disse pela vida que nunca viu nada igual. Melhor até que o Brasil bi mundial. O goleiro Merrick, que tomou os 16 gols em 180 minutos, sintetizou: "A Hungria não cruza bolas, passa as bolas. Os jogadores se deslocam todo o tempo e toda hora estão bem colocados. Os pontas não cruzam, atacam o jogo todo. Não existe um centroavante, todos são atacantes com a bola".

Tom Finney, ótimo atacante inglês, derretia-se como sublimou em Budapeste: "Seis ou sete dos jogadores deles estão entre os melhores que vi na vida. Todos craques. E são ainda melhores porque não jogam para si. Atuam coletivamente. Parecem bruxos vermelhos voando pelos campos. Pensam e passam com facilidade. Jogam por telepatia!".

Não era só categoria de berço. Era treino técnico, tático e físico. Era comprometimento. Era entrosamento. Era invenção. Na Europa, nenhum goleiro atuava como Grosics. Como a marcação húngara era mais adiantada que a usual, ele tinha de jogar como um segundo líbero, atrás de Lorant. Sabia usar os pés. Mas era um tanto atrapalhado com a bola no chão. Passava de bestial a besta em minutos. Os demais companheiros de defesa também não garantiam o sono. Lorant espanava o que viesse à frente, e trabalhava com esforço na sobra atrás da linha de três zagueiros: o correto e ofensivo lateral-direito Buzanszky, o médio convertido em quarto-zagueiro Zakarias (que sabia jogar, nem tanto marcar mais atrás), e o lateral-esquerdo Lantos (de bom chute, mas de não mais que razoável capacidade de marcação). Todos bem abaixo da imensa qualidade do meio-campo e ataque.

De Bozsik em diante, todos chamavam e a bola atendia. O centromédio (um volante que sabia começar o jogo) foi dos maiores de todos os tempos e campos. Marcava como zagueiro e armava como meia, ainda finalizava e sabia ditar o ritmo do time. O amigo de infância dele (Puskas), se não é um dos cinco maiores de todos, está entre os dez. Como Hidegkuti, o falso nove, era um verdadeiro craque. A (r)evolução tática em um só jogador. Centroavante? Ponta de lança? Armador? Tudo e muito mais.

Budai era um ponta hábil, rápido e com consciência tática. Só não chutava bem. Diferentemente do ponta-esquerda Czibor, que tudo fazia muito bem. Tanto que se mexia e vinha buscar bola na outra ponta, e podia ser recuado como meia. Mais tático, mais técnico, mais tudo. Menos artilheiro que o impressionante ponta de lança Kocsis. Fazia gols de cabeça como raros, e fazia muitos gols como nenhum outro meia-atacante. Fez 75 em 68 jogos pela Hungria! Pela troca de função, poderia ter sido centroavante. Muitas vezes era. Mas era melhor que o nove típico por saber vir de trás. Por saber vir de todos os lugares como o time húngaro.

Como muito mal souberam novamente os ingleses. Nos 7 a 1 de Budapeste, só salvou o bom humor do meia inglês Broadis. Ao chegar aos suntuosos vestiários do Nepstadion, depois do chocolate húngaro, ele disse aos exaustos companheiros esbaforidos e apavorados: "É a primeira vez que tive insolação na língua". De fato, ela ficou para fora o jogo todo. Como o mundo boquiaberto com a superioridade húngara, na até hoje maior derrota do English Team.

A Copa

9 A 0 NA COREIA DO SUL

Na primeira Copa disputada pela seleção sul-coreana, em 1954, o time asiático levou seis dias viajando de avião até a Suíça. Chegou na véspera da estreia contra a Hungria, com muitos jogadores sentindo os efeitos do voo em avião militar norte-americano. Em 20 minutos de partida, seis sofriam com câimbras. Além dos dois gols sofridos (Kocsis, aos 11, e Lantos, aos 18, em cobrança de falta). Kocsis faria mais dois (aos 23 e 35) no primeiro tempo.

Como na várzea, quatro vira, oito acaba. Mas os sul-coreanos eram ainda mais inocentes. Foi 9 a 0. O goleiro Hong Duk Yung ficava plantado sob as traves, pouco se adiantando aos atacantes (como se fosse adiantar algo, deve-se dizer...). Na tribuna, o jogador Lee-Seo-Nam estava com os mesmos óculos que usaria na despedida contra a Turquia, na goleada por 7 a 0. Não enxergava a bola. Mas eles riam de tudo. Mesmo depois dos outros cinco gols húngaros, marcados por Kocsis (4 minutos), Czibor (13), Palotas (29 e 37) e Puskas (43).

O zagueiro e volante Szojka e o atacante Palotas substituíram os titulares Zakarias e Hidegkuti na estreia, em Zurique. Um treino de luxo para a partida que de fato valia contra os alemães ocidentais.

A Hungria perfilada para fazer história dentro de campo e fora dele.

8 A 3 NA ALEMANHA

Com apenas seis titulares, a Alemanha entrou em campo para ser queimada sob o sol de Zurique e quase 65 mil alemães nas tribunas. Zakarias atuou na zaga húngara, pela esquerda; Jozsef Toth foi o ponta pela direita com a saída de Budai; Hidegkuti retomou o lugar que era de Palotas, no comando de ataque.

Com 2 minutos, o goleiro reserva alemão Kwiatkowski largou no pé canhoto de Kocsis o primeiro gol. Foi a primeira literal batida de cabeça entre ele e seus zagueiros. Aos 16, Puskas escapou livre e chutou cruzado, com o pé menos excepcional (o direito), e fez 2 a 0. Aos 20, livre, Kocsis fez da marca do pênalti, de canhota, o terceiro, em belo passe de Puskas. Os dois meias trocavam de posição com a facilidade concedida pelo misto alemão, e chegavam no espaço criado pelo cerebral "centroavante" Hidegkuti, que recuava e desarrumava a bagunçada e pesada cozinha alemã.

Pfaff também apareceu livre, na cara de Grosics, para descontar, de canhota, aos 24. *Avant-premiere* da desprotegida zaga húngara na fase decisiva. Comenta o jornalista Dassler Marques: "Faltava intensidade para o time de Puskas em alguns momentos, o que não se pode cometer contra abnegados por natureza, como os alemães".

O ar da desgraça germânica apareceu logo aos 4 do segundo tempo: Czibor foi ao fundo e bateu cruzado; o goleiro largou e, depois da confusão, Kocsis clareou o lance para Hidegkuti bater de direita e escurecer o horizonte alemão. Aos 9, Kocsis achou Hidegkuti na entrada da área. Com imensa categoria, tirou o lento Kohlmeyer do lance com um drible espetacular até o zagueiro rival se esborrachar, e matou o bom goleiro Kwiatkowski. Não fosse ele, o vexame alemão seria ainda maior.

Pouco tempo depois, um lance que começou a virar o jogo e a Copa. O zagueiro Liebrich entrou duro, por trás, no tornozelo esquerdo de Puskas. Era próprio do camisa 10 alemão, que pouco honrava o número. No duelo dos dois 10, zero para a história: Puskas teve de sair carregado (não havia maca). A marca ficaria para sempre. Mas não impediria mais gols húngaros: como se fosse um paredão de fuzilamento, Kocsis invadiu livre e fez o serviço, aos 21, de direita, com classe. Ele correu quase todo o campo sem alemão algum ao encalço. Parecia que a Hungria tinha 11 jogadores a mais, e não um Puskas a menos (as substituições não eram permitidas).

28 As melhores seleções estrangeiras de todos os tempos

Aos 27, o veloz ponta-direita Jozsef Toth passou como quis por dois alemães e soltou o pé direito, mesmo sem ângulo: 7 a 1. Parte da torcida alemã começou a deixar o estádio. Não viu o ótimo ponta-direita Rahn marcar um belo gol, aos 32, de canhota, de fora da área, por cobertura, encobrindo dois rivais. O segundo alemão. Mais um que expôs a exposta zaga húngara, obrigando o goleiro Grosics a sair da meta como um líbero. Desta vez, sem sucesso.

Os alemães cutucaram as feras com bola curta. Um minuto depois, Czibor pavimentou pela enésima vez a avenida pela ponta-esquerda e rolou para Kocsis ampliar para 8 a 2. Herrmann diminuiu para 8 a 3 aos 37, com facilidade. Mais um lance exemplar: ele e Pfaff apareceram livres, dentro da área húngara, sem goleiro na meta. Daqueles gols que um time que precisa vencer e está sendo goleado pode tomar; mas não uma equipe que vencia por 8 a 2 um rival batido. Para o jornalista Luiz Mendes, presente na goleada, "eles eram como seria o Santos do Pelé, nos anos 1950 e 60: faziam e levavam muitos gols. Pouco se preocupavam com a defesa. Um jogador se desprendia da retaguarda para o ataque e ninguém o cobria".

Só a Hungria de 1954 parecia ser capaz de levar um gol de contragolpe goleando um jogo. Só ela parecia ser incapaz de controlar uma partida sem atacar como índio. Sem atacar como húngaro, na primeira metade dos anos 1950.

4 A 2 NO BRASIL

Nas quartas de final, jogadores brasileiros foram obrigados a beijar a bandeira antes de entrar em campo; discursos de cartolas e patrioteiros pediam para "honrar os mortos" da Segunda Guerra Mundial... A seleção, pela primeira vez canarinho em Copas, foi a campo com um corvo sobre os ombros e 11 águias pela frente. Psicologicamente arrasado, tecnicamente discutível, o Brasil foi ao *front*, ops, a campo, com o espírito bélico. Perdeu na bola e no pau para os favoritos húngaros. Não soube ganhar no gramado, e não soube perder fora dele. Não apenas atletas, comissão técnica e cartolas. Também a imprensa ufanista, que enxergou fantasmas, comunistas e conspiradores em lugar de louvar os craques húngaros. Fala Djalma Santos, lateral-direito em Berna:

– Pouco antes da partida, ficamos ouvindo conversa dos dirigentes que queriam mexer no ambiente com palavras. Enquanto isso, a Hungria

Hungria de 1954   **29**

batia bola num campo ao lado, se aquecia. Em 10 minutos já meteram dois gols... Os dirigentes nos fizeram perder. Para eles, estávamos liquidados. E o pior é que o jogo foi equilibrado...

Sem Puskas, ainda com uma bola no tornozelo esquerdo, Czibor virou meia pela esquerda. A Hungria atacou com os irmãos Toth pelas pontas. Mihaly fez a esquerda por Czibor. Joszef foi mantido no lugar do "rebelde" Budai, que não se dava com Puskas, o "Major Galopante" também da prancheta. O time mantinha o 1-3-2-4 básico. O Brasil, que ficaria com a fama de ter inventado o 4-2-4 em 1958, veio com o usual WM do período: Castilho era o ótimo goleiro; os mitos Djalma Santos e Nilton Santos eram os zagueiros laterais, com Pinheiro entre eles; os dois médios (Brandãozinho e Bauer) tinham à frente o imenso meia Didi, e Índio pela esquerda. Explica Dassler Marques:

– Os brasileiros não eram desconhecidos para os húngaros. Antes mesmo de a Copa começar, Sebes observara o Brasil. Talvez por isso, o técnico Zezé Moreira decidiu tentar surpresas, mas exagerou. Foram três trocas na linha ofensiva anunciadas pouco antes do jogo. Por dentro, o franzino Pinga deu lugar ao hiperativo Humberto Tozzi, enquanto Baltazar, seis gols nos seis jogos anteriores, foi barrado, e entrou Índio. Maurinho teve de jogar na ponta-esquerda no lugar do lesionado Rodrigues. Só foram mantidos Didi e o ponta-direita Julinho.

A seleção também sabia o tamanho da encrenca. Conta o jornalista Luiz Mendes:

– O Zezé Moreira ligou para mim e perguntou se iria cobrir o treino dos húngaros antes do jogo contra o Brasil. Fomos juntos, ele com uma credencial de jornalista que eu consegui "emprestada" de um colega. Ele chegou lá com um boné para despistar. Nós víamos coisas nos treinos e nos jogos que não eram comuns na época, como um jogador com a bola no meio-campo e outro passando correndo, como se estivesse sem rumo. Mas quando ele chegava em determinado pedaço do campo, a bola vinha certinha... Atrás de uma das balizas onde treinavam, tinha uma casa com uma varanda grande, onde os jogadores ficavam brincando. O Puskas sentou em uma cadeira de balanço e um companheiro começou a balançar. Pois ele pegou duas bolas e começou a fazer embaixadas com uma em cada pé! Não deixou caírem, mesmo balançando! O Zezé ficou impressionadíssimo! Depois, cravavam um dardo no gramado e colocavam um jogador atrás dele. O Puskas treinava lançamentos com a bola fazendo um efeito quando estava quase na direção do dardo e indo no pé do companheiro. Ele fez isso umas dez vezes! O Zezé virou para mim e disse: "Como é que eu vou ganhar destes caras?".

E Puskas nem precisou jogar... Na prática, deu Hungria o jogo todo. Logo aos 3 minutos, Pinheiro, em dia infeliz, tentou sair driblando dentro da área. A bola foi perdida, Czibor e Kocsis bombardearam Castilho até Hidegkuti abrir o placar. Aos 6, Jozsef Toth cruzou, a zaga pediu impedimento, e, no segundo pau, às costas de Djalma, Kocsis desviou de cabeça. O lateral brasileiro diminuiria aos 17, de pênalti, depois de falta de Buzanszky em Índio. Fala, Djalma: "Eu não tinha nada que bater o pênalti! Mas o Didi e o Julinho saíram fora e mandaram o Djalma... Sorte que fiz o gol, senão até hoje ia ficar criticado como o Barbosa ficou em 1950".

O Brasil melhorou, mesmo escolhendo as chuteiras erradas para o campo pesado, nas palavras de Castilho. O time escorregou muito. O genial Julinho Botelho obrigou o ponta-esquerda Mihaly Toth a recuar, para dar um pé a Lantos na contenção do ponta-direita da Portuguesa. O jogo estava mais equilibrado até a infantil mão na bola de Pinheiro em lance com Kocsis. O zagueiro do Fluminense escorregou e deliberadamente segurou com a mão a bola dentro da área. Pênalti que Lantos converteu, aos 14 do segundo tempo.

O raçudo Julinho não desistiu e diminuiu aos 19, em belíssimo tiro de trivela, depois do passe de Didi, e de um drible sobre o ponta Mihaly Toth. A Hungria sentiu o crescimento brasileiro até a troca de tudo (menos tiros) entre os monstros Nilton Santos e Bozsik – expulsos pelo inglês Arthur Ellis, aos 26 minutos. No tempo restante, Didi teve uma chance, Tozzi mandou uma bola na trave, Julinho reclamou de um pênalti sofrido. "A defesa húngara era uma porta mal fechada. Pena que não soubemos aproveitar a brecha", comentou o meia brasileiro Pinga. Kocsis pensava diferente: "O time brasileiro era covarde. Éramos melhores e ganharíamos quantas vezes fossem necessárias".

Num contragolpe, aos 43, Czibor cruzou e Kocsis ampliou, em posição contestada pelos brasileiros. Um minuto depois, Tozzi acertou seu único chu-

Hungria de 1954 **31**

te no jogo em Lorant e foi expulso. Brandãozinho quase foi junto. Antes, Maurinho pisou em Joszef Toth e rompeu o músculo do ponta.

Fim de jogo. Mais fácil dizer quem não brigou no corredor e nos vestiários daquela que ficou conhecida como a "Batalha de Berna": Castilho, Hidegkuti e Kocsis não foram para a porrada. Os demais, nas tantas versões, participaram. E feio. Maurinho e Buzanszky, desde o túnel do vestiário. Teve garrafada de Puskas (que só entrou para brigar) em Pinheiro (oito pontos na testa). Teve uma surra sem dó em Czibor. Foi o fim da picada e do mundo. E nenhuma punição a ninguém. Nem a Puskas que entrou só para quebrar o pau – e a garrafa em Pinheiro.

Talvez inspirada pela neutralidade suíça, a Fifa decidiu não decidir nada; que as federações nacionais tomassem as medidas disciplinares (sic) contra os brigões. Um esparadrapo usado para quem acertar quantos foram suspensos... Ou a frase do centromédio Bozsik, a respeito de possível punição a ele por parte da federação húngara: "Não se pune um deputado da república como eu". Sim, além de jogar demais, Bozsik era deputado do Partido Comunista da Hungria. Mandava em todos os campos.

Teve coro dos brasileiros para o árbitro inglês: "Comunista!", por supostamente ter ajudado o time da Cortina de Ferro. Para a imprensa inglesa, o compatriota Mr. Ellis foi "perfeito"; para os jornalistas italianos e suíços, neutros na história, uma arbitragem "formidável". Para os perdedores, o chororô de sempre. Para Ellis, anos mais tarde, "a infame Batalha de Berna foi política e religiosa. Da política dos húngaros comunistas e da religião dos brasileiros católicos. Meu sangue continuou a ferver por um bom tempo".

O Brasil perdia seu último jogo de Copa até a conquista do Mundial, quatro anos depois, na Suécia. A Hungria estava classificada para a semifinal contra a Celeste Olímpica uruguaia, que tentava a posse definitiva da Taça que viria a se chamar Jules Rimet.

4 A 2 NO URUGUAI

O Uruguai era o então campeão mundial. Era bi, pelo título de 1930. Era bi olímpico, em 1924 e 1928. Havia tido menos problemas para vencer a Inglaterra por 4 a 2, nas quartas de final. E, sobretudo, tivera um dia a mais para descansar que os exaustos húngaros, sobreviventes da Batalha de Berna.

Budai voltou à ponta-direita no lugar do machucado Jozsef Toth. Czibor retomou a ponta-esquerda. Palotas assumiu a função de centroavante recua-

32 As melhores seleções estrangeiras de todos os tempos

do para que Hidegkuti pudesse armar por Puskas – ainda machucado. Ele seguia como dúvida para a possível decisão. Ao menos o Uruguai tinha uma senhora ausência: o capitão do *Maracanazo*, o centromédio Obdulio Varela, também estava contundido na semifinal.

Os 40 mil presentes em Lausanne sofreram com a chuva. Foram recompensados com uma partida admirável. O Uruguai havia sido enorme nos anos 1920 e na conquista de 1930. A garra charrua fizera estrago histórico e único no *Maracanazo* de 1950. Mas um time tão técnico como aquele Uruguai-54 não se havia visto por lá. E não se veria mais no horizonte celeste: Maspoli na meta, Santamaría e Andrade na zaga, Varela no meio, o imenso Schiaffino na armação, Hohberg, Borges e os pontas Abbadie e Ambrois (que não atuaram). Possivelmente a mais técnica geração uruguaia.

Não era um time que apenas batia. Sabia jogar como raros na história celeste. Poderia ter conquistado o tri mundial e a Jules Rimet se tivesse mais sorte em 1954. Ou menos azar de enfrentar a Hungria em jornada de Hungria. Os uruguaios foram os primeiros a segurar os magiares em 90 minutos até a finalíssima. Porque, na prorrogação, deu Hungria. Na primeira derrota do Uruguai em Copas.

Aos 13 minutos, tudo dentro do normal: Hidegkuti inverteu a bola para a meia direita, onde Kocsis tocou de cabeça para dentro da área para o belo voleio de Czibor, de canhota. No primeiro minuto depois do intervalo, Budai foi ao fundo pela direita e cruzou no segundo pau para o peixinho de Hidegkuti. Mas o time sul-americano não era apenas equipe de boa técnica. Era Uruguai. Para Dassler Marques, "um time uruguaio só precisa de uma bola em campo e de esperança" para reverter uma expectativa. Aos 29, o craque Schiaffino descobriu o centroavante Hohberg livre para diminuir. Típica bobagem húngara: ninguém nem perto do uruguaio que encostou no placar, 2 a 1 Hungria. E ficaria 2 a 2 aos 41, quando Hohberg recebeu em lance parecido, fintou Grosics, e empatou um jogo perdido. Desmaiou na celebração. Era muita emoção. Com o oferecimento tático húngaro, que mais uma vez acabava entregando uma vitória pela sanha e sede em buscar mais gols em lugar de evitá-los.

No primeiro lance da prorrogação, no gramado pesado pela chuva de Lausanne, Schiaffino bateu cruzado. Grosics deslizou pela grama molhada, e a bola explodiu na trave direita. Prenúncio do que Rahn faria na final. Lance quase igual. Desta vez, porém, a sorte era húngara. Tanto que, no rebote,

Lorant falhou, como Zakarias erraria no primeiro gol da decisão, e deu a Miguez o gol que o atacante uruguaio chutou rente à outra trave.

Aos 3 minutos do segundo tempo da prorrogação, mais do mesmo: Kocsis subiu de cabeça e fez 3 a 2. Aos 10, Budai foi ao fundo e Kocsis marcou outro de cabeça, no segundo pau. "Ele cabeceava como se fosse uma cortada de vôlei, com violência e para baixo", compara o jornalista Luiz Mendes.

Para o treinador de campo húngaro Gyula Mandi, assistente de Guzstav Sebes, "o Uruguai foi o melhor time que a Hungria enfrentou em todos os tempos". Mas a cota de *Maracanazos* uruguaios já estava feita. Era a vez de a Alemanha fazer o que sempre aprontaria.

2 A 3 PARA A ALEMANHA

"A única coisa que deu errado no Mundial foi a decisão." Puskas definiu pela vida os 3 a 2 para a Alemanha Ocidental, que mudaram a dele e de toda uma geração. Até o *Milagre de Berna* (nome do simpático filme alemão que trata de modo mágico a não menos incrível queda da Seleção de Ouro), a Hungria havia sido no Mundial de 1954 tudo que se esperava desde o ouro olímpico, dois anos antes: uma equipe que marcava seis gols em média por partida. Ou, contando os 120 minutos em que venceu a então invicta Celeste Olímpica uruguaia, uma média fabulosa e provavelmente imbatível de um gol marcado a cada 16 minutos.

Pudera. Além de atuarem (e muito bem) juntos em dois times base húngaros, a seleção se preparava fisicamente desde dezembro de 1953. Nenhum outro grupo treinou tanto tempo junto para uma Copa. Só o Brasil-70 chegou perto, ficando quase quatro meses reunido – não por acaso, dando samba, show e caneco no México. Era quase uma seleção permanente, a húngara. Outro motivo para ficar na memória.

Times perfilados antes da final, a fotografia do que eram em campo e fora dele: à esquerda (da foto), 11 alemães de mesma altura, peso e formação rígida, olhares para frente, sem sorrisos; do lado direito, de várias formas e tamanhos, 11 húngaros mal alinhados, bem ou mal humorados, cada um de seu jeito. Um time mecânico contra uma seleção técnica. O estereótipo perfeito. A partida imperfeita: "A Hungria perdeu aquele jogo porque esquecemos que o jogo dura 90 minutos", sentenciou Puskas. Para Djalma Santos, a Copa foi perdida por excesso de confiança: "Futebol é coisa séria. A Alemanha aproveitou a superioridade que a Hungria achou que tinha e ganhou o mundo".

34 As melhores seleções estrangeiras de todos os tempos

Com a faixa de capitão no braço, já sem a "bola" no tornozelo esquerdo, Puskas veio ao pesado gramado de Berna. Até hoje se diz que ele forçou a escalação. Mas e se não joga a final da Copa? A "amarelada do século"! Como a regra ainda não permitia substituição em jogos da Copa, era um risco deixá-lo em campo, com a possibilidade de apenas fazer número em caso de sentir a contusão. Num gramado encharcado pela chuva da véspera, o risco era até maior. Ainda mais contra o mesmo Liebrich que o havia quebrado na primeira fase.

Era outra Alemanha a da final. Ou, no caso, a Alemanha de sempre, quando decide. Agora, completa. Não mais o misto que fora deglutido por 8 a 3. Igual, apenas a camisa, e a maioria dos 60 mil presentes no estádio Wankdorf. Eram mais de 30 mil alemães que cruzaram a fronteira próxima contra poucos húngaros (o governo comunista proibia a saída do país com o receio de possíveis deserções).

O astral alemão também era outro. Nas quartas de final, os técnicos iugoslavos haviam sido batidos por 2 a 0. Nas semifinais, os rivais austríacos foram arrasados por 6 a 1. Contra um frágil sistema defensivo, o contragolpe alemão mostrou que a Hungria teria vida mais complicada na final.

O time era comandado no gramado pelo imperial capitão Fritz Walter, já com 33 anos. O meia-esquerda era o "técnico" em campo do treinador Sepp Herrberger. O único dos profissionais da Copa-54 que assistira ao concerto futebolístico húngaro em Wembley, em 1953. O único que mandara filmar aquele espetáculo em Londres... O autor da célebre frase antes da grande decisão, falando a respeito das chances de sua equipe contra os húngaros: "A bola é redonda". Tudo poderia acontecer.

Nunca os alemães haviam comprovado a "fórmula" matemática e geométrica de Herrberger com tamanha ciência. Além do cerebral Fritz Walter, que tinha técnica e tarimba para ditar o ritmo da equipe, contavam pela ponta-direita com a força, a técnica e a canhota apurada de Rahn. No comando de ataque, o incansável Ottmar Walter, três anos mais novo que o irmão Fritz. Vindo de trás, pela meia, a frieza, o jogo aéreo e poder de fogo de Morlock, dotado de boa técnica. Na ponta-esquerda, o instinto goleador e a potência de Schaffer, dono de uma bomba na canhota.

Atrás, além dos eventuais milagres do pesado goleiro Turek, de ótima impulsão e colocação e boa saída do gol, quase nada a destacar. Liebrich, com o mesmo estilo: não satisfeito em quase acabar com a Copa de Puskas, contra a Áustria tentou amputar a perna de um rival; e Eckel, que marcava pela direita na intermediária alemã (também montada num WM, ou 3-2-2-3), e sabia avançar, quase anotando um golaço contra os turcos, no jogo desempate.

Não era um mau time. Embora não tenha sido brilhante nas Eliminatórias. E tenha perdido quatro das cinco partidas depois do Mundial de 1954. Coisa típica de uma equipe que deu liga na hora (ou nos jogos certos). Sina que acompanha as cinco equipes campeãs deste livro.

A Hungria vinha cansada. Mas tinha a volta de Puskas. Depois de hidroterapia, eletrochoques e até métodos de recuperação oferecidos pelos próprios alemães (e rechaçados), o camisa 10 estava à disposição. E disposto. Tanto que o primeiro gol da final foi dele. Para variar, logo de cara. Entre tantos méritos e novidades húngaras, o aquecimento prévio era uma. O

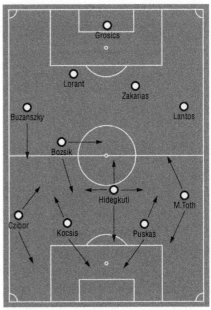

Mihaly Toth mais recuado, Czibor improvisado na ponta direita: tudo para liberar Puskas e Kocsis como homens de frente, na grande decisão em Berna.

time entrava em campo ensopado. No mínimo, mais preparado fisicamente que os rivais. Mais aceso. Quando eles entravam no ritmo, já estava 2 a 0. Como na decisão de Berna.

Budai mais uma vez foi sacado. Czibor passou à ponta-direita – onde jamais atuara –, também pela contusão de Jozsef Toth. O mano Mihaly foi mantido no outro lado.

A Alemanha repetiu a formação da semifinal. O centromédio Posipal seguiu improvisado e recuado na zaga direita. Liebrich era o central, que distribuía pernadas. Kohlmeyer, o zagueiro-esquerdo. No meio, Eckel tentava seguir Puskas, Mai marcava pela esquerda; Fritz Walter organizava o jogo; Morlock era o meia pela direita que chegava ao ataque; Rahn e Schäffer, os pontas. Ottmar Walter foi o comandante de ataque bastante móvel.

Gusztav Sebes queria que Hidegkuti recuasse mais que o usual. Mihaly Toth também comporia mais o meio, liberando Kocsis e Puskas (sem a mobilidade e o ritmo usuais) para o ataque. O esquema fora definido na atribulada véspera da final. A delegação húngara não descansou devidamente,

36 As melhores seleções estrangeiras de todos os tempos

porque o hotel em que estava ficava próximo à avenida onde, no sábado à noite, ocorreu o "Festival de Fanfarras Suíças" (!). Parece piada do Monty Python, mas é fato: a inefável algazarra terminou de madrugada; e, depois do almoço de domingo, na "siesta" básica dos atletas, os conjuntos vencedores voltaram a tocar...

Na chegada ao estádio, mais problemas para a delegação entrar no vestiário. Tiveram de percorrer um bom caminho a pé. Não serve de desculpa. Mas ajuda a entender a derrota. Algo, porém, que não atrapalhou no início. A Hungria ganhou tudo desde o começo. Puskas escolheu o campo. Foi o dono dele no primeiro tempo. A Alemanha até surpreendeu no primeiro minuto, chegando à meta húngara com o ponta Schäffer. A Hungria respondeu no contragolpe bem armado por Kocsis e defendido por Turek.

Aos 5 minutos, a lógica: Czibor cortou por dentro e chutou. A bola bateu em Eckel e sobrou limpa para Puskas bater de canhota, na esquerda. Três zagueiros alemães tentaram cortar e não conseguiram. Liebrich não chegou nem perto do tornozelo que acertara no primeiro jogo.

Aos 7 minutos, Kohlmeyer recuou mal para Turek, que se enrolou no gramado e deixou a bola mais uma vez limpa para Czibor, que se livrou da dupla atrapalhada e fez 2 a 0. O melhor início húngaro na Copa... Porém, dois minutos depois, a velha fortuna alemã: Rahn chutou uma bola vadia lá da ponta esquerda. Zakarias tentou afastar no carrinho e apenas entregou para Morlock, em outro carrinho, se antecipar a Grosics e diminuir.

A Hungria pareceu sentir o golpe. A Alemanha fez o dever de casa (desde estudar atentamente o rival a partir de 1953): aos 17, escanteio da esquerda, Schäffer subiu com Grosics na pequena área (num lance que muitos árbitros hoje marcariam falta sobre o goleiro, mas costumava ser praxe por aqueles tempos); no segundo pau, Rahn apareceu de carrinho e empatou, na raça, vencendo mais uma vez uma zaga que não estava à altura da genialidade do ataque magiar.

O susto húngaro quase passou em seguida, quando Hidegkuti se livrou do marcador Mai e mandou no pé da trave direita de Turek. O jogo voltou ao normal. A Hungria atacando, a Alemanha se salvando. Liebrich comandou a bateria antiaérea alemã. Foram ao menos cinco grandes chances húngaras no primeiro tempo. Mas os rivais seguiam em pé. Também pelas chuteiras com travas especiais para o gramado pesado, desenvolvidas por um jovem Adi Dassler, fundador da Adidas. A Alemanha conseguia ficar mais em pé na lama que a Hungria.

Na segunda etapa, a chuva apertou. Os favoritos, também. Em um dos tantos lances criados, Kocsis tocou para Hidegkuti iluminar Berna com um sensacional corta-luz para o ponta Mihaly Toth, deslocado à direita. Ele passou por Turek e mandou a bomba que explodiu nas costas de Kohlmeyer; no rebote, Toth bateu rasteiro e Kohlmeyer, desta vez, salvou intencionalmente, esticando a perna esquerda sobre a linha de meta.

Kocsis ainda mandaria uma bola no travessão, de cabeça. Mas a Alemanha respondia bem com o incansável Rahn. Duas chances ele bateu de canhota para duas boas defesas de Grosics. Não melhores que as de Turek. Czibor entrou sozinho na área e só não desempatou porque o goleiro alemão salvou. No rebote, Hidegkuti mandou na trave esquerda.

A partida era igual até a descomunal força alemã virar o previsto. Aquele comprometimento e aplicação notáveis que o mundo passaria a (re)conhecer aos 38 minutos: depois de um cruzamento afastado da área pela zaga húngara, a bola caiu no pé ótimo de Rahn, o canhoto. Ele passou entre Lorant, Lantos e Zakarias e bateu da direita. Grosics deslizou no campo molhado, mas não conseguiu chegar à bola que morreu no canto direito. Pela primeira vez na Copa, a Hungria estava em desvantagem. Para sempre.

Pouco antes do apito final do inglês Bill Ling (o mesmo que arbitrara os 8 a 3 da fase inicial), Puskas recebeu às costas de Liebrich, pela esquerda. Avançou e bateu entre as mãos de Turek e a trave direita. Pela única imagem disponível, a posição de Puskas parecia boa (não há como observar o momento exato do passe para o 10 húngaro). Quando a bola entrou na meta, os alemães apontaram para o lado direito (à época, os bandeirinhas podiam trabalhar do lado direito da defesa). O auxiliar galês Benjamin Griffiths (árbitro da semifinal contra o Uruguai) anotou impedimento. "Eu realmente queria matá-lo naquele momento. E por muito tempo", declarou Puskas, décadas depois.

A Hungria ainda quase chegou lá mais uma vez, quando Czibor mandou a bomba muito bem espalmada por Turek. Um goleiro que parecia avô dele próprio. E que tinha, logo depois, uma final para contar aos netos. O árbitro inglês encerrou o jogo com um resultado tão surpreendente como o de 1950. Mais uma virada histórica. Mais uma derrota do favorito.

Como acontecera na Copa do Brasil, o presidente da Fifa, o francês Jules Rimet, protegido por um guarda-chuva, entregou constrangido a medalha de prata aos húngaros. Chegou a comentar a Puskas que, quatro anos depois, o metal seria outro...

38 As melhores seleções estrangeiras de todos os tempos

Rimet morreria dois anos depois, no mesmo ano em que também a Seleção de Ouro terminaria, com a debandada (deserção) de três titulares, seduzidos pelo dinheiro dos clubes mais ricos da Europa, dispersos pela repressão à Revolução Húngara de 1956.

Ao lado da seleção magiar, na lama do gramado de Berna, os alemães receberam a Copa do Mundo pelas mãos do capitão Fritz Walter. O gesto de erguer a taça só seria eternizado pelo capitão brasileiro Belini, em 1958. O alemão Walter só estendeu a mão a Rimet, e trouxe o troféu para o grande condutor Herrberger, ladeado pelos enlameados companheiros alemães que pareciam não saber ao certo o que faziam e o que comemoravam. Apenas que haviam vencido germanicamente. Com luta e a mesma humildade com que ouviram o hino alemão logo depois. Todos com as mãos dadas. Todos juntos como o país que reconstruíam depois da guerra devastadora.

O comediante Jô Soares viu a decisão em Berna:

> – Disseram que os alemães jogaram dopados, que usaram Pervitin, droga que os soldados da Segunda Guerra Mundial usavam para não dormir no *front*... Não acredito. Eles tinham uma garra uruguaia. Não era doping. Era raça. Não havia como ganhar da Alemanha naquele dia. Se houve doping, deve ter sido um cientista que extraiu da camisa celeste o suor dos uruguaios... A Alemanha é assim. Nunca esmorece. Eles jogam um jogo parecido com o futebol, mas que não é futebol. Usam a mesma bola, campo, uniforme, seguem as mesmas regras, mas não é futebol. É alguma prática esportiva ancestral teutônica que eles perceberam que se encaixa muito bem no futebol e, há anos, vêm enganando a gente, jogando futebol como se fosse futebol, sem que a gente note. Têm algo ali, herdado dos hunos, que é diferente. A gente assiste pensando que é futebol e eles ficam lá, rindo da gente.

A Hungria perdia o jogo que não podia. Depois de 25 finalizações contra apenas oito alemãs em 90 minutos. Depois de 36 partidas internacionais com um cartel impressionante de 32 vitórias e apenas quatro empates. "Levamos o que merecemos" – admitiu Puskas. "Não deveríamos ter relaxado. Não poderíamos achar que já havíamos vencido uma partida que estava em jogo."

Falou o craque da Copa-54, mesmo tendo disputado apenas três dos cinco jogos de um dos vices mais campeões da história.

Pós-Copa

O mundo acabou em Berna. A Seleção de Ouro, ainda não. Só voltaria a perder outra partida 18 jogos depois, em 1956. Mas o *day after* de 1954 foi triste. A Hungria parecia um funeral. Ou uma revolução, com bondes virados logo depois da derrota. Muita gente queria matar mais que reputações. Não faltaram teorias de que a derrota havia sido "vendida", que os jogadores tinham sido subornados por clubes da Europa Ocidental, que cada um receberia um Mercedes Benz dos alemães, que eles haviam trocado o título por uma possível deserção...

Poucos receberam a delegação no retorno ao país. A polícia recomendou aos atletas que não saíssem de casa nos primeiros dias. Alguns sofreram ainda mais. Em novembro de 1954, o goleiro Grosics foi detido sob a acusação de espionagem e traição. Ficou 15 meses preso, perdendo 23 jogos da seleção. Foi absolvido por falta de provas. Era um dos maiores contestadores do regime comunista. Falava demais. "Nós só queríamos saber de sair do país e ganhar dinheiro jogando futebol. Só eu acabei preso."

Grosics solta a língua para falar o que aconteceu em Berna, em 1954:

> – Até hoje eu penso que algo escapou na minha vida. Quando fizemos o segundo gol com sete minutos, tínhamos certeza de que já éramos campeões. Naquele momento, despertou uma vaidade que não sabíamos que tínhamos. Deixamos de pensar como equipe. Cada um pensou em si próprio, na festa do título... Só depois percebemos. Só agora sabemos a vaidade que nos cegou. Só agora sabemos que não podemos fazer mais nada. Aquele jogo não foi ganho pelos alemães. Foi perdido por nós. Ainda hoje caio no choro só de pensar.

A vaidade pode ter cegado. Tanto que Grosics mantém a presunção: a Alemanha não venceu, e, sim, a Hungria perdeu... Para um observador bem distante, não deixa de ter lógica. Porque, com a bola rolando, tudo voltou ao normal depois de Berna. Ou, na mais precisa definição de Puskas: "O estranho não foi ter perdido a partida final. Estranho é ter ganho tantos jogos".

A seleção húngara continuou excepcional. Em 1955, marcou 30 gols em cinco vitórias. A campeã Alemanha? No mesmo período, ganhou dois jogos, perdeu quatro. A vitoriosa do Festival de Verão de 1954 na Suíça poderia curtir para sempre o sucesso efêmero...

A Hungria só voltaria a perder em fevereiro de 1956, na Turquia, por 3 a 1. A segunda derrota em seis anos. Logo depois, em maio, perderia pela primeira vez em casa, para a Tchecoslováquia, por 4 a 2. Não por acaso sem Puskas. O treinador Sebes sabia que seu major seria vaiado e poderia reagir mal. Semanas depois, Sebes deixaria a seleção. E aquele futebol, também. Para Grosics, a Seleção de Ouro acabou definitivamente com a saída do país de Puskas, em janeiro de 1957: "Quando ele não voltou por causa do levante de 1956, eu sabia que o nosso time tinha acabado. Não só ele saiu. Kocsis e Czibor também ficaram na Espanha, no Barcelona".

Na Copa de 1958, a Hungria perdeu para a anfitriã Suécia, empatou com País de Gales, e goleou o México. Pelos critérios de hoje, teria se classificado. Mas, então, foi para o jogo desempate: o País de Gales venceu e foi enfrentar o Brasil. Grosics era o goleiro, Bozsik, o patrão, no meio. Budai não era titular da ponta. Hidegkuti também não era o mesmo, e foi obrigado a organizar o time como Puskas. "Não consegui. Ele era um treinador que jogava. Não havia como substituí-lo", admitiu o imenso Hidegkuti. "Não éramos mais os mesmos de 1954."

O mundo de joelhos para ver passar o craque do Real Madrid e da Hungria, o "Major Galopante" Puskas.

Ainda em 1958, o Honved, o time de operários que virou o dos burocratas do governo no auge daquela máquina, agora sem Puskas (em Madri), Kocsis e Czibor (em Barcelona), só não foi rebaixado no campeonato nacional porque viraram a mesa. Para consumo externo e interno, o Honved do povo – e a Seleção de Ouro de todos os povos – estavam acabados.

Mas ficariam na história. E nas historinhas, como esta, que gostava de contar Puskas: nos anos 1970, vários jogadores da Hungria e Inglaterra que atuaram em 1953, em Wembley, se reuniram em Londres. No salão de entrada do evento, o zagueiro Alf Ramsey berrou quando viu chegar um senhor bem fora de forma: "Você é o Bill? Bill Eckersley? É você?". Ramsey não conseguia reconhecer o lateral inglês. Puskas não se aguentou: "Está parecendo mesmo o jogo de 1953. Os ingleses mal conseguem saber os nomes dos próprios companheiros".

Até hoje é difícil achar quem consiga dizer três nomes dos alemães que ganharam a Copa em Berna, em 1954. Mas quem sabe de futebol escala de cor e de coração a Hungria que conquistou o mundo naqueles anos 1950.

Puskas

Puskas. Tivadar Puskas. Inventor húngaro do século XIX. Pioneiro no desenvolvimento de uma central telefônica. Aquela placa cheia de buracos e fios que as telefonistas de antanho operavam; Puskas. Ferenc Puskas. Inventor húngaro do século XX. Pioneiro no desenvolvimento de uma central de comunicação em campo de futebol que interligava vários pontos e atletas como se fosse por telepatia, deixando os rivais ocupados, confusos com aquele emaranhado que resultava numa mensagem perfeita.

Ferenc foi um gênio porque nasceu sabendo. E soube de moleque como se virar contra os marmanjos. Jogava contra os de maior idade. Baixo, ainda magro, buscava nos campinhos da Budapeste onde nascera em 2 de abril de 1927 um cantinho para não ser atropelado pelos mais velhos e fortes. Na procura por espaços livres achou seu jogo. E logo encontrou seu parceiro. Aos 3 anos, ganhou um vizinho de porta no prédio onde morava. Era Joszef Bozsik. Futuro colega de Kispest (depois Honved) e seleção húngara. Na história do futebol mundial não há registro de amizade tão antiga. De parceira tão cúmplice. E de um condomínio tão seleto tecnicamente.

Não apenas havia o centromédio Bozsik para marcar e arrumar a defesa por ele. Havia o pai de Puskas para endireitá-lo - literalmente. De tanto pegar no pé do pequeno *ocsi* (irmãozinho, em húngaro), Ferenc pai fez com que o filho chutasse melhor com a perna direita. Puskas aprendeu. E pela vida sacaria a importância de copiar os bons. Tudo ele emulava os ídolos.

Não por acaso, lia o jogo melhor que a imensa maioria. Puskas gostava da bola, a recíproca era real. Sabia ver o jogo dele e dos outros. Por isso mandava na equipe tanto - ou mais - que o treinador. Também porque o primeiro técnico foi o próprio pai, no Kispest, um clube modesto. Filho da arte (Ferenc pai foi um bom centromédio), aprendeu cedo a fazer as dele. Foi um "gato às avessas". Não aqueles que remoçam os documentos para jogar profissionalmente: Puskas precisou ficar mais velho para poder treinar. Ganhou dois anos nos papéis.

Em campo, era um mirrado guri de 16 anos quando começou, em 1943. Em 1945 já era seleção. No ano seguinte, capitão do Kispest. Em 1947, só não foi jogar pela Juventus de Turim porque não queria deixar a família na Hungria. No ano seguinte, Bela Gutman assumiu o Kispest no lugar do pai. Puskas assumiu sua pior faceta. Nunca se deu com o treinador. E continuou se dando mal pelos campos: apanhava muito, e batia tanto quanto. Em 1948, contra a Bulgária, tirou dois rivais com entradas maldosas como as que sofria. Foi suspenso por um ano dos jogos internacionais pela federação húngara. Mas voltou antes disso, quando Gusztav Sebes assumiu a seleção. Fizeram uma senhora parceria. O único treinador com quem Puskas não trombou ou trombeteou.

Em 1952, foi o condutor da Seleção de Ouro em Helsinque. Na vitória final sobre a Iugoslávia por 2 a 0, perdeu um pênalti logo no início. Não sossegou enquanto não definiu a partida - ou não cavou mais um pênalti. Puskas não sabia perder. E sabia ganhar. Em 1953, só não foi superior a Hidegkuti nos 6 a 3 em Wembley. Mas fez ali o mais lindo gol, num *drag-back* (um drible em que puxa a bola para trás) de encantar.

Era um lance que fazia quando criança. Mas não treinava mais. "Foi uma coisa que veio na hora." Mas ele não era só 100% inspi-

Hungria de 1954 **43**

ração. Era treino 110%. Nasceu craque. Virou gênio pelo comprometimento tático, técnico e físico – mesmo sendo baixinho, e com os anos, tendo ficado gordo. Treinava demais. Exigia demais de si mesmo. E cobrava muito. Kocsis era vítima preferencial, também por ser o outro queridinho da torcida. Eles apenas se toleravam. O que não os impediu de, em campo, fazerem notável parceria. Grandes times só se unem para dar a volta olímpica.

Puskas não aguentava desaforo. Num jogo depois da Copa de 1954, insultado ainda pela derrota em Berna, atuando pelo Honved, simplesmente largou o campo e foi embora. Em outra partida, abaixou o calção no gramado. Não estava nem aí. E costumava estar sempre nas discussões por prêmios, nas festas, e nas noitadas em que dominava o pedaço. Major do exército, batia continência apenas a quem queria. Adorava desafiar militares e políticos do partido comunista. Detestava os homens de todos os partidos e não gostava de política. Só sabia fazer a dele. Falava como jogava. Muito. E não tinha receio. Batia e apanhava demais.

Pela Hungria, de 1945 a 1956, até os 29 anos, marcou impressionantes 83 gols em 84 jogos. Só não jogou mais por conta do levante de outubro de 1956 no país. Fora dele, em excursão, resolveu não voltar, com medo do poder pró-soviético. Como major do exército, foi considerado um desertor. Como capitão da seleção, e por pressão do governo junto à Fifa, acabou suspenso do futebol por 18 meses, de 19 de janeiro de 1957 a 19 de junho de 1958.

No período, treinou alguns meses na Internazionale até ser contratado pelo Real Madrid. Acima do peso 18 quilos, fora os muitos litros que bebia pelas noites, emagreceu em seis semanas. E passou a ganhar tudo com o Real, até 1966. Fez uma parceria notável com o argentino Di Stéfano, abusando da habilidade de entender que o hoje presidente honorário madridista já era o líder de fato no vestiário e em campo. Sabedor de sua condição de coestrela, Puskas foi esperto. Sobretudo quando abandonou a velha prática: como Di Stéfano gostava de ser o primeiro a entrar em campo pela equipe merengue, Puskas passou a ser o último dos 11 no gramado. De maior protagonista a mais uma estrela da constelação madridista, o húngaro ganhou o respeito do argentino. E o Real ganhou ainda mais que tudo: foi penta espanhol, três vezes europeu e o primeiro campeão mundial de clubes, em 1960.

Em Madri, Puskas seguiu ainda mais artilheiro (157 gols em 182 jogos). Di Stéfano amava recuar e vir de trás com a bola como uma flecha ("La Saeta Rubia"), preconizando o estilo de Cruyff. Muitas vezes, o argentino era um terceiro homem do meio merengue. Puskas, até pelo físico rotundo e redondo como a bola, corria cada vez menos. Mas não jogava menos. Fazia lindo. E fazia simples. Não mais de dois toques bastavam.

Ele não era veloz, mas fazia o jogo rápido, sobretudo pela companhia do excelente ponta canhoto Gento. De tanto jogar veloz, Puskas sabia finalizar ainda mais acelerado. Virava fácil para corpo tão pesado. Na prática, parecia mistura fina entre a canhota e o peso de Maradona e a letalidade de Romário.

A mais pura exibição de talento foi a conquista do penta europeu, em 1960, em Glasgow, contra o Eintracht Frankfurt. Real Madrid 7 a 3. Quatro de Puskas (um de pênalti *mandrake*). Para ele, a atuação madridista "atingiu uma espécie de perfeição futebolística". O melhor e o pior de Puskas se viu: aos 2min27s, entrou para sair do corpo a perna direita do centromédio alemão Eigenbrodt. Uma solada para expulsar e prender o autor do crime. O árbitro nada fez.

Puskas é titular em qualquer time dos sonhos. Talvez a segunda melhor perna esquerda do futebol mundial, inferior apenas a de outro genial gordinho atarracado (Maradona). Um gênio não só na técnica apurada. Foi dos poucos que ajudaram a mudar taticamente o futebol, evoluindo o que seria o 4-2-4.

Atuaria pela Espanha na Copa de 1962. Era mais fácil mudar de seleção àquela época. Mais difícil era voltar para a Hungria. Em 1981, retornou. Mas, morar mesmo, só em 1993. Quando o novo regime retirou acusações contra ele. Quando assumiu a seleção como treinador. Quando o Nepstadion que ele "ajudara" a construir foi rebatizado como Ferenc Puskas Stadion. Treze anos antes de morrer, em 17 de novembro de 2006, de pneumonia, e sofrendo com o mal de Alzheimer.

A Fifa não o esqueceu. Em 2009, instituiu o Prêmio Ferenc Puskas para o gol mais lindo marcado em cada temporada. Para quem fez quase tudo e quase todos os gols, uma honra tão merecida quanto seria Puskas ter recebido o troféu de Jules Rimet, em Berna. Era só ter sido validado aquele gol discutível contra os alemães para uma equipe indiscutível até na derrota.

HUNGRIA 1954

NÚMERO	JOGADOR	CLUBE	IDADE	JOGOS	GOLS
1	Gyula Grosics	Honved	28	5	0
2	Jenö Buzanszky	Dorog	29	5	0
3	Gyula Lorant	Honved	31	5	0
4	Mihaly Lantos	MTK	25	5	2
5	Jozsef Bozsik	Honved	28	5	0
6	Jozsef Zakarias	MTK	30	4	0
7	Jozsef Toth	Csepel	25	2	1
8	Sandor Kocsis	Honved	24	5	11
9	Nandor Hidegkuti	MTK	32	4	4
10	Ferenc Puskas	Honved	27	3	4
11	Zoltan Czibor	Honved	24	5	3
12	Bela Karpati	Györi Vasas	24	—	—
13	Pal Varhidi	Budapest Dózsa	22	—	—
14	Imre Kovacs	MTK	32	—	—
15	Ferenc Szojka	Salgotarjani	23	1	0
16	Laszlo Budai	Honved	25	2	0
17	Ferenc Machos	Honved	21	—	—
18	Lajos Csordas	Vasas	21	—	—
19	Peter Palotas	MTK	24	2	2
20	Mihaly Toth	Budapest Dózsa	27	1	0
21	Sander Geller	MTK	28	—	—
22	Geza Gulyas	Kinizsi	21	—	—

Inglaterra
de 1966

A mãe do esporte precisava botar ordem na casa para a Copa que sediaria, em 1966. A Inglaterra inventara o futebol em 1863 e não soubera muito bem o que fazer com ele, em nível planetário. Assistira de longe, com certa empáfia, ao primeiro título mundial da Celeste Olímpica uruguaia e ao bi italiano, em 1934-38. Só se dignificara a medir forças com o mundo em 1950. E, de cara, caindo do cavalo e da zebra diante dos Estados Unidos, numa derrota em Belo Horizonte. De 1954 a 1962, a Inglaterra não passara vergonha em Mundiais. Mas precisava passar das quartas de final em uma Copa. Precisava ganhar o título em casa.

Para o meia Johnny Haynes, eliminado na Copa de 1958, "o inglês acha que é um direito sagrado do English Team ganhar o Mundial. Não é". Para Simon Kuper e Stefan Szymanski, autores ingleses da obra *Why England Lose* ("Por que a Inglaterra perde", em uma tradução livre), o "inglês considera que o país é uma terra de heróis desafortunados que não dominam mais o mundo – embora ainda mereçam". Para mudar a história, em 1963 a federação inglesa demitiu Walter Winterbottom, que treinava a seleção havia 129 jogos, desde o pós-guerra, com estratégias e táticas do pré-guerra. Ex-zagueiro-direito

50   As melhores seleções estrangeiras de todos os tempos

da Inglaterra nos anos 1950, Alf Ramsey foi o treinador escolhido. Ele estava em campo pelo English Team em Belo Horizonte, na derrota para os amadores norte-americanos, em 1950. Sabia o que era perder feio. Imaginava saber como seria virar o jogo e fazer em campo o que os ingleses sonhavam.

Ainda na sede do clube que bem dirigira até 1963, o Ipswich Town, Ramsey assim abriu e fechou a primeira entrevista: "Senhores, não tenho muito a dizer a não ser participar a todos que a Inglaterra ganhará a Copa de 1966. Agora me deixem trabalhar". Pouco mais falou. Muito mais fez. Assumiu o controle total da seleção. Não queria mais saber do comitê selecionador que escolhia os atletas para o treinador de campo tentar criar liga e formar um time. Ele próprio selecionava e escalava o time. Era o comandante-chefe do English Team. Honrando o apelido "The General" que ganhara ainda como atleta, pelo comando do grupo, pela ascendência sobre os jogadores, e até pelo apoio ofensivo ao ataque, então raro para um lateral, mas natural para um antigo meia que, quando menino, sonhava ser quitandeiro.

Ramsey assumiu todo o comando. Mas se cercou de profissionais competentes. Pela primeira vez a seleção inglesa tinha uma comissão técnica permanente. Sem eliminatórias para trabalhar o time, uma longa série de amistosos foi agendada para armar a equipe que representava o que ele pensava de futebol. Não eram os melhores jogadores ingleses que formavam a seleção. Eram os melhores atletas que ele tinha em mente para formar a equipe. Em três anos, testou 54 para achar os 22 finais. E com eles ficou até o fim. Sem que necessariamente a recíproca fosse real.

A disciplina era militar. Atletas importantes como Bobby Charlton, Bobby Moore e Jimmy Greaves chegaram atrasados a uma reunião do elenco, em 1964. Ao retornarem aos quartos, encontraram sobre as camas os passaportes. Poderiam ir embora quando quisessem. Entenderam o recado. Poucos deles se desentenderam com Ramsey. Bobby Moore foi o primeiro: o excepcional zagueiro discordou de treinos e planejamento de viagem. Chegou a perder a braçadeira de capitão em alguns jogos. Depois se acertaram.

Ramsey formava um elenco e com ele fechava. Deixava os 22 prontos, em ponto de bola, para cada partida. Não divulgava o time. Algo ainda mais difícil de ser feito num futebol então sem substituições. Prática pouco comum à época. Logo, bastante bombardeada pela imprensa inglesa usualmente pouco gentil e paciente. Como a brasileira. Como a italiana, tibetana...

Da Inglaterra eliminada pelo Brasil de Garrincha na Copa de 1962, cinco titulares permaneciam no grupo que começou a trabalhar perdendo de cara por 5 a 2 para a França. Na derrota para a Escócia, Ramsey ao menos apresentou a lenda Gordon Banks estreando na meta. A primeira vitória só viria contra a vice-campeã mundial Tchecoslováquia, no quarto jogo. A maior polêmica foi na vitória sobre a Alemanha Oriental, quando o ótimo atacante Jimmy Greaves foi preterido para a entrada do segundo (e tosco) centroavante Roger Hunt. Começava um movimento tático para a utilização de apenas dois atacantes, sem pontas. Ou com os meias mais recuados pelos lados. A gênese do 4-4-2 que virou símbolo do futebol inglês. E ainda é um legado forte em muitas equipes do mundo. Se a minissaia da inglesa Mary Quant foi uma revolução na moda que moveu fundos no mundo em 1965, o *four-four-two* britânico é tendência tática que ainda perdura como quatro fabulosos rapazes de Liverpool. Os Beatles só tiveram um defeito: *The Fab Four* não eram fãs do futebol. Mas ajudaram a fazer a trilha sonora daquele Mundial.

De abril de 1965 até a Copa, a Inglaterra acertou os placares, nem tanto o pé: foram 12 vitórias, quatro empates, e uma derrota. Ramsey apostou na veterana "Girafa" do Leeds, Jack Charlton, irmão mais velho de Bobby, para fazer uma rochosa defesa com o craque Bobby Moore. À frente deles, também estreou pelo English Team o símbolo daqueles dias de futebol mais marcado que jogado: o volante Nobby Stiles, o responsável pelo futebol nem sempre limpo de tantos campeões. Ainda em 1965, um notável meia que poderia ser ponta pela direita estreou: Alan Ball.

Em dezembro, bela vitória por 2 a 0 sobre a campeã europeia (Espanha, em Madri), mostrou que atuar com dois meias abertos que recuavam confundia o rival. O esquema que Ramsey já usava no Ipswich Town, e começava a implementar no English Team: o 4-4-2. Ou os *wingless wonders*, algo como "o time maravilhoso sem pontas". Fala Bobby Charlton: "Os laterais espanhóis não sabiam se acompanhavam os nossos meias abertos Ball e o George Eastham até o meio. Ficavam só olhando a nossa troca de passes e as incursões pelo meio".

Em fevereiro de 1966, a vitória magra contra a Alemanha Ocidental foi muito criticada. Pelo time alemão, cinco dos futuros finalistas na Copa estavam em campo. Pelos ingleses, estreava o atacante Geoff Hurst ao lado de Hunt. Duas torres de pouca movimentação e técnica discutível, com Ball numa das pontas, mas recuando para compor o meio-campo. Não faltaram críticas. Sobrou só uma resposta de Ramsey: "As mesmas pessoas que nos vaiam irão nos aplaudir se vencermos a Alemanha na Copa por um gol de diferença".

Ramsey errou. Foram dois na final de 1966.

A Copa

0 A 0 COM O URUGUAI

Se praticamente todas as seleções deste livro são formadas por duas ou no máximo três equipes base, a Inglaterra era uma colcha de retalhos: o time que levantaria a taça Jules Rimet tinha três do West Ham (o zagueiro-esquerdo e capitão Bobby Moore, o atacante pela direita Hurst e o meia pela esquerda Martin Peters), dois do Manchester United (o volante Stiles e o meia-atacante Bobby Charlton), e mais o goleiro do Leicester City (Banks), o lateral-direito do Fulham (George Cohen), o zagueiro-direito do Leeds (Jack Charlton), o lateral-esquerdo do Everton (Ray Wilson), o meia pela direita do Blackpool (Ball) e o atacante pela esquerda do Liverpool (Hunt).

Ramsey não fazia questão de convocar os melhores jogadores do país. Preferia selecionar os melhores para aquilo que tinha em mente em campo. Em lugar de se adaptar aos jogadores que tinha, o técnico fazia o pouco salutar caminho inverso: criava um molde e testava os atletas até encontrar quem melhor se encaixasse às estátuas de cera que bolava em seu laboratório. Os jogadores precisavam se adaptar ao time por ele criado na prancheta. Para felicidade geral inglesa, deu tudo certo. Para a alegria do futebol bem jogado, há como discutir.

O ótimo Uruguai era o contrário: seis dos titulares atuavam pelo Peñarol, que acabara de conquistar a Libertadores, e, em outubro, seria campeão mundial ao vencer duas vezes o Real Madrid. Entre eles, o espetacular Pedro Rocha, então com 23 anos, craque bandeira são-paulino a partir de 1970. Em 90 equilibrados minutos, deu um chapéu sensacional no ótimo Jack Charlton, deu outro chapéu (de costas!) em Bobby Moore e emendou um sem-pulo que mereceu aplauso do estádio de Wembley. Dos poucos dados durante a partida. Foram apenas cinco chances de gol inglesas, e só duas uruguaias.

Não foram somente as defesas que funcionaram (sobretudo a uruguaia, armada num ferrolho à italiana, o 1-4-3-2, com um zagueiro de espera atrás de outros quatro). Foi o nervosismo e a falta de criatividade inglesa que emperraram o bom jogo. O time de Ramsey só parecia ter um lance: bola para o lateral-esquerdo Wilson, que cruzava da intermediária, no segundo pau, para a torre Hunt. O velho chuveirinho inglês de anedota. A ligação direta que, nos últimos anos, não se vê mais na vibrante *Premier League* inglesa, cada vez mais veloz, intensa, técnica – também por ter cada vez mais estrangeiros. Mas, então, em 1966, a jogada era imutável. Tão estática quanto a guarda da realeza britânica.

Nas palavras do treinador Brian Clough, bicampeão europeu pelo Nottingham Forrest, "se Deus quisesse que nós jogássemos futebol nas nuvens, ele não teria colocado grama no chão". Ou na definição do treinador escocês Tommy Docherty: "futebol não foi feito para ser dirigido por um controlador de tráfego aéreo e dois auxiliares".

Era preciso botar a bola no chão. Mas ficava difícil com a condição técnica e a orientação tática inglesa. Mais velho do time titular, o lateral Wilson sofria com a falta de melhor técnica. Do outro lado, o lateral Cohen saía pouco ao ataque. Tinha ainda menos técnica de jogo, mas era muito veloz. Para o excepcional ponta norte-irlandês George Best, um gênio em campo e fora dele, "Cohen foi o melhor lateral inglês".

Os dez cavaleiros ingleses erguem o capitão Bobby Moore em Wembley.

54 As melhores seleções estrangeiras de todos os tempos

Até o craque Bobby Charlton errava muitos passes. O nervosismo da estreia e a pressão sobre o anfitrião travavam o jogo. Aos 21, a primeira vaia eclodiu em Wembley. A Inglaterra corria demais. Tinha excelente preparo físico. Mas não sabia o momento de parar a bola, pensar o jogo. Corria mais que jogava. Pouco se viu de futebol naquela correria da estreia.

Ramsey começou a Copa num 4-3-3 típico. Com Stiles na cabeça da área e ótima movimentação dos meias Ball e Bobby Charlton, a troca constante de lado dos pontas John Connelly e Jimmy Greaves atrapalhava o sólido sistema defensivo uruguaio. O primeiro preferia atuar pela direita. Rápido, bom drible e ótimo cruzamento, Connelly batia bem com as duas pernas e era goleador para um ponta. Greaves era a estrela da companhia. O terceiro maior goleador da história do English Team (44 gols em 57 jogos, entre 1959 e 1967), era abusado, driblador, técnico, e atuava bem em qualquer posição na frente. Trocava muito de função com Hunt: este abria pela esquerda, e Greaves entrava por dentro, driblando e finalizando.

Mas pouco de bom se viu para duas escolas tão respeitáveis. Partida típica para o nada estiloso Stiles. Com apenas 1,68 m, parecia maior que o Big Ben pelo jogo brusco que apresentava em Wembley. Usava grossas lentes de contato. E os dentes da frente removíveis de acordo com o jogo. Perdera nas lutas pela bola e contra os rivais. Parecia ainda mais feroz pelo vão livre na boca sempre aberta para reclamar. Metia medo até na arbitragem, que pouco fazia contra ele: aos 27 do segundo tempo, o meia Héctor Silva (que atuaria no Palmeiras) foi atingido na perna e no rosto por Stiles. Como não havia cartão, não havia *replay*, o jogador batia sem punição. Mais 10 minutos, Stiles chutou, agarrou e deu um tapa em Pedro Rocha. Numa só dividida.

O 4-3-3 poderia virar 4-4-2 facilmente pela intensa movimentação do excelente Alan Ball, que tanto poderia ser meia como ponta pela direita.

Ao final, o time uruguaio celebrou como se tivesse ganho a partida e o Mundial. Os ingleses foram vaiados como se tivessem sido eliminados. Só não saíram cabisbaixos do gramado porque o estranho cerimonial chamou todos os atletas de volta para o centro do campo para o *God Save The Queen* ser executado. O hino nacional depois da partida? Estava tudo trocado e fora de ordem na Inglaterra.

2 A 0 NO MÉXICO

O 4-3-3 era mantido contra a frágil seleção mexicana. Ramsey testava um novo ponta-direita: Terry Payne (o atleta que mais atuou pelo Southampton). Veloz, bom drible, ótimo cruzamento. Era um ponta que terminou a carreira como meia. Também pela mudança tática que o próprio Ramsey propunha naquela Inglaterra. No meio-campo, o meia-esquerda Peters, que estreara apenas em maio na seleção, ganhou um lugar que não perderia mais. "Ele está dez anos à frente do tempo", costumava dizer Ramsey. Até de goleiro Peters chegou a jogar pelo West Ham, quando o titular havia sido expulso. Incansável, inteligente, boa técnica, aproveitava a altura para aparecer no cabeceio no segundo pau das bolas cruzadas da direita por Cohen, preparando o gol para um companheiro. Quando ele mesmo não abria pela esquerda quase como um ponta, ou fazendo parceria com Wilson no apoio e na marcação a um rival. Moderníssimo, tinha o que hoje se chama de leitura exata da partida. Seja qual for o nome, jogava fácil. E fazia o time jogar também.

Peters foi parceiro tanto de Greaves quanto de Payne. Os dois pontas trocaram de lado e não foram molestados pela espaçada marcação mexicana. Tão afundada na própria área que raros impedimentos foram marcados. Não só neste jogo. Apesar de ser a Copa em que os espaços diminuíram em campo, ainda eram latifúndios se comparados às quitinetes que sobraram aos craques deste século. Até o *pressing* da Holanda de 1974 no gramado alheio, o jogo era jogado, não marcado. Dava-se a bola e o campo ao rival. Quem melhor soubesse jogar, sairia vencedor.

Nos anos 1960 já engatinhava um movimento mais tático, mais físico, que prostrou o futebol mais técnico. O treinador belga Raoul Mollet foi um empedernido defensor desse indefensável defensivismo do ser que começou a contaminar pranchetas e gramados. Tanto que a Fifa realizou estudos para entender o porquê de tamanhos cuidados defensivos de times e seleções que murcharam a Copa. Aquilo que equilibradamente comentou Nelson Rodrigues:

– Vamos trocar a beleza do nosso futebol pela boçalidade eufórica dos europeus? O brasileiro tem um jogo leve, afetuoso, reverente. Nós fazemos um futebol diáfano, de sílfides. A Copa da Inglaterra foi uma selva de pé na cara. Os europeus, como centauros truculentos, escouceando em todas as direções. Imitar o burríssimo futebol-força seria uma imbecilidade suicida do Brasil.

Em 1966, a Inglaterra foi uma das equipes afinadas com essa certa grossura de ser e de jogar. Apesar da presença de bandeiras como o zagueiro Bobby Moore. Eleito o melhor jogador do Mundial. O maior da história inglesa. Dos melhores de todos os campos. Para Pelé, "foi um dos maiores do mundo, e meu marcador mais leal". Para o treinador escocês Jock Stein, "deveria haver uma lei contra ele: Moore sabia o que iria acontecer no jogo 20 minutos antes que qualquer um". Para Alf Ramsey, "sem ele, não teríamos ganhado a Copa. Ele foi o meu braço-direito".

Moore saía bastante para o ataque. Como faria (ainda melhor) seu fã Franz Beckenbauer. "Ele foi o maior zagueiro de todos os tempos", diz o líbero alemão. Contra o México, não era difícil. O meia-atacante Bobby Charlton se unia a Hunt no ataque, e o esquema mais parecia o 4-2-4 de uma década antes. O avanço de Charlton dificultava ainda mais a saída de bola mexicana. Além de ruim de bola, era um time fraco fisicamente. Teve a sorte de contar com um erro de arbitragem e a anulação de um gol legítimo inglês, aos 33. Mas não suportou três minutos depois, num lance típico de Bobby Charlton, que pegou a bola no grande círculo, ultrapassou a linha média sem ser marcado e arriscou da meia direita, uma bomba no ângulo direito. "Não tive a intenção de chutar. Mas como ninguém estava por perto, o gramado era perfeito, por que não atirar?" Até aquele golaço, a Ingla-

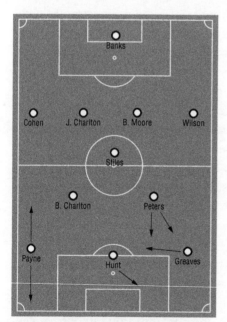

O 4-3-3 era bastante móvel com a intensa movimentação de Greaves e a dinâmica aportada por Peters, aberto pelo lado esquerdo inglês.

terra era a anfitriã que mais tempo havia levado para marcar um gol numa Copa. Demérito que seria suplantado pelos próprios mexicanos, em 1970.

O gol honrou o termo em inglês para os torcedores. Os *supporters* apoiaram a equipe e começaram a cantar o tema que embalou Wembley durante a Copa: *When The Saints Go Marching In*, um clássico gospel americano, e muito cantado por torcidas de alguns clubes ingleses nos anos 1960. Ao final do primeiro tempo, ouviram-se aplausos por mais de sete segundos. Foram oito grandes chances de gol criadas. Na segunda etapa, apenas quatro. Mas a Inglaterra mostrou o espírito da competição. Encarou o México como se fosse o Brasil de 1962 que a eliminara nas quartas de final. Jogou com força, raça e aplicação. Com a bola, era um time armado no 4-3-3. Sem a bola, Payne recuava, e a equipe ficava no 4-4-2.

O segundo gol só saiu aos 30: Bobby Charlton enfiou na medida para Greaves bater, o fraco goleiro mexicano Calderón rebater, e o centroavante Hunt aparecer sozinho para acertar de canhota. Se era ótimo no jogo aéreo, não tinha muita técnica com a bola aos pés. Mas não perdoava bobeadas alheias. Foi preciso no segundo gol. Foi frio. Como o time inglês em toda a Copa. Uma equipe que não era brilhante e refinada como os Beatles em qualquer fase da carreira do grupo. Mas parecia, por vezes, um rock sujo e pesado dos Rolling Stones. Com alguma ironia dos Kinks, espetacular banda que não teve o mesmo apelo popular dos craques da *British Invasion* musical nas paradas de sucesso planetárias.

2 A 0 NA FRANÇA

Peters ganhara o lugar na meia esquerda. Mas a ponta direita seguia aberta. A terceira tentativa de Ramsey: Ian Callaghan. Por 18 anos atuaria pelo Liverpool – quem mais partidas fez pelo clube. Na Copa de 1966, porém, só jogou na tranquila vitória sobre a mediana seleção francesa. Mais ofensivo que o sacado Payne, Callaghan fez o que todo ponta fazia à época: driblou, foi para cima, cruzou muito bem. Mas não compôs o meio-campo sem a bola. Aquilo que mais queria Ramsey: um time que atacasse no 4-3-3 e se defendesse no 4-4-2.

A partida lembrou a Guerra dos Cem Anos. Muita luta e desinteligência (mas sem deslealdade). E pareceu levar um longo tempo para acabar... A França não era grande coisa, e teve um jogador machucado (Herbin) que fez número no ataque – foi a última Copa sem substituição de atleta. A Inglaterra era muito melhor, mas confundia velocidade com afobação. Teve um discutível lance de gol anulado de Greaves, aos 28, pelo assistente tchecoslovaco Karol Galba. O mesmo que compensaria aos 40, validando gol em banheira imperial de Hunt, aproveitando rebote de bola na trave depois do manjado cabeceio do zagueiro Jack Charlton, sempre pronto para subir no segundo pau.

O irmão mais velho do craque Bobby Charlton só chegara ao English Team aos 30 anos, em 1965. Atuou 21 anos pelo Leeds. Veloz, ofensivo, aproveitava muito bem seu 1,91m. Do *brother* Bobby só tinha o rosto e o cabelo, ou pior, a falta dele. Não se pareciam em nada com a bola aos pés. Não se davam tanto fora de campo. Mas ambos ajudavam demais a equipe pela seriedade com que se aplicavam e se superavam.

A Inglaterra teve nove chances de gol contra quatro francesas em 90 minutos. Sem forçar, fez o segundo gol, aos 30: Bobby Charlton, mais uma vez o melhor em campo, desarmou o rival como se fosse o Stiles e cruzou para a área. A zaga francesa bobeou, Callaghan devolveu a bola para Hunt cabecear sozinho.

Só não teve mais gol e futebol porque a Inglaterra era um time com pressa, que prensava. Mas que não pensava. Mais um lance de gol mal anulado prejudicou o dono da casa e da festa, aos 16: jogada bem treinada, bola na segunda trave para o galalau Hunt ajeitar de cabeça para um gol totalmente legal de Bobby Charlton, invalidado por impedimento absurdo.

A fama de que toda a Copa estava arranjada para os pais do futebol é injusta por erros de arbitragem cometidos contra a Inglaterra na primeira fase. Ao menos nessa etapa.

A vitória classificou os anfitriões como primeiros do grupo. Para enfrentar a invicta Argentina, segunda colocada da chave da Alemanha Ocidental. Para tanto, Ramsey queria muito mais do time. E cobrou desde o retorno à concentração. Achava que a Inglaterra vinha jogando pouco e se achando muito. Exigiu mais bola e menos arrogância da equipe que se perdia por se achar a favorita.

1 A 0 NA ARGENTINA

Ainda não havia televisão ao vivo para todo o mundo. Por isso os quatro jogos das quartas de final foram no mesmo dia, na mesma hora. Não havia protecionismo para a anfitriã Inglaterra. Nem no apito, nem na tabela. Nem para seu cão de guarda Stiles, advertido pela Fifa (dirigida pelo inglês Stanley Rous) pelo jogo brusco (para usar um eufemismo britânico) na primeira fase.

Stiles foi a campo no primeiro jogo eliminatório inglês. E mais pareceu um monge perto do que fizeram os (ótimos) argentinos em Wembley. Uma partida que exemplificou a ideia do escritor inglês George Orwell: "Futebol é a continuação da guerra por outros meios. É uma mímica da guerra".

Ramsey teve de mudar o time. Greaves cortou a perna contra a França e estava fora. A opção foi mais um centroavante no lugar de um ponta. Mais um jeito de preparar o 4-4-2 bolado pelo treinador. Hurst compôs com Hunt uma linha de ataque semelhante às duas torres do portal de entrada do estádio de Wembley. Para abastecê-los, além do incansável e prático Peters pela esquerda, o retorno de Ball à direita. Pela ponta e pela meia. E também pela esquerda. E pelo meio. O hábil, ágil e driblador armador era o caçula da equipe. Mas jogava como gente grande. Com Ball a partir da ponta direita, recuando para compor o meio-campo, Ramsey achou o esquema ideal – para ele e para o time. Com a bola, um 4-3-3; sem ela, um 4-4-2 sem pontas. Mas uma equipe com boas jogadas pelas bordas.

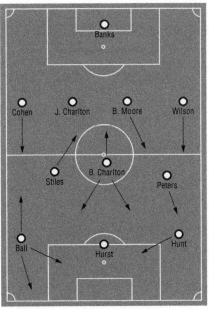

O meio-campo mudou para acomodar a formação que seria a gênese do 4-4-2 usado para conquistar a Copa: Bobby Charlton centralizado, Ball indo e voltando.

A partida era igual. A Argentina, como sempre, tinha um belo time. Que também gostava de bater feio. O excepcional goleiro Banks exibiu parte do repertório que garantia a invencibilidade de sua meta. Os ingleses só especulavam no contragolpe. Só criaram mais chances com o Bobby Charlton de sempre, arrancando desde atrás e arriscando de longe. O jogo ficava mais duro. Aos 34, o ótimo meia argentino Antonio Rattín entrou feio em Peters. No lance seguinte, o excelente zagueiro Perfumo atingiu Hunt. O árbitro alemão Rudolf Kreitlin puxou o caderninho onde anotava o número dos jogadores que avançavam o sinal. Discutiu severamente com o capitão Rattín.

60 As melhores seleções estrangeiras de todos os tempos

Logo depois, anotou mais algumas advertências no livrinho que trazia no bolso. O argentino continuou discutindo até o árbitro fazer o sinal claro com a mão: ele estava expulso.

Para o árbitro, depois do jogo, o motivo da exclusão era "o olhar do argentino"... Será? Rattín fez que não entendeu o que, de fato, não era lá muito compreensível. O árbitro não falava o espanhol do monoglota capitão argentino. Para resumir: depois de 7min58s de vai não vai, sai não sai, e de total falta de comando do árbitro que não conseguia expulsar um jogador de campo, a partida recomeçou. Rattín ficou fora das quatro linhas. Mas perdeu de vez a própria. Passou alguns minutos sentado sobre o tapete vermelho estendido para a rainha Elizabeth II. Quando enfim foi conduzido para o vestiário por dois policiais, com a bola ainda rolando, o argentino devolveu alguns xingamentos da torcida, passou pela bandeirinha de escanteio, tocou displicentemente a Union Jack (a bandeira britânica), e ainda pareceu amassá-la. Fecho de chumbo para a cena patética que foi além do campo. E que inspirou o chefe de arbitragem da Fifa (o ex-árbitro Ken Aston), que tentou contornar o incidente quase diplomático, a criar um meio de facilitar a comunicação entre árbitros e atletas: era a semente da adoção dos cartões amarelo e vermelho, que seriam usados a partir da Copa de 1970.

A versão de Rattín:

> – Nossos dirigentes me instruíram para que, no caso de qualquer complicação ou necessidade de falar com o árbitro, eu deveria recorrer ao intérprete. Foi o que fiz quando o árbitro tomou nota dos números de meus companheiros, marcando-os para uma punição maior, no decorrer da partida. Não entendia o que era aquilo, não era normal isso acontecer, e fiz sinal que gostaria de saber, com a ajuda de um intérprete. O árbitro então interpretou a minha ação à procura de alguém que pudesse me explicar o que ele estava fazendo como um insulto e me expulsou de campo. Fazia parte do que esperávamos: as arbitragens jogariam junto com o time da casa.

O jogo descambou. Quase todos passaram a se pegar. A Argentina se plantou num 4-3-2 e ainda assim ameaçou a meta inglesa no segundo tempo. Aos 19, o ponta-esquerda Más perdeu a bola do jogo ao bater para fora, na saída de Banks. Num jogo de poucas chances (três para os ingleses, duas argentinas), o gol só poderia sair à britânica, aos 31 minutos: Peters cruzou da esquerda para o cabeceio de Hurst, às costas de Perfumo e à frente do outro zagueiro Albrecht. O gol que deu a vitória ao time europeu.

Ao final do jogo, Alf Ramsey invadiu o campo para impedir que seus atletas trocassem de camisa com os argentinos. No pós-jogo, disse que a Inglaterra "só produziria melhor quando encontrasse rivais que praticassem futebol e não atuassem como animais".

Até o fim da vida, a frase pegou mais forte e pesado que um tranco por trás de Stiles. Ruim no trato com desconhecidos e, sobretudo, com estrangeiros, Ramsey nunca fez questão de desmentir o desapreço por aquele estilo de jogo que seu time também praticava. Embora, como os argentinos, também os ingleses pudessem jogar muito mais futebol. O que seria preciso na semifinal contra a sensação do torneio: Portugal, que eliminara o Brasil na primeira fase e vencera a surpreendente Coreia do Sul por 5 a 3, de virada.

2 A 1 EM PORTUGAL

Um português nascido em Moçambique desbancara Pelé: Eusébio, o artilheiro e craque da Copa. Não só fazia gol. Recuava para armar a ótima esquadra portuguesa. Batia todos os escanteios. Jogava demais. Ele e o armador Coluna. E o meia e/ou ponta Simões. O perigoso centroavante Torres. Um senhor time dirigido pelo brasileiro Otto Glória. Baseado no campeoníssimo Benfica.

Como a Inglaterra, Portugal ainda não tinha camisa nem história em Mundiais. Era o jogo da confirmação para um calouro de Copas. O melhor ataque contra a melhor defesa. Não só daquele Mundial. De todos eles. Banks ainda não havia sido vazado. Só tomaria um gol depois de 442 minutos. Recorde de invencibilidade em Copas para o segundo maior goleiro do século XX, por votação do Instituto de História e Estatística do Futebol. Para um dos 125 do século da Fifa, na pesquisa elaborada por Pelé, em 2004.

A Inglaterra não foi um time maravilhoso. Triunfou numa Copa distante do nível esperado, num momento de transição entre a era, digamos, romântica do esporte para um futebol força, mais força que futebol. Mas jamais se pode dizer que um time com Banks na meta, Bobby Moore na zaga, e Bobby Charlton em todos os lugares não seja uma equipe histórica. Banks está em qualquer lista dos melhores do planeta na posição – no mínimo é autor da mais prodigiosa defesa da história das Copas, na cabeçada de Pelé, em 1970. Moore, para muitos e sábios, foi o maior dos zagueiros. E Charlton, o melhor de todos os ingleses, dos melhores e mais queridos personagens

62 As melhores seleções estrangeiras de todos os tempos

da história do futebol, não dispensa apresentação: qualquer imagem que se tenha dele, dentro e fora de campo, é positiva.

Só um grupo com grandes jogadores poderia fazer a diferença contra um time bem armado e do mesmo nível como o português. Ramsey manteve a equipe e a ideia. Mais para o 4-4-2 que para o 4-3-3. Até para espelhar taticamente o 4-4-2 português. Os duelos individuais decidiriam o jogo. Deu Inglaterra: Stiles foi notável no combate a Eusébio, pela meia-esquerda de Portugal; Jack Charlton anulou Torres por baixo e por cima.

Num contragolpe, aos 31 minutos, belo lançamento de Wilson para Hunt, que ganhou na corrida do zagueiro Batista, bateu na saída do goleiro José Pereira e, no rebote, Bobby Charlton abriu o placar. A Inglaterra cresceu em campo e passou a dominar o jogo: Jack limpou a área, o mano Bobby desarmou, armou e finalizou, e Ball deu o talento que faltava mais à frente. Portugal murchou. Chegou mais à frente nos 20 minutos finais, quando a Inglaterra recuou, mas pouco concedeu de chances (foram quatro para cada um).

O time de Ramsey só chegava na bola longa. Assim ampliou, aos 34: mais um lançamento de lateral (desta vez do direito Cohen) para um atacante (desta vez Hurst). Outra bobeada da zaga lusa, um recuo para o Charlton de sempre: 2 a 0 Inglaterra.

Portugal acabou com a invencibilidade de Banks aos 38. Gol de pênalti de Eusébio. Na única falha do goleiraço na Copa: não cortou cruzamento que Torres só não marcou porque Jack Charlton salvou sobre a linha com a mão. Na época não era expulsão. Mas pareceu que a Inglaterra estava fora de órbita. Muitas vezes, o English Team perdeu jogos e decisões por optar em se fechar em Copas com os poucos ases que tinha aos pés. Dois minutos depois, Stiles salvou nos pés de Simão, evitando o empate. Portugal voltara ao jogo. Mas foi tarde. Quando o imenso Coluna quase empatou, Banks foi a garantia da vitória, aos 44.

A Inglaterra chegava à sua única final de Copa. Sofrendo mais que jogando. Mas, uma vez em campo, em Wembley, só poderia ser favorita.

4 a 2 na Alemanha

Russian Linesman. Bandeirinha russo. No anedotário das arquibancadas inglesas, um árbitro amigo. Como Tofik Bakhramov. Mesmo que não fosse russo – nasceu e morreu em Baku, capital do Azerbaijão, então, uma das repúblicas socialistas da União Soviética.

Bakhramov foi o auxiliar número um da estreia inglesa na Copa. Foi o número um na final contra a Alemanha Ocidental, que escalava três titulares que seriam campeões mundiais em 1974 – Beckenbauer, Overath e Höttges, que poderiam ter sido bi, na Copa na Alemanha, se o bandeirinha soviético tivesse visto melhor a bola que Ball (um monstro na final) cruzou para a virada de Hurst, aos 10 minutos da prorrogação: ela bateu no travessão e fora do gol, antes de ser desviada a escanteio pelo zagueiro alemão Weber, num lance rápido e difícil.

Foram 13 segundos entre a batida de bola no gramado e a confirmação de gol de Bakhramov para o árbitro suíço Gottfried Dienst. Boa parte de Wembley não celebrou depois do chute no travessão. Só o atacante Hunt saiu comemorando sem tentar confirmar o gol no rebote, enfiando a bola para as redes. O que reforça a tese inglesa de que, bem colocado, Hunt teria visto a bola entrar... Ele rebate: "Nada disso. Celebrei porque sabia que não tinha pernas para chegar na bola. Só isso".

Hunt não definiu o lance como viu – ou quis enxergar – Bakhramov, bandeirinha morto em 1993. O primeiro árbitro do planeta a ser homenageado com um nome de estádio. O nacional do Azerbaijão.

Reduzir, porém, o Mundial inglês em 1966 ao erro do bandeirinha na prorrogação é desmerecer um título que caiu nos melhores e mais fortes e competentes pés. A Inglaterra também foi prejudicada pela arbitragem na Copa. A tabela deu um dia a menos de descanso para a final. O time bateu e apanhou quase do mesmo jeito durante a, até então, mais violenta das Copas. E foi melhor que a Alemanha na decisão. No tempo normal, teve oito chances contra sete da boa equipe alemã. Não era um primor técnico, embora possuísse grandes jogadores. Mas foi a equipe mais competente. Mais objetiva. Merecedora do título, do lugar na história, e de um capítulo deste livro. Não é preciso admirar o futebol inglês. Mas, não fosse o inglês, não haveria futebol para celebrar neste mundo.

Helmut Schön armou o time visitante (mas com grande torcida em Wembley) num 4-4-2 parecido ao inglês. O ótimo atacante Seeler voltava para armar, os meias Haller e Held faziam os lances pelos cantos, e os jovens e já excelentes Beckenbauer e Overath organizavam o jogo por dentro. Ramsey repetiu o time inglês, mesmo já podendo contar com o recuperado Greaves, o melhor de seus atacantes. Preferiu manter o jovem Hurst na frente, apostando na força do jogo aéreo e na maior presença de área, deixando Ball e Peters pelos lados para armar e também combater o forte meio-campo rival. Num gramado escorregadio, mais alemão que inglês, escolhas mais físicas e táticas que técnicas. Também pelo desapreço do técnico pelo modo como atuava Greaves. Dentro e fora de campo. A irreverência dele irritava o treinador havia tempo.

Numa falha do lateral-esquerdo Wilson, Haller bateu cruzado e fez 1 a 0 Alemanha, aos 12 minutos. A resposta inglesa também veio aos muitos que preferiam Greaves de volta: num lance bem treinado no West Ham, Bobby Moore bateu rápido uma falta na cabeça de Hurst, companheiro de clube e seleção, que empatou, aos 18, livre pela desatenção abissal de Höttges.

A partida ficou equilibrada. Ball jogava demais e se livrava fácil do ótimo Schnellinger, que o seguia por todo o campo. Nas bolas que os ingleses mandavam no segundo pau para Peters, os alemães buscavam Seeler. Os goleiros Banks e Tilkowski (que não fazia uma boa Copa) garantiam o placar igual com grandes defesas. Stiles não marcava individualmente. Mas conseguia travar o avanço do excelente Overath.

Aos 41, o atacante Emmerich quase desempatou num contragolpe, não fosse o precioso e preciso carrinho de Bobby Moore. Uma das tantas qualidades do zagueiro inglês, que iniciava os ataques da seleção. Moore fazia carrinhos mais perfeitos que o *Mini Cooper*. O problema inglês é que, do outro lado, o zagueiro Weber também dava conta de Hunt (outro que poderia dar a camisa a Greaves). Höttges tentava acompanhar Hurst. Schulz ficava na sobra. No meio-campo, Beckenbauer travava duelo tático num empate altamente técnico com Bobby Charlton. "Eu tinha de jogar e não deixar Franz atuar", afirmou o camisa 9 inglês. A mesma ordem de Schön para Beckenbauer: "jogue e não deixe Charlton se mexer".

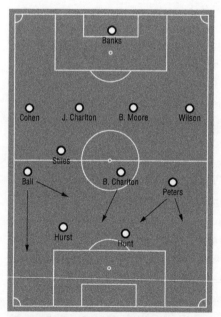

O 4-4-2 básico da decisão. Ball tinha liberdade para rodar por todo o ataque, com ainda mais velocidade e qualidade que o meia pela esquerda Peters.

Aos 32 do segundo tempo, depois de escanteio cavado e batido por Ball, Hurst chutou, o desvio de Höttges, e o gol num sem-pulo de

Peters, de pé direito. Bobby Charlton abraçou Stiles urrando: "Ganhamos! Ninguém pode nos bater agora!". Wembley cantou, a Inglaterra começou a enfileirar chances, a Alemanha definhou. Estava tudo definido. Não fosse a Alemanha. Falta besta cometida por Jack Charlton. Emmerich mandou a bomba, houve a rebatida. Um melê na área até o carrinho salvador de Weber, 30 segundos antes do apito final.

Ramsey só disse uma coisa para o time antes do início da prorrogação: "Vocês já venceram uma vez. Agora é só voltar a campo e vencer novamente. Vejam só os alemães. Eles estão liquidados". Não apenas encheu de moral e gás o time. Pediu para que todos permanecessem em pé antes de a bola voltar a rolar. "Era o jeito dele de mostrar aos rivais que estávamos melhor preparados e não havíamos esmorecido com o gol de empate no fim", disse Bobby Charlton. A estratégia era realidade. "Eu estava tão morto na prorrogação que não fiquei tão triste com a derrota. Estava feliz por acabar aquele suplício", disse o então jovem Beckenbauer.

Foi a primeira prorrogação em final de Copa desde 1934, quando então, deu o time da casa, a Itália, contra a Tchecoslováquia. Agora, fisicamente, a história parecia se repetir: com três minutos, duas chances inglesas (uma bola na trave de Bobby Charlton). A anfitriã estava mais inteira. Mais em casa. Até Stiles lançar bonito Ball, este cruzar para Hurst, e Bakhramov roubar a cena. Quando a bola saiu dos pés operários de Stiles, Ball admitiu ter pensado: "Oh, *my god!* Estou morto. Não vou chegar até essa bola!". Chegou. Cruzou. Celebrou o gol mais contestado da história das Copas.

Bobby Charlton e o lance: "Toda vez que algum alemão me pergunta se a bola entrou, respondo apenas que, ainda assim, não iríamos perder aquele jogo". Quem mais perto estava da bola que não entrou era o zagueiro Weber, que aceita a derrota: "Ainda assim, os ingleses mereceram vencer". Seeler: "Eles tinham um time excepcional, melhor que o nosso". Overath: "Apesar da arbitragem, a Inglaterra tinha uma senhora equipe. Foram grandes campeões". Para o árbitro suíço, "durmo tranquilo. Sei que a bola entrou". Ponto final.

No segundo tempo, a Alemanha tentou se atirar e não conseguiu empatar. Já nos acréscimos, Bobby Moore dominou a bola na zaga esquerda. "Entrei em pânico! Ele com aquela calma, e todos nós pedindo para ele dar um bico pra longe", admitiu o goleiro Banks. Mas era Moore: ele viu Hurst totalmente livre. Fez um belo lançamento. Nesse momento, o locutor da BBC, Kenneth Wolstenholme, observou que o árbitro colocava o apito na boca e parecia que encerraria o jogo. Ele se preparou para narrar o título quando o

66 As melhores seleções estrangeiras de todos os tempos

árbitro mudou de ideia e deixou o jogo seguir, mesmo com gente já invadindo o gramado. Quinze segundos depois, morto de cansado, querendo ganhar mais tempo que um novo gol, Hurst encheu o pé de dentro da área. Mais para se livrar da bola e ganhar fôlego que para acertar o ângulo direito de Tilkowski. Exatamente onde a bola entrou e o jogo nem recomeçou. O apito que não se ouviu segundos antes também não foi ouvido depois.

A narração histórica da BBC: "E lá vem Hurst, ele... Algumas pessoas já estão no gramado! Elas pensam que tudo já acabou... [Hurst faz o gol] E acabou agora. É o quarto [gol]".

Alf Ramsey não entrou no gramado para celebrar, nem para tirar seus atletas como fizera contra os argentinos. Esperou seus fiéis seguidores e jogadores passarem perto do banco para abraçá-los. Eles subiram até as tribunas, onde Bobby Moore limpou as mãos sujas do jogo no calção, estendeu-as à rainha Elizabeth, e recebeu a Copa do Mundo com a humildade do dever cumprido.

Os 11 campeões deram a volta olímpica. Apenas eles. Nem os reservas, nem o treinador. Ramsey teria voltado à noite ao gramado para dar uma volta de honra no estádio vazio. Os outros 11 não saíram nem na foto. Nem medalha ganharam. Até 10 de junho de 2009. Quando a *Football Association* inglesa conseguiu da Fifa as medalhas para os 11 reservas, o treinador, o médico, o preparador físico e o massagista. Todos reunidos na sede do governo inglês para receber o prêmio negado por 43 anos a um grupo que foi notável como tal. Que honrou o que há de mais sagrado no *football: association*. Fala Jimmy Greaves, quem mais poderia ter ficado irritado por ter saído e não voltado ao time campeão:

> – Era lindo o nosso ambiente em 1966. Nunca tive algo parecido na carreira. É por isso que fomos campeões. Por isso que nunca reclamamos e nunca pedimos as medalhas que agora ganhamos, em 2009. Não nos fizeram falta. Só sinto falta daquela amizade.

Concorda o lateral-direito Jimmy Armfield (Blackpool), machucado pouco antes da Copa:

> – Poderia ter voltado ao time depois da longa contusão. Mas para que mudar uma equipe que vinha bem? Ramsey fez muito bem ao manter Cohen no meu lugar. Nosso grupo era assim. Ninguém queria ser mais que ninguém. Tanto que nenhum dos reservas reclamou a medalha

que agora nos deram. Nem o nosso treinador teve uma! Pena que ele não viveu para recebê-la...

Aquela seleção inglesa poderia não ser um timaço. Mas era um time como poucos.

Pós-Copa

Nenhum dos campeões e vices deste livro foi tão repetido como o campeão de 1966. Por mais duas vitórias e um empate, Ramsey pôde escalar os 11 vencedores de Wembley em outras partidas. Na Eurocopa de 1968, a Inglaterra foi eliminada pela Iugoslávia na semifinal. Ramsey rejuvenesceu o time para a Copa de 1970. Mas manteve a base com os Bobbys, mais Ball, Peters, Hurst e Banks na meta. Quase todos ainda melhores que em 1966.

Na bola, era um time mais técnico e entrosado que o campeão. No campo, faltou Wembley. E sobraram rivais também melhores, no México. Na primeira fase do Mundial, perdeu para o melhor dos Brasis por 1 a 0. Mas poderia tê-lo vencido num jogo espetacular. Nas quartas de final, levou a virada de 3 a 2 da Alemanha. Pelo recuo excessivo depois dos 2 a 0, e também pela ausência de Banks, com problemas intestinais recorrentes no México. Uma pena. Talvez a melhor seleção inglesa de todos os tempos não teve a campanha merecida, em 1970.

Em 1974, o azar inglês foi enfrentar a fortíssima Polônia nas Eliminatórias da Copa da Alemanha. Um empate com pênalti perdido em Wembley sepultou a primeira ausência inglesa involuntária em um Mundial. E o fim de Ramsey no comando do English Team, duas partidas depois. Com 69 vitórias, 27 empates e 17 derrotas. Com 1,9 gols marcados por jogo, e apenas 0,8 sofridos. Ótima média para um treinador acima dela.

Bobby Charlton

Sir Robert Charlton. Melhor jogador da Europa em 1966. Bandeira do Manchester United de 1954 a 1973. Pela seleção, de 1958 a 1970, foi quem melhor vestiu a camisa do English Team. Talvez o maior craque ambidestro do futebol. Vendo-o em campo, era difícil saber qual o melhor pé dele. E o que ele eventualmente não sabia fazer: ajudava atrás, organizava o jogo, passava muito bem, com eficiência e categoria, corria demais desde o próprio campo, e finalizava com impressionante precisão. De onde fosse. Por vezes uma estrela solitária na equipe. Sempre uma figura solidária em campo. "Para estar no jogo é precisar estar 90 minutos ligado na partida. Jogar por todos em todos os lugares do jogo" era o mote dele. Tanto que aceitou a ideia de Alf Ramsey de mais grudar em Beckenbauer na final que fazer o jogo dele e da Inglaterra. "Claro que fiquei decepcionado. Eu queria mostrar meu futebol numa final de Copa. Mas também sabia que Franz era o único que se mexia demais e poderia nos causar danos. Eu precisava jogar pelo time, não por mim."

Na Copa, começou como meia pela esquerda, no 4-3-3 inicial. Passou à direita com a entrada de Peters. Na fixação do 4-4-2, foi o meio-campista central mais à esquerda. Em suma, fez de tudo. Foi tudo. Como seria pelo Manchester United, campeão da Europa pela primeira vez, em 1968. Na decisão, marcou dois gols na vitória sobre o Benfica por 4 a 1. Levantou como capitão o primeiro título europeu de um clube inglês. "Ganhar tudo que vencemos pelo United é maravilhoso. Mas é uma glória pessoal. Vencer uma Copa do Mundo é maior. É um dever cívico."

Charlton foi campeão europeu dez anos depois de quase perder a vida numa tragédia área na Alemanha. Em 6 de fevereiro de 1958, um Airspeed AS-57 Ambassador não conseguiu decolar sob a nevasca de Munique. Sete sobreviveram. Entre eles, o centroavante Dennis Viollet. Ele e Charlton trocaram de poltrona com os companheiros Tommy Taylor e David Pegg, que tinham ficado muito nervosos com as três tentativas prévias de decolagem abortadas pelas más condições da pista. Se sentiam mais seguros se estivessem

ir Bobby Charlton, cavaleiro do English Team.

no fundo do avião. Ao tentar decolar, a aeronave bateu numa cerca e caiu. Charlton e Viollet foram atirados ao solo ainda presos às poltronas. O goleiro norte-irlandês Harry Gregg achou que estivessem mortos. Puxou os assentos para longe da aeronave temendo a explosão. Ajudou mais alguns companheiros a saírem dos destroços e, quando retornou ao local onde estariam os corpos de Charlton e Viollet, sentiu o alívio de ter se enganado. Eles acordaram e saíram andando, com cortes na cabeça, mas salvos. Exatamente por terem trocado de poltrona com Taylor e Pegg. Os dois e mais seis companheiros de Manchester United estavam entre os 23 mortos. Incluindo a mais promissora estrela inglesa, Duncan Edwards, atacante de 21 anos, que morreu no hospital 15 dias depois do acidente.

Para o jornalista André Rocha, tabelando o futebol dos anos 1950 e 60 com o rico rock de Manchester dos anos 1970, 80 e 90:

> – Bobby Charlton tinha a sensibilidade dos acordes da guitarra de Johnny Marr, dos Smiths, a contundência da poesia e das performances ao vivo de Ian Curtis, do Joy Division, o carisma e a elegância de Morrissey e a vibração dos Stone Roses. E o melhor: Charlton era tudo isso sem a arrogância dos irmãos Gallagher, do Oasis.

Poucos no futebol foram tão respeitados e queridos como Charlton. No apito final de todos os jogos, procurava cumprimentar todos os rivais. Quando ele mesmo não era procurado por todos. Até com a bola rolando. Depois de marcar mais um gol de talento e fôlego contra Portugal, o decisivo, foi cumprimentado pelo rival Torres. Numa semifinal de Copa!

Era um *gentleman*. É um cavaleiro britânico desde 1994. É um cavalheiro desde 11 de outubro de 1937.

INGLATERRA 1966

NÚMERO	JOGADOR	CLUBE	IDADE	JOGOS	GOLS
1	Gordon Banks	Leicester City	28	6	0
2	George Cohen	Fulham	26	6	0
3	Ray Wilson	Everton	31	6	0
4	Nobby Stiles	Manchester United	24	6	0
5	Jack Charlton	Leeds United	31	6	0
6	Bobby Moore	West Ham United	23	6	0
7	Alan Ball	Blackpool	21	4	0
8	Jimmy Greaves	Tottenham Hotspur	26	3	0
9	Bobby Charlton	Manchester United	28	6	3
10	Geoff Hurst	West Ham United	24	4	4
11	John Connelly	Manchester United	27	–	–
12	Ron Springett	Sheffield Wednesday	30	–	–
13	Peter Bonetti	Chelsea	24	–	–
14	Jimmy Armfield	Blackpool	30	–	–
15	Gerry Byrne	Liverpool	27	–	–
16	Martin Peters	West Ham United	22	5	1
17	Ron Flowers	Wolverhampton	31	–	–
18	Norman Hunter	Leeds United	22	–	–
19	Terry Paine	Southampton	27	1	0
20	Ian Callaghan	Liverpool	24	2	0
21	Roger Hunt	Liverpool	27	5	0
22	George Eastham	Arsenal	29	–	–

Holanda de 1974

Atire a primeira pedra na vice-campeã mundial de 1974. Tiro n'água: o treinador Rinus Michels explicava a alegria do carrossel holandês fazendo o mesmo – atirando uma pedra n'água. Os círculos concêntricos formados forjavam a filosofia do jogo laranja: um redemoinho difícil de saber onde começava e onde terminava. Time que ia e voltava como a maré. Johan Cruyff era o senhor dos mares. Dínamo da máquina de jogar bola conhecida como Laranja Mecânica, referência ao filme de Stanley Kubrick, de 1971: *A Clockwork Orange* (romance distópico escrito por Anthony Burgess). No gramado, foi o oposto da ideia da obra: um futebol utópico, onírico, que acabou como pesadelo. Ou o final de uma paixão de verão.

Mais impressionante do que aquilo que jogou e brilhou foi o princípio de tudo: um grupo rachado entre duas senhoras escolas de bola – o Ajax de Amsterdã, tricampeão europeu de 1971 a 1973 e o Feyenoord de Roterdã, campeão da Europa em 1970. Rivais que não conseguiam pela seleção pintar em laranja tudo que bordavam naqueles anos. Grupos que não se misturavam fora e não combinavam dentro do campo. Até um estalo incendiar com

76 As melhores seleções estrangeiras de todos os tempos

estilo o borrão elétrico que varreu o mundo, encantando gerações pelo planeta que estava, enfim, ligado em cores numa Copa.

"Não havia uma seleção da Holanda até duas semanas antes do Mundial." O meia-atacante Cruyff até hoje se surpreende:

> – Fomos o último grupo a se reunir. Éramos apenas 18. Faltavam os quatro do Feyenoord que disputavam a Copa da Uefa. Chegaram a dez dias da estreia. A base do Ajax não estava bem fisicamente, não tinha confiança depois do terceiro lugar no campeonato nacional. Não havia como dar certo. E deu.

Como? "No pouco tempo que tivemos, trabalhamos muito a parte física. Isso nos deu corpo e fôlego." A mente também foi trabalhada. Rinus Michels sabia das diferenças pessoais e táticas entre Ajax e Feyenoord. Deixou a turma se acertar no papo. Como não houve jogo, pouco antes da Copa, reuniu o elenco, botou na lousa o que queria e deu o ultimato: "Vamos atuar deste modo. Quem quiser, está no time. Quem não estiver a fim, arrume as malas". Era a filosofia marcial do treinador. "Futebol é uma guerra: jogadores são soldados e têm de deixar os problemas em casa. Quando jogam, devem fazer o que mando."

Ninguém chiou. A pá virada (e de cal) da imprensa ajudou a forjar o ambiente de grupo. A cobrança por melhor futebol fez com que o elenco virasse o bico para alguns jornalistas. E batesse continência à filosofia de Michels. Aquilo que começara a trabalhar no Ajax, ainda no fim dos anos 1960. Ele havia sido centroavante do próprio clube, entre 1946 e 1958. Jogou apenas cinco vezes pela seleção. Não era técnico com a bola. Mas já nascia um técnico em campo, pelo trabalho tático que desenvolvia. Aprimorou o conhecimento no curso superior. "Ele não era o melhor do time, mas foi o melhor aluno na universidade", conta o jornalista Paulo Calçade.

Em 1965, Michels assumiu o comando do Ajax. Quando largou o futebol, em 1992, dirigindo pela última vez a Holanda que mitificara, havia se tornado "o melhor treinador do século", segundo a Fifa. Morreu em 2005.

No Ajax, em seis anos, ganhou quatro nacionais e três Copas da Holanda. Foi vice-europeu, em 1969. Ganhou o primeiro título do tri continental do clube, em 1971. Em seguida foi trabalhar no Barcelona, deixando para o romeno Steven Kovacs a semente de mais dois títulos europeus consecutivos. E todas as armas que seriam usadas pela Holanda, em 1974: a linha de im-

Holanda de 1974 **77**

pedimento (a *offside trap*, ou a armadilha do impedimento) que comprimia o gramado, e oprimia o rival.

Tricampeão europeu

Em 1969, o Ajax de Michels não estava pronto. Na decisão da Copa dos Campeões, perdeu feio por 4 a 1 para o Milan. Cruyff já era o 10, atrás de três atacantes, à frente de dois volantes, e de uma zaga exposta e insegura. No contragolpe letal, o Milan poderia ter feito muito mais. O lateral-direito Wim Suurbier já atacava muito – mas marcava mal (na base do Ajax, ele era ponta). O ponta-esquerda de fato, Pietr Keizer, armava o jogo, mas foi bem marcado por Schnellinger; Cruyff teve espaço no primeiro tempo mas sofreu nos 45 minutos finais, com o incansável Trapattoni. À época, Cruyff era mais meia que atacante. E não estava maduro. Como o próprio Ajax, time que adorava o ataque e a bola, mas não tinha comprometimento defensivo.

A lição foi aprendida. Ajudou o título europeu do rival Feyenoord, em 1970, com Wim Jansen e Willem Van Hanegem no meio-campo. Um time mais pragmático, porém não menos técnico. Em 1971, de volta à Copa dos Campeões, o Ajax iniciou a marcha do tri continental, vencendo por 2 a 0 na decisão o Panathinaikos. O meia Johan Neeskens (conhecido como *Johan Segundo* da casa real futebolística holandesa) já atuava, mas, com apenas 19 anos, jogou como lateral-direito (o destro Suurbier foi improvisado na esquerda). Não havia espaço no meio-campo, pela presença do grande Gerrie Mühren. Armador canhoto técnico, hábil e tático, dava a velocidade que o Ajax tinha e encantava. O segundo gol foi marcado pelo sempre decisivo volante Arie Haan. Cruyff já atuava com a camisa 14. Numeração fixa raríssima naqueles tempos. Justamente num time que nada tinha de estático em campo.

O romeno Kovacs assumiu o Ajax em 1971 e deu corda para uma equipe voluptuosa e insaciável. "Os holandeses têm a força dos alemães e dos ingleses, mas têm estilo penetrante e sutil, que gosta de atacar, e sabe como fazê-lo." O bi europeu (invicto) veio contra o maior exemplo do *catenaccio* italiano (um esquema retrancado, com líbero atrás de quatro zagueiros, dois meias e três atacantes). A Internazionale foi batida por 2 a 0, com um gol de oportunismo de Cruyff, e outro em potente cabeceio (ele também dominava a arte). Até foi pouco para aquele Ajax que seria o sumo laranja na Copa de 1974: Suurbier e Ruud Krol voando pelas laterais como se fossem pontas; Haan, Neeskens e Mühren brilhando num meio-campo talentoso e operário;

Sjaak Swart (um ponta mais tático), Cruyff e Keizer infernizando defesas (e já trocando de lado) com o apoio dos laterais, dos meias e também do voluntarioso zagueiro-direito Barry Hulshof, outro que na base do Ajax era atacante, e que virou zagueiro ofensivo como o brilhante Luís Pereira, titular à época do Brasil de Zagallo. Desse Ajax, Mühren, Swart e Hulson não foram para a Copa da Alemanha.

Depois do bi europeu em 1972, aquele aluvião em campo do Ajax começou a ser chamado de Futebol Total – *Totaalvoetbal*, na língua-mãe do movimento. E que movimento! Não era só uma questão tática e física. Era técnica. Era um estilo de atacar para sobreviver. O jovem Johnny Rep estreava na ponta direita para a campanha do tri, em 1973. Era veloz e hábil como a equipe, com vocação pelo gol, afundada na frente, sufocando os rivais. Diz Krol: "Quando vestíamos a camisa do Ajax, crescíamos 10 centímetros. Além da confiança, matávamos fisicamente os rivais". Explica Rep: "Nossa estratégia era chegar o mais rápido possível ao ataque. Pressionávamos o tempo todo". Caso pensado, e pesado, para os rivais. Cruyff era o maior entusiasta dessa velocidade, não da pressa:

> – Ninguém vai ao estádio para ver alguém correr 10 mil metros. Isso é atletismo, não futebol. Não é preciso correr tanto. Futebol se joga com o cérebro. O jogador deve estar no lugar certo, na hora certa. Só isso. Os atacantes só devem correr 15 metros, a não ser que sejam estúpidos ou estejam dormindo. Eles devem resguardar energia para o momento certo de dar o pique.

Além de correr e jogar muito, era dever não dar mole para o rival. "Qualquer pessoa joga futebol, se tiver espaço para tanto", pensa Cruyff. O zagueiro Hulshoff se lembra da preocupação do Ajax:

> – Nós sempre discutíamos a questão do espaço. Cruyff nos falava para onde tínhamos de correr, onde deveríamos nos posicionar, e onde não poderíamos ir. Futebol para nós era tudo sobre o espaço: criá-lo, diminuir o dos outros, organizar o nosso. Como se fôssemos arquitetos dentro do campo.

Na disputa do tri europeu contra a Juventus, em Belgrado, em 1973, o Ajax foi além. Bateu um senhor rival. Com um futebol que ensaiou o que viria um ano depois, pela seleção, e não se veria mais: os laterais Suurbier e Krol eram ainda mais ofensivos (e, no segundo tempo, trocaram de lado, pela mudança tática da Juve, que inverteu os pontas Altafini e Bettega); o zagueiro Hulshoff apareceu no ataque até quando não deveria – faltando dez minutos de uma vitória justa por 1 a 0; o companheiro de zaga Horst Blankenburg fazia o mesmo; Haan e Neeskens trocavam de posição e função no meio-campo, bem coadjuvados por Mühren; à frente, na direita, Rep fez o primeiro gol, e apanhou demais. Como Cruyff, que chegou a levar na coxa um voleio de Furino, e uma rasteira maldosa de Fabio Capello. O craque foi caçado, também bateu, mas jogou demais, recuando para armar desde atrás. Por vezes, o atacante Cruyff virava armador. Krol era ponta, o ponta Keizer virava centroavante. *Avant-premiere* da Holanda-74.

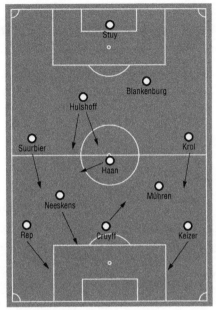

O Ajax, em 1973, usava o tradicional 4-3-3 que é tábua de lei na Holanda. Eram seis titulares e o sumo da Laranja Mecânica da Copa de 1974.

Também no arrastão visto, aos 22 do segundo tempo: a Juve tentou atacar pela direita; comandada por Hulshoff, a zaga holandesa não apenas saiu para deixar o ataque italiano impedido; ensaiou a blitz sobre o rival que se tornaria marca registrada em 1974: num espaço inferior a dez metros, duas linhas de quatro do Ajax dragaram a Juve no campo dela. Não apenas deixaram o rival fora de jogo; defenderam atacando a bola e quem estivesse por perto. Sem a bola, o Ajax parecia ser ainda melhor. Ela dominada, conquistou a Europa. Faltava o mundo. Faltava a Holanda jogar e ganhar como Ajax.

Futebol Total

Mas, afinal, que diabos (ou deuses da bola) era esse tal de Futebol Total? Para muitos, a ideia original era do técnico inglês Jack Reynolds, que treinara o Ajax por mais de 25 anos, até 1947. Ele pensara num time em que todos

80 As melhores seleções estrangeiras de todos os tempos

pudessem fazer de tudo em campo, sem vestir uma camisa de força tática. Onze que corressem como a bola. Que jogassem tanto com ela quanto sem ela. Uma equipe em que todos atuassem por todos. Não apenas por um.

O jornalista André Rocha explica a filosofia básica do jogo holandês que, na prática, durou apenas um mês, em 1974.

> – O jogador que estivesse com a bola deveria ter uma opção mais atrás, na cobertura, outra ao lado, indo na sua direção para a tabela, e outra se projetando para receber em velocidade. Quando o jogador passasse a bola a um companheiro, tinha de se movimentar, dando opção. Eram os "triângulos", que tinham ênfase pelos lados: pela direita, o lateral Suurbier, os meio-campistas Jansen ou Neeskens e o ponta Rep; pela esquerda, o lateral Krol, o meia Van Hanegem e Rensenbrink. Girando por todo o campo estava Cruyff. Parecia buscar todos os setores para achar o ponto fraco do oponente e poder explorá-lo.

Máquina humana. Engrenagem engenhosa. O zagueiro brasileiro Marinho Peres foi vítima da Holanda na semifinal da Copa de 1974, e trabalhou com Michels e Cruyff no Barcelona, logo depois. A ordem do treinador era comprimir e relaxar o jogo:

> – Quando o rival tinha a bola, nós, no Barcelona, devíamos diminuir o campo, espremendo a área de atuação deles; quando a retomávamos, abríamos a equipe como uma sanfona, recuando até o goleiro às vezes só para criar espaços para organizar o jogo. Era o que eles também faziam na Holanda, em 1974.

O ponta-esquerda Rob Rensenbrink, que tinha vindo do futebol belga, logo se adaptou ao novo ritmo da seleção.

> – Na teoria era simples: quando o lateral do meu lado – Krol – avançava, eu recuava para cobri-lo. Ele virava ponta, e eu, lateral. Todo o time tinha de fazer a função de outro colega. Na prática só dava certo com muita doação de cada um.

Para André Rocha, o excepcional preparo físico parecia ser ainda superior pelo posicionamento em campo:

- A compactação das linhas da equipe e a troca de funções era inovadora. Como os dez jogadores atuavam muito próximos, não era difícil um zagueiro se mandar para o ataque, contando com a cobertura de um meia ou até de um atacante. A ideia era correr muito em pequenos espaços, para não ter de dar piques longos. Daí o massacre físico imposto.

Foi o que se viu quando o comandante Michels saiu do "exílio" na Espanha, no Barcelona, para comandar a tropa de elite nos campos alemães, pouco antes da Copa.

O general voltou

Sem deixar o Barça, Rinus Michels assumiu a seleção da Holanda no amistoso contra a Áustria, em março de 1974. Empate por 1 a 1. Ele substituíra o tchecoslovaco Frantisek Fadrhonc, de resultados decepcionantes pelo potencial técnico daquela geração. O vestiário conturbado não ajudava: de um lado, a turma tricampeã do Ajax, mais técnica e ofensiva; do outro, mais retraída e mais tática, os do Feyenoord: Van Hanegem e Jansen, os zagueiros Wim Rijsbergen e Rinus Israel, e o volante Theo De Jong.

O empate com a Áustria foi vaiado. Neeskens improvisado na zaga deixava tudo aberto quando partia ao ataque; Cruyff atuou mal tecnicamente, e ficou muito preso; Krol se mandou pela esquerda e levou o gol rival em lance construído às costas dele. O empate só saiu num lance de sorte. Justo ela que pareceu faltar no tonel de gols perdidos pelos holandeses. Faltou um goleador naquela noite. Faltaria um fazedor de gols na Copa. Triste ironia para um futebol ofensivo por DNA. "A única forma de nós holandeses ficarmos satisfeitos é jogando no ataque", justificava Rinus Michels.

Em maio de 1974, a primeira partida digna do que viria a ser a Laranja Mecânica: Holanda 4 a 1 na Argentina, em Amsterdã. Com o ataque que seria titular no Mundial, e um futebol algo próximo àquele. Porém, dez dias antes da estreia na Copa, o astral voltou a ficar como todo o país – abaixo do nível do mar: zero a zero contra a Romênia. Mesmo com sete titulares na Alemanha. Com o volante Haan pela primeira vez na zaga (fazendo dupla com o improvisado Jansen). Com Rensenbrink (ponta-esquerda do Anderlecht belga) torto na ponta direita. E sem o catalisador Cruyff. Uma atuação de desanimar os bares mais liberais de Amsterdã.

82 As melhores seleções estrangeiras de todos os tempos

"Até hoje não entendo como tudo daria certo dez dias depois daquele jogo". Cruyff tenta explicar:

– É impressionante ler e ouvir tudo que falavam de bom da gente durante o Mundial, que tínhamos um "bloco homogêneo"... Como? Até a Copa não tínhamos uma escalação, um time formado! Tivemos muitas improvisações na primeira partida contra os uruguaios, e tudo deu maravilhosamente certo. A explicação possível? Nossos jogadores eram realmente bons. Todos com uma concepção moderna e profunda do futebol. Era mais fácil trocar de posição e função com essa consciência tática e com aquela consistência física. Era menos difícil cobrir e corrigir os erros de um companheiro. O maior acerto de nosso treinador foi conseguir essa coesão, essa solidariedade. Também porque ele tornou o ambiente mais leve e a convivência mais fácil, ao permitir que nossas famílias pudessem nos visitar. Estávamos em casa. Rendíamos mais desse modo.

Outra revolução em 1974 foi o conceito holandês de concentração. O Brasil-70 foi aquela maravilha no México por ter ficado mais de três meses e meio treinando e se preparando. Mas havia o desgaste natural do grupo com tanto tempo de convivência e disputa. A Inglaterra-66 foi outro campo de concentração: os campeões mundiais só liam alguns jornais. E só puderam rever as mulheres na véspera da semifinal, no almoço. A liberdade tática holandesa, em 1974, combinava com certa liberalidade nos costumes e nas práticas fora de campo. Deu muito certo. O que necessariamente não seria o ideal em outros grupos de outros países. O regime aberto de concentração é mais um modo de mostrar que existe espaço para todos os tipos de preparação no futebol.

A Copa

2 a 0 no Uruguai

Cruyff temia a estreia:

– Estávamos muito nervosos. Além de nunca termos atuado juntos, cinco jogadores estreavam em novas funções. O goleiro Jongbloed era novo na equipe. Perdemos nosso zagueiro Hulshoff – por contusão.

Haan e Rijsbergen nunca haviam atuado daquela maneira – formando a dupla de zaga. Jansen demorou a chegar ao elenco, e atuava como Neeskens, no meio... Teve, então, de jogar na função de Haan, como volante. O próprio Neeskens teve de se sacrificar e fazer várias funções. Eu não estava 100% fisicamente... E tudo isso junto, num só jogo, o da estreia, contra uma seleção bicampeã mundial, quarta colocada na Copa anterior... Não sei como tudo funcionou tão bem. Antes da estreia em Hannover, não tínhamos um time; quando acabou o jogo, tínhamos uma senhora equipe.

No livro *Futebol Total*, escrito logo depois da Copa da Alemanha, Cruyff tentou explicar a inexplicável explosão de uma equipe. A Holanda não jogava um Mundial desde 1938. O Uruguai tinha elenco experiente, qualificado por craques como Pedro Rocha e o goleiro Mazurkiewicz. Porém, um time envelhecido fisicamente e taticamente ultrapassado. Não aguentaram o tranco. Foram 17 chances holandesas contra apenas uma uruguaia. Os sul-americanos foram massacrados sem dó pelos holandeses, como se esses fossem os quatro *droogs* (membros de uma gangue) do livro *Laranja Mecânica*, que espancaram o velho irlandês bêbado na rua. Jovens abusados e ofensivos que atacavam de todos os lados um senhor rival prostrado. Sem a menor piedade. Sem parecer reconhecer a história gloriosa da Celeste Olímpica.

Não fosse Mazurkiewicz (que atuou no Atlético Mineiro) um goleiro brilhante, a goleada teria sido histórica. Nas palavras do meia são-paulino Pedro Rocha, "tomamos um vareio. Dois a zero foi pouco". O Uruguai foi vítima da ignorância de seu treinador – Roberto Porta. Ignorância de quase todo o mundo que não tinha como se conectar para saber informações dos rivais. É dever dizer, porém, que nem a Holanda havia se conectado como a máquina de jogar bola – não necessariamente de fazer gols. Fala Pedro Rocha:

– O nosso treinador só sabia que eles tinham bons jogadores... Pediu atenção especial para "o 14". Montero Castillo, nosso volante, disse para "deixar com ele", que o Cruyff não iria andar. Pois é... No intervalo, perguntei ao Castillo porque não conseguira fazer o prometido. Ele me disse: "Mas, como? Corri atrás do 14 o campo todo e ele não parou! Não dava nem para dar porrada nele"! De fato, tanto "deu" Castillo que ele foi expulso, aos 22 do segundo tempo.

84 As melhores seleções estrangeiras de todos os tempos

O concerto futebolístico não aconteceu por essa diferença numérica. Desde o primeiro gol, aos 6 minutos (o ponta Rep, de cabeça, como se fosse centroavante, em cruzamento do lateral Suurbier – como se fosse ponta...), a Holanda chegou com ao menos quatro dentro da área celeste. Pareciam 20 holandeses contra cinco uruguaios do time de 1950 (com a idade que tinham em 1974). Parecia a gangue de quatro do filme *Laranja Mecânica* voando no carro megaesporte Durango 95, depois de arrasar outro bando rival e procurar mais bagunça pelo interior da Inglaterra. A diferença é que o motorista Alex (brilhantemente representado pelo ator Malcolm McDowell) não fazia curva – apenas acelerava, ultrapassando ou atropelando quem viesse pela frente, sem desviar da rota. A Holanda também causava estragos pela velocidade. Mas sabia rodar os campos alemães acelerando e desacelerando, mudando o ritmo e os rumos.

Não era só questão técnica. Era tática. Era física. Era numérica. Era o fim de uma era no futebol sul-americano. Vírgula, no futebol mundial. O Uruguai bem (mal) que tentou. O lateral-direito são-paulino Forlán manteve a fama de mau. Com três minutos, quase esfolou Neeskens. Faria mais três faltas violentíssimas (só levou um amarelo, quando deveria receber três vermelhos e mais uma voz de prisão pela solada na coxa de Van Hanegem, aos cinco do segundo tempo). Ele e quase todo o Uruguai bateram sem dó. A Holanda respondeu na bola.

Aos 22 do primeiro tempo, o lance que notabilizaria a Laranja Mecânica: recuo para o uruguaio Jauregui lançar o meia Mantegazza; no bote para recuperar a bola, dez (!?) holandeses se adiantaram e fizeram um arrastão sobre o zagueiro. Numa área inferior a 15 metros, um borrão laranja deixou no bagaço toda a escola celeste, que ficou oprimida, impedida ou simplesmente deprimida. Foi a primeira das vezes em que a Holanda fez o arrastão na Copa de 1974; só um desses lances deu em gol rival – da Bulgária; só em uma partida não foi usado – na final perdida para a Alemanha.

Esse bote era a fotografia do Futebol Total: todos marcando. Ou melhor, no caso, todos partindo ao ataque, comprimindo espaços, inibindo até psicologicamente o rival, deixando adversários impedidos, e começando o contragolpe lá na frente. O comandante da linha de impedimento (ou de ataque) era o zagueiro da sobra, Haan.

Com um minuto do segundo tempo, o imenso Pedro Rocha teve a única chance uruguaia. Depois, foram 14 europeias. Os três atacantes de Michels receberam o apoio adiantado dos meio-campistas Jansen, Neeskens e Van

Hanegem, e mais o lateral-esquerdo Krol que entrou livre, aproveitando o cansaço do veterano ponta Cubilla. Esgotamento que não se viu na Holanda. Aos 7 minutos, Cruyff desarmou Esparrago na lateral direita holandesa. O 14 holandês parecia uma franquia a se multiplicar no gramado de Hannover. A impressão é que havia uns três dele em campo – e, no máximo, uns cinco uruguaios. Aos 22, sobraram dez, com a expulsão tardia de Montero Castillo. Na única vez em que conseguiu acertar Cruyff, o atingiu sem bola. Como fizera o zagueiro Masnik ao chutar Neeskens e pular sobre o pé esquerdo do rival caído, dois minutos antes. Nada fez o árbitro. Naquela época "romântica" (sic) do futebol, também se batia demais. Mas a memória é seletiva. Só lembramos o lindo que fez a Holanda. O que é ótimo. Mas não real.

Irreal parecia aquele time, que não "existia" antes de a bola rolar na Copa de 1974, jogar tudo aquilo na estreia. Aos 28, um golaço de Cruyff foi mal anulado por jogo perigoso inexistente, depois de receber (mais um) lançamento preciso de Van Hanegem. Um crime "lesa-bola" a invalidação de lance de um gol que seria dos mais lindos da Copa e se perdeu na história.

Aos 32, pela primeira vez (e das raras desde então), uma linha de impedimento causou um "ohhhhhh!" do estádio. Mais um arrastão comandado por Haan originou assombros e aplausos. Não era comum. A Holanda diminuía o campo e as chances dos rivais. Mas continuava criando as dela. Aos 41, o cerebral Van Hanegem deu um belo toque às costas de Forlán para Rensenbrink, em ritmo de treino, rolar para a marca penal. Rep só tocou para o gol vazio, de pé direito.

O 2 a 0 foi placar mínimo para a máxima diferença entre o futebol do futuro contra as sombras de um passado glorioso. Ainda teve um pênalti não marcado sobre Rep, aos 46. O árbitro Karoly Palotai foi bonzinho com os sul-americanos. Como húngaro, bem poderia proteger a equipe que revitalizou o legado técnico, tático e físico dos compatriotas de 1954.

O massacre de Hannover mostrou ao mundo novas armas de destruição em massa: pelas laterais (pontas?), o direito Suurbier (que foi até centroavante) e o esquerdo Krol; no meio, o meia convertido em volante, mas com vocação de atacante, Jansen; o múltiplo Neeskens, o melhor e inesgotável parceiro de Cruyff; o hábil Van Hanegem, canhoto um tanto lento, mas que fazia a Holanda correr com seus lançamentos; e os atacantes Rep e Rensenbrink, que formavam com Cruyff a linha de frente já conhecida há meses. Mas que resolveu jogar naquela Copa o que pouco se viu em décadas de futebol.

A Laranja Mecânica era orgânica por fora, mecânica por dentro.

86 As melhores seleções estrangeiras de todos os tempos

0 a 0 com a Suécia

Existe algum empate sem gols com bom futebol? Holanda x Suécia. Um dos melhores 90 minutos sem gols jogados em Copas. O epítome do que dizia Cruyff: "Futebol é criar chances de gol. Fazer o gol é um tanto casual. Depende de um monte de circunstâncias, como sangue-frio, casualidade, sorte, falha contrária...". As duas equipes fizeram quase tudo certo e quase tudo bonito. Faltou *apenas* o detalhe final. O que decide jogos, e define campeonatos. Mas não necessariamente uma grande partida. Num placar virtual de chances, uma vitória de 10 x 6 dos holandeses. Na manchete do diário espanhol *Marca*: "O primeiro tempo em Dortmund, a melhor publicidade para o futebol".

Sem Rensenbrink (em má condição física) na ponta esquerda, Michels aproveitou o antigo dono da posição, Keizer, que rivalizava com Cruyff quando o camisa 14 começou no Ajax. Dentro de campo, formavam dupla afinada. Fora, porém, a relação era péssima. Conta a lenda que Keizer subiu em uma mesa e dançou de alegria quando Cruyff se juntou a Rinus Michels no Barcelona, em 1973. O que se viu em Dortmund foi a única partida de Keizer como titular em 1974. E pouco se viu. Pela ponta ou por dentro, não foi bem.

O primeiro arrastão laranja na saída de jogo da respeitável e respeitosa equipe sueca foi com 52 segundos. Havia um dique protegendo o goleiro Jan Jongbloed (F. C. Amsterdam). Em todos os jogos, Rinus Michels determinava a marcação individual de três de seus quatro zagueiros: o lateral-direito Suurbier marcava onde fosse preciso o ponta-esquerda rival; o lateral-esquerdo Krol seguia aonde quer que fosse o ponta-direita do adversário; o ótimo e técnico zagueiro Rijsbergen fazia homem a homem com o centroavante, aproveitando a boa capacidade de antecipação; o volante convertido em zagueiro Haan ficava na sobra, comandando a linha de impedimento e o *pressing* sobre o adversário. Para o goleiro brasileiro Emerson Leão, a zaga laranja não era grande coisa: "A Holanda apareceu com um futebol meio revolucionário taticamente por necessidade, porque a defesa era falha e o goleiro, fraco".

Como a Suécia atuou num 4-3-3, a marcação estava bem definida; quando um rival atuava no 4-4-2, com o recuo de um dos pontas como quarto homem de meio, o lateral holandês designado o acompanhava, mais adiantado. Mas sempre o marcando homem a homem. A tarefa não era das mais difíceis de ser executada porque só a Holanda realmente se movimentava tanto à frente. À época, ponta-direita atuava aberto pela direita. Ponto. Poderia eventualmente cortar para dentro, em diagonal. Mas, mudar de lado, trocar de posição com o centroavante, era raro. A não ser que o seu treinador fosse Rinus Michels.

No meio, em todo o lugar, Cruyff era o gênio todo campista. Como o grande ídolo Di Stéfano, argentino do Real Madrid que vinha lá atrás organizar o time merengue nos anos 1950 e 60; mais ou menos como fazia na primeira metade dos anos 1950 o falso centroavante húngaro Hidegkuti, um verdadeiro craque. A diferença é que Cruyff corria ainda mais que eles. E caía pelos lados. Quando abria, os pontas Rep e Rensenbrink (ou Keizer) fechavam. Ou esperavam a tabela até a entrada triunfal na área do múltiplo Neeskens. Na prática, quem mais aparecia na área para finalizar era o meia (volante? centroavante?) Neekens. Outro todo campista. Outro futebolista total.

As principais chances contra os suecos foram dele. Em 16 minutos, já eram quatro holandesas e duas suecas. O time nórdico queria jogo, e até dava espaço para Cruyff. O contragolpe sueco era bom, idealizado pelo ótimo atacante Edström. Num deles, aos 17 minutos, partiu sozinho. A arbitragem anotou impedimento discutível. Ainda mais discutível era a estratégia sempre adotada pela Holanda. A linha de impedimento dependia não só da saída coordenada, mas do acerto da arbitragem.

Impressionava na Holanda de 1974 (e não antes, nem depois) a sanha de todo o time em marcar. Van Hanegem é o típico armador que só joga com a bola. Menos naquele time. Aos 28, desarmou o lateral Olsson como se fosse um volante e iniciou belo lance de ataque desperdiçado por um apagado Rep. O espírito de equipe encarnou em cada chuteira.

Na segunda etapa, o centroavante sueco Edström foi atuar mais atrás, no meio. Lá foi Rijsbergen segui-lo, como o volante que sabia ser. Tanto recuou a Suécia que a Holanda passou a colocar os 10 da linha além do grande círculo. Ficou difícil, mesmo com a espetacular atuação de Cruyff. Ele jogou com o time e para o time. Merecia vencer. Mas o goleiro Hellström não merecia perder e garantiu o empate que poderia ter sido goleada holandesa.

4 A 1 NA BULGÁRIA

A Holanda também sabia fazer gols. Sem forçar tanto o ritmo, criou 17 chances contra o bom time búlgaro. Desta vez, fez quatro. E tomou um, o primeiro na Copa.

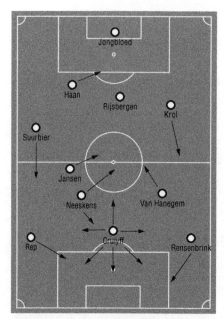

A intensa movimentação de todo o time holandês confundia rivais e embaralha até os desenhos na prancheta. A base é o 4-3-3 de praxe.

A escalação era a mesma da estreia, com Rensenbrink de volta à ponta esquerda. E à direita. E ao centro. Foi uma das melhores partidas da Laranja Mecânica. Facilitada pelo gol no início. Aos 5 minutos, Neeskens marcou de pé direito o pênalti sofrido por Cruyff. Ele jogou demais e abriu espaço para a chegada do companheiro, uma espécie de cabeça de área a área; no triângulo do meio-campo holandês, o camisa 13 ficava centralizado próximo à zaga quando atacado; bola dominada, Neeskens partia por dentro e chegava como centroavante, com a ajuda de Jansen (incansável pela direita) e Van Hanegem, que não corria tanto, mas fazia a bola correr. Até exagerava: depois do gol, o time tirou o pé e abusou das bolas longas para os pontas. Ainda assim, tudo dava certo: aos 44, pênalti em Jansen, mais um gol de Neeskens.

No intervalo, Michels mudou para anular o melhor do rival, sem perder a consistência ofensiva: Israel entrou como zagueiro para marcar o apagado atacante Panov; Rijsbergen foi adiantado para atuar como volante, seguindo o melhor jogador rival, o armador Bonev. Neeskens ganhou mais liberdade para atuar como armador, encostando em Cruyff e nos dois pontas. A Holanda seguiu melhor. E começou a bater. Aprenderam com Forlán e Montero Castillo. Mas não desaprenderam a jogar. Aos 15, o lance que exemplifica a "pelada organizada", na célebre definição do jornalista João Saldanha: o volante (que era zagueiro) Rijsbergen avançou como se fosse meia-esquerda, serviu o volante Jansen como se fosse ponta-esquerda para um cruzamento de três dedos para o ponta-esquerda Rensenbrink (que estava na direita) cabecear fora.

Impressionava a capacidade holandesa de alternar o ritmo de marcação. Num minuto era o time que dava o bote e fazia o arrastão na intermediária rival; no outro, a equipe que ficava toda atrás da bola, dentro do próprio campo. Numa dessas mudanças, mais um gol: aos 26, um tiro livre indireto, que deveria ter sido pênalti, virou o terceiro. Cruyff cruzou na área, Vasilev rebateu mal, Rep esticou a perna direita e acertou belo voleio.

Aos 33, o primeiro gol sofrido pelos holandeses. O primeiro marcado: depois de ter dado condição de jogo a Denev, Krol tentou se recuperar e acabou fazendo contra o único gol rival. Pela segunda vez, em quatro tentativas, a linha de impedimento falhou.

A Holanda acordou e quis mais, mesmo com a saída de Neeskens. Aos 39, o substituto De Jong, na pequena área, perdeu um dos gols mais feitos da história do mundo livre, isolando uma bola sem goleiro. Dois minutos depois, outra prova da excelência física holandesa: sete holandeses deram um arrastão sobre o lateral búlgaro. Não teria sido melhor guardar energias?

Não! Segundos depois, De Jong, de peixinho, no segundo pau, aproveitou brilhante passe de Cruyff da ponta esquerda, e fez 4 a 1. Gol aplaudido por todo o estádio. Gol que terminou com o jogo e com a ótima campanha holandesa na primeira fase. Fala Neeskens, o melhor em campo na última partida: "Quando começou a Copa, muitos achavam que não passaríamos da primeira fase. Quando começou a semifinal, quase todos imaginavam que chegaríamos à final".

Agora, o trabalho seria administrar o favoritismo.

4 A 0 NA ARGENTINA

A explicação pelo alfajor tomado pelos tombados *co-hermanos* está no site da Fifa, na ficha oficial da primeira partida do quadrangular semifinal em turno único: a Holanda jogou com 12! O número 22 Harry Vos (zagueiro reserva) aparece entre os 11, ops, 12 titulares de Michels. A Argentina, coitada, atuou apenas com 11. Pior – Telch saiu de maca no segundo tempo, e Squeo acabou a partida mancando. Eram 12 contra nove. Não havia como. Mesmo se fosse a Máquina Platina dos anos 1940, a Argentina de Kempes de 1978, o time de Maradona em 1986...

Nada parecia deter a Holanda. Tantos pareciam em campo, que a pisada de bola da Fifa em seu site é compreensível. Apenas 11 camisas laranjas não poderiam devastar uma escola tão tradicional como a platina. Os argentinos deram um só chute em gol. Os holandeses tiveram 11 chances – isso porque tiraram o pé na segunda etapa chuvosa. O primeiro tempo foi um furacão. Foram os melhores 45 minutos deles na Copa de 1974. Dos melhores de todos os Mundiais.

O excelente zagueiro argentino Perfumo conta que, logo após o segundo gol holandês, deu uma bronca no companheiro Carnevali. O goleiro exigia que o gandula acelerasse a reposição de bola atrás da meta argentina. Do alto de sua categoria e experiência, *El Mariscal* Perfumo (que atuava pelo Cruzeiro) repreendeu o goleiro. "Fique tranquilo. Está bom assim. Poderia estar bem pior..."

A Argentina tentara equilibrar as coisas repetindo a estratégia holandesa desde o início. Comandada por Perfumo, duas vezes os holandeses caíram na linha de impedimento. Mas com um meio-campo nulo na marcação, e carente do melhor criador (Babington), a Argentina deixou a Holanda chegar. Aos 10 minutos, Rijsbergen fez falta não marcada em Yazalde. Na sequência, Van Hanegem (em dia brilhante) enfiou na meia-lua para Cruyff. A linha de impedimento não funcionou, o craque holandês fintou seco o goleiro Carnevali e bateu bonito de canhota.

A Argentina entrou em parafuso de dar dó. A Holanda empilhou chances. "Aliviado" por ter sido "apenas" de quatro ao final, o treinador argentino Vladislao Cap opinou no vestiário: "Nunca vi nada parecido. Meus jogadores jamais viram um time assim. É uma nova maneira de conceber o jogo. Eles são um rolo compressor".

Aos 19, a melhor fotografia do Futebol Total. O lateral Quique Wolff chutou a falta na exagerada barreira holandesa – com absurdos sete atletas tapando a vista do goleiro Jongbloed (já debilitada pela miopia que o obrigava a jogar com lentes de contato). A bola espirrou rumo à linha lateral. Cinco (!?) holandeses deram o bote sobre o zagueiro Heredia, e um sexto tentou pegar um argentino que escapava pela direita. O lance célebre do arrastão laranja. Mas precisava de tudo isso? Não era um desgaste desnecessário? Psicologicamente, devastava

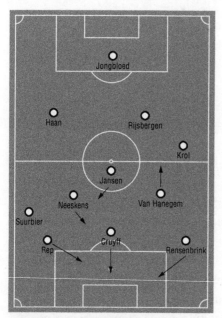

A opressiva marcação holandesa sobre os rivais no campo deles iniciava os ataques laranjas. Os atacantes eram os primeiros defensores.

qualquer oponente. Não seria mais interessante guardar energia para outras demonstrações de força?

Desnecessária e desclassificatória foi a entrada dura de Neeskens no ponta Houseman, logo depois. Lance para expulsão. Holandeses bateram mais que os inertes e inermes argentinos que assistiram ao segundo gol, aos 25: de pé direito, de fora da área, Krol (outro que brilhou como Rep e Rensenbrink) ampliou, depois de rebote de escanteio. Do banco, o zagueiro argentino Bargas definiu:

> – Os holandeses não têm especialistas. Existe um goleiro e dez jogadores que sabem fazer tudo. Ao mesmo tempo, estão muito perto de todos e muito longe uns dos outros. É uma vertigem total esse borrão de camisas laranjas. Os mais perigosos são os que não têm a bola, todos coordenados pelo Cruyff.

Na segunda etapa, machucado, Wolff foi substituído por Glaría. Com menos de um minuto, deu uma tesoura por trás em Rensenbrink. A Argentina estava entregue. O ponta Ayala veio atuar por dentro. Suurbier o seguiu e passou a jogar no meio, com o volante Jansen como lateral – quase ponta – pela direita. A Holanda seguiu lotada no campo rival. O árbitro escocês Robert Davidson não marcou pênalti sobre Rensenbrink, aos 13. A chuva apertou e a Holanda tirou o pé, pensando nas próximas partidas. Os torcedores poderiam cantar o célebre tema de Gene Kelly *"Singin' in the Rain"*, eternizado de modo infame pelo personagem Alex, do filme de Stanley Kubrick: ele canta uma versão bizarra, enquanto violenta e agride um casal. A canção foi escolhida pelo ator Malcolm McDowell apenas por ser a única que ele conhecia a letra inteira...

A Holanda parecia saber tudo de cor. A Argentina desaprendera. Ainda tentou algo com um jovem de 21 anos, Kempes. O nome da final da Copa de 1978 contra a mesma Holanda. Mas essa é outra história. A de 1974 ainda viraria tragédia de tango. Aos 27, cruzamento da esquerda, e de canhota (a perna menos excelente) de Cruyff, no segundo pau, para Rep cabecear entre Carnevali e a trave esquerda. Belo gol. Cinco minutos depois, Telch se machucou e a Argentina ficou com dez. Aos 38, o meia Squeo sentiu a coxa. Os argentinos passaram a nove. E caíram de quatro aos 45: Cruyff (o maior entre tantos gigantes), quase de fora da área, de pé direito, pela ponta esquerda, pegou um chute impossível, depois de linda tabela entre Van Hanegem e Neeskens.

Exausto, depois do jogo, Perfumo, hoje um senhor analista futebolístico, sentenciou: "O futebol deveria ser dividido assim: antes da Holanda e depois da Holanda".

2 A 0 NA ALEMANHA ORIENTAL

A equipe (quase) da casa debutava em Mundiais justamente na vizinha (irmã) Alemanha Ocidental. Na fase inicial, uma vitória por 1 a 0 no clássico alemão a classificou em primeiro lugar – justo no grupo da sensação laranja. Teriam os alemães anfitriões tirado o time de campo só para não enfrentar no quadrangular semifinal o poderio holandês?

O fato é que, agora, a Alemanha Oriental não tinha mais o que fazer. No primeiro jogo, perdera para o Brasil por 1 a 0. Na segunda partida, entrou para perder de pouco. A Holanda, para ganhar o suficiente para garantir a vantagem de atuar pelo empate no jogo decisivo contra o Brasil.

Resultado final: todos satisfeitos, menos os amantes da Laranja Mecânica. Num jogo chato e pragmático – porém compreensível – os holandeses

Rensenbrink e o arrastão laranja celebram o gol contra a Alemanha Oriental.

Holanda de 1974 **93**

fizeram dois gols e criaram apenas quatro chances. Pouparam-se na chuva de Gelsenkirchen. Para o treinador da Alemanha Oriental, Georg Buschner, o jogo era esperar atrás pelo assédio: "Não podemos encarar de igual os holandeses. Só devemos aprender com eles. Não há outra saída, além de testar um esquema ultradefensivo. Não dar espaço, não permitir que se movimentem".

Não jogaram. Perderam. Também porque uma das tantas qualidades da Holanda e da sua escola de jogo era a troca de bola, a posse obsessiva dela. Eles eram fominhas. Não queriam que ninguém jogasse.

Com 8 minutos, Neeskens fez o primeiro gol. Na cobrança de escanteio pela direita, deram mole para Rensenbrink, que cabeceou livre. Em cima da linha, Pommerenke salvou. Mas, no bate rebate, depois da virada de canhota de Rensenbrink, a Holanda deu sorte e a bola sobrou para o belo voleio de Neeskens. A Alemanha parecia administrar a derrota e a Holanda não queria se cansar. Aos 41, deu seu único arrastão, com nove cercando um solitário oriental. Aos 5 do segundo tempo, Jongbloed dividiu com o atacante rival quase na intermediária. Não era preciso. Ele exagerava nas saídas da meta. Não precisava atuar tão à frente (ainda que, taticamente, fosse importante a sua presença mais adiantada, pela linha de zaga alta no gramado, que marcava a rival lá na frente). Tecnicamente discutível, Jongbloed era a terceira opção depois das contusões de Piet Schrijvers e de Van Beveren. Pela falta de entrosamento e maior categoria, até que o goleiro fez um mundial acima da expectativa.

Aos 14, Krol escorregou ao lançar a bola da lateral esquerda para a entrada em diagonal de Neeskens. Ele se livrou do marcador, pegou uma zaga que saía, e deixou na ponta esquerda para Cruyff, que só rolou para a chegada de Rensenbrink. Um belo tirou de canhota selou o placar.

Cruyff (o melhor em campo ao lado de Neeskens e Rensenbrink) foi severo na autocrítica:

– Jogamos muito mal. Nossos rivais amontoaram oito no campo deles e não nos deixaram jogar. Nem eles quiseram. A crítica nos foi generosa, exaltando a perfeição de nossa engrenagem... Mas não foi nada disso. Jogamos mal. Foi uma partida feia.

2 A 0 NO BRASIL

Jogando pelo empate, a Laranja Mecânica fez o que quis, quando quis e quanto quis contra um Brasil sem Pelé, sem Gérson, sem Tostão, sem o Rivellino de sempre, sem o Jairzinho da Copa de 1970, sem o espírito ofensivo do Brasil, sem um grupo unido, sem o pique do Zagallo tricampeão. Um Brasil sem Brasil. Numa partida sem espírito esportivo e *fair-play*. O Brasil bateu além da conta. A Holanda entrou no mesmo barco furado. O conceito de ultraviolência do livro *A Laranja Mecânica* foi visto em Dortmund. Ou, como gostam de discutir os não poucos detratores do livro e do filme, Holanda 2 a 0 Brasil foi a espetacularização e a banalização da violência.

Apesar do jogo histórico, o que se viu foram divididas histéricas, um festival de pancadas, tesouras, carrinhos e botinadas de corar qualquer um – menos o horroroso e experiente árbitro alemão Kurt Tschencher. Holanda 2 a 0 Brasil mais pareceu o Chile 2 a 0 Itália, de 1962 – a Batalha de Santiago. Ou o Portugal 1 a 0 Holanda de 2006 – a Batalha de Nurembergue. Uma carnificina. Vencida pela melhor equipe, quando quis jogo. E não vale tudo. Fala Neeskens: "Até esta partida, o símbolo do jogo bonito era o Brasil. Tudo mudou depois: os brasileiros bateram mais que os argentinos. Aliás, eles foram piores que os uruguaios".

Cruyff discorda: "Foi nosso jogo mais difícil. Estávamos com medo dos brasileiros nos primeiros 15 minutos. Depois fizemos nossa partida".

O Brasil, como em quase toda a Copa de 1974, primeiro pensou em não levar gol. Ficou todo atrás da linha da bola, esperando a Holanda que, no início, respeitou (temeu?) a seleção tricampeã. Depois foi se soltando, quando viu que o Brasil mais tremia que respeitava o excelente rival. Conta o goleiro Leão: "Eles aqueceram do nosso lado. Víamos a preocupação com nosso time antes do jogo. Estavam com medo e demoraram quase um tempo para se assentar no jogo". Carpegiani era o volante brasileiro: "O Zagallo foi vê-los jogar e voltou preocupado demais. Não deixou transparecer, mas nós ficamos sabendo".

O Brasil tentou chegar com bolas longas para o ponta-direita Valdomiro e para o centroavante Jairzinho. Dirceu recuava e compunha o meio com Rivellino e Paulo César Caju, com Carpegiani na entrada da área, protegendo a ótima zaga. Os laterais Zé Maria e Marinho Chagas não apoiavam. Mas batiam como quase toda a seleção. Aos 4 minutos, Zé Maria deu solada violenta em Cruyff. A Holanda respondeu com Rep pegando feio por trás o lateral. E segue o jogo!

Aos cinco, num intervalo de menos de 20 segundos, cena do seriado de TV *Batman: Pow!* Sola com os dois pés de Zé Maria! *Tum!* Uma pegada de Carpegiani no tornozelo de Cruyff! *Zing!* Duas entradas feias para machucar e por trás de Luís Pereira em Van Hanegem, sem a bola... Alex e seus *droogs* da gangue de A *Laranja Mecânica* eram escoteiros num encontro de jovens em Andorra, se comparados aos combatentes de Brasil x Holanda. As cenas de violência em Dortmund eram mais desconfortáveis de ver do que o personagem Alex comendo espaguete observado pelo escritor que ele havia deixado inválido e viúvo, no filme de Stanley Kubrick.

Na defesa, a marcação holandesa era feita homem a homem, no meio-campo, por zona. Mas todo o time tinha obrigações defensivas.

Nem o gramado pesado justificava tamanha ira dos deuses da bola. O Brasil começava batendo mais que uruguaios e argentinos. Juntos. A Holanda só não abriu o placar porque Leão, nas palavras de Cruyff, fez a maior defesa que ele viu, num sem-pulo à queima luvas, aos 6 minutos. A Holanda seguiu em frente, e deu o primeiro arrastão em Marinho Peres. Ele salvaria impressionante ataque rival aos 16, quando sete (!) holandeses estavam dentro da área brasileira.

Neeskens era praticamente um centroavante, com Cruyff rodando o ataque e apanhando, sobretudo pelo lado esquerdo holandês para cima de Zé Maria. Carpegiani explica a estratégia holandesa:

– Eles deixavam você sair para o lado do campo. A bola estava no centro e nos induziam a abrir o jogo. Aí, vinham em quatro ou cinco para roubá-la e jogar no nosso erro. Mesmo sabendo disso e atuando no meio, nosso time passou um baita sufoco no início. Eles eram muito versáteis, com muitas trocas de posição. Só um time com jogadores inteligentes faz isso. O próprio Michels disse a mim, anos depois, que era a inteligência dos atletas que propiciavam esse jogo que dificultava demais os rivais. Não era só ideia dele. Era prática de quase todo o grupo.

O Brasil deu uma equilibrada a partir dos 20 minutos. Rivellino recuou para armar e lançar o contragolpe pelas pontas. Paulo César Caju se mexeu mais, buscando o lado esquerdo – mas sempre com Van Hanegem na cola. Os holandeses não só jogavam mais que todos até o final: marcavam melhor que os rivais.

A Holanda aproveitou que o árbitro estava embananado e sem pulso e cartão para controlar os briguentos, e também baixou o nível e o pau. Para resumir a pancadaria: em 90 minutos, com a boa vontade que faltou aos litigantes, Van Hanegem merecia quatro vermelhos por jogo brusco, condenável pela Convenção de Genebra; Rivellino, duas expulsões; Suurbier, Cruyff, Rep, Valdomiro, Zé Maria e Marinho Chagas não poderiam reclamar se fossem ao chuveiro mais cedo. E não seria fácil tirar toda aquela lama do corpo, e toda aquela raiva injustificável.

O Brasil tentava ganhar no pau o que não ganhava na bola. Aos 38, a melhor chance, desperdiçada por Jairzinho. O jogo parecia igual. Mas bastou começar o segundo tempo para dar a lógica. Aos 5 minutos, um cruzamento rasteiro da direita de Cruyff (pela milésima vez às costas de Marinho Chagas) chegou a Neeskens; o meia apareceu mais uma vez como centroavante, deu um bico na bola na dividida com Luís Pereira, e encobriu Leão. Jogada rápida, de contragolpe armado por Van Hanegem, que pegou o Brasil saindo para o ataque.

O empate classificaria a Holanda para a decisão. O time de Zagallo precisava sair mais para o jogo. Mas não conseguia. Também pelo recuo excessivo de Dirceu. A seleção praticamente atuava no 4-2-2-2, com Rivellino muito atrás, ao lado de Carpegiani, sem explorar a patada atômica de canhota.

Aos 14, Zagallo tirou Paulo César e escalou Mirandinha no comando de ataque, com Jairzinho recuado para a meia. A Holanda mudou a marcação: Rijsbergen marcou o centroavante que entrou; com o recuo de Jairzinho para armar, Jansen passou a segui-lo de perto.

O Brasil poderia ter empatado aos 17, na segunda investida de Luís Pereira ao ataque. Ele recebeu livre, mas o péssimo árbitro resolveu assumir o lance que era do auxiliar e marcou impedimento inexistente. Mais dois minutos, num belo lance pela esquerda, o zagueiro palmeirense tentou fazer a linha de impedimento para Rensenbrink. Os dois Marinhos ficaram e deram condição de jogo ao ataque laranja. Krol recebeu do ponta e cruzou para o belo voleio de Cruyff, de direita. Bonito e merecido gol.

O Brasil virou uma terra de ninguém. Luís Pereira se mandou, Carpegiani não conseguiu segurar o tranco, o time estava perdido e entregue. A Holanda apenas administrou. Aos 20, Michels teve de sacar Rensenbrink, que sentiu a coxa direita. E sentiria ainda mais na final da Copa. Só o árbitro não sentia a pancadaria.

Faltando seis minutos para acabar o último *round*, ops, o segundo tempo, o zagueiraço Luís Pereira levantou Neeskens e foi, enfim, expulso, depois de cometer pelo menos uma falta de cartão amarelo e mais três para vermelho. Aos 42, a pipocada que demonstrou a falta de espírito esportivo: Valdomiro e Krol dividiram a bola e os dois pularam para evitar entradas maldosas. Melhor acabar logo o jogo. O que deveria ser uma ode ao futebol virou ódio em estado bruto. Ou brutos em estado deplorável. Jansen, Neeskens e Cruyff se salvaram, entre mortos, feridos e muito *vivos*, como o caçado (e caçador) camisa 14. Pelo menos uma vez ele foi para quebrar ou ser quebrado.

Os deuses da bola salvaram reputações e canelas. E mandaram para a decisão em Munique o melhor time da Copa de 1974. Como definiu Zagallo: "Desejo que os técnicos brasileiros repitam a fórmula da Holanda em nossos times".

1 A 2 PARA A ALEMANHA OCIDENTAL

O que foi a Holanda em 1974? Os primeiros 54 segundos da decisão do Mundial no Estádio Olímpico de Munique são um brilhante ensaio: depois de 42 toques na bola, 17 passes trocados sem que a Alemanha relasse na pelota, com oito jogadores de laranja participando da jogada, Cruyff partiu do grande círculo e driblou dois rivais até ser derrubado por Hoeness. O líbero centroavante Cruyff partiu com a bola desde o meio. Quando avançou em direção à área alemã, os nove companheiros estavam à frente dele, todos projetados no campo rival. Era usual Cruyff recuar para armar. Mas, em nenhum outro instante da brilhante participação holandesa em 1974, todo o time ficou à frente do camisa 14. Apenas nesse momento único. O do pênalti de Hoeness sobre Cruyff.

Com 1min29s, Neeskens enfiou a sapatada no meio do gol de Maier. Apenas 35 segundos depois da infração o pênalti foi cobrado. Só o capitão alemão Beckenbauer discutiu algo com o árbitro inglês. Era outro futebol.

Era a Holanda de sempre da Copa. Mas também havia a Alemanha de costume do outro lado. E atuando em casa... Só a 1min55s o primeiro alemão tocou na bola. A Alemanha tinha de correr atrás do placar, como já acontecera em 1954 contra a espetacular seleção da Hungria. Desta vez, os alemães estavam ainda mais em casa que na Suíça. E com um senhor time de futebol. Tanto que, aos dois minutos, cinco alemães já estavam na área laranja. Nenhuma outra vez na Copa tantos atacaram a Holanda. Em nenhuma outra partida tantos marcaram como os holandeses.

O festival de pancadas para descascar a Laranja Mecânica seguiu em Munique: o excepcional meia Overath pegou feio Rijsbergen; um minuto depois, Cruyff quase teve as amígdalas operadas a seco pelo mastim escalado para correr atrás dele – Vogts. Diferentemente do pega pra capar de Dortmund contra o Brasil, o árbitro inglês John Taylor mostrou logo o amarelo para o botinudo. Tratou de segurar o jogo, para evitar uma guerra quente em Munique.

A Holanda recuou – também porque pressionada. Na base da bola longa para Rep e Rensenbrink, o time laranja tentou contragolpear. Não deu liga. Os holandeses não tinham espaço. E pareciam flutuar com a cabeça e os corpos em outro lugar. Sobretudo Rep, que não acompanhou o excelente lateral Breitner por muitas vezes. No lance do pênalti sobre Hölzenbein, aos 22, por exemplo. O ponta alemão e Breitner partiram juntos pela esquerda. Rep e o lateral Suurbier estavam lá na frente. Haan e Rijsbergen ficaram no mano a mano e ainda foram ajudados por Jansen, que atropelou abruptamente Hölzenbein no pênalti convertido por Breitner.

Era hora de atacar. A Alemanha não permitiu. Tudo que deixou de marcar o time laranja, o alemão fez em dobro. Os holandeses inverteram os pontas; os alemães os seguiram. Num contragolpe, o volante Bonhof, desmarcado, escapou pela direita e cruzou para o giro rápido de Müller, aos 42 minutos. Era o terceiro gol sofrido pela Holanda na Copa. A primeira derrota parcial. A definitiva. De perder a cabeça, como Cruyff, que recebeu cartão amarelo durante o intervalo, por reclamação.

Rensenbrink ficou no vestiário. Voltou a sentir a contusão muscular. O ponta-direita René Van de Kerkof entrou pela esquerda no lugar que seria de Keizer – desafeto histórico de Cruyff. O camisa 14 resolveu deixar o comando

Holanda de 1974 **99**

de ataque para Neeskens e tentou armar desde a intermediária. Porém, com o grude de Vogts, ficou difícil. Faltou um centroavante – embora ao menos quatro holandeses estivessem quase sempre dentro da área na segunda etapa. Mas sem o faro de goleador.

Aquele brilho, aquela movimentação, aquele carrossel pouco se viu no momento de tensão e derrota. Algo que sobrou do lado alemão. Quem mais se mexeu, quem mais marcou, quem mais jogou, foi o time da casa. Ainda que amuado e acuado em seu campo na segunda etapa.

Krol tentou reviver o time que brilhara até a semifinal. Aos seis, saiu da esquerda e foi ao fundo como ponta direita. Mas o meia Hoeness o acompanhou e evitou o cruzamento. A Holanda tinha a bola, mas não ideias. Cruyff foi definhando tecnicamente. Para piorar, Rijsbergen se machucou numa dividida com Müller e entrou De Jong, aos 23. Jansen teve de ir para a zaga. Mais um complicador para a fluência holandesa.

Aos 24, Neeskens pegou um sem-pulo de direita que explodiu no peito do goleiro Maier. Nas poucas vezes em que conseguiu levar perigo, a Holanda errou tudo que vinha acertando. Quem acertou um chute foi Vogts, em Cruyff, aos 30. Mas não havia o segundo amarelo. A arbitragem era tolerante com a violência. Cruyff não temeu e quis jogo. A bola é que não parecia mais querer os holandeses.

Aos 33, tudo que aqui se lamenta, e em quase todos os lugares, um lance brilhante de Cruyff poderia ter virado tudo de lindo. Na raça, deu um carrinho impressionante em Grabowski, recuperou a bola e lançou de trivela (como amava jogar) para Rep. O ponta avançou e bateu cruzado, à direita de Maier. O futebol mundial poderia ter sido outro se aquela bola entrasse. Mas a Alemanha continuava a mesma. Tanto que não sofreu o gol. Tanto que manteve a virada e a vitória do bi mundial com inteligência e sabedoria.

Ao final, foram sete as oportunidades holandesas de gol, contra cinco alemãs. Empate técnico, tático e físico. Mas vitória histórica para a camisa mais poderosa, e que atuava em casa. A grande Holanda não perdeu para um time qualquer. Perdeu para um futebol superior. Se não pela plástica, técnica, ou beleza, pela competitividade extrema. Algo que talvez tenha faltado ao mais encantador time de 1974. Para não dizer a última grande não campeã. Juntamente com o Brasil que ganharia o mundo – mas não a Copa – em 1982, terminando o Mundial na Espanha apenas no quinto lugar.

100 As melhores seleções estrangeiras de todos os tempos

Pós-Copa

Cruyff dizia que "os italianos não podiam derrotar um time, mas uma equipe podia perder para eles". A Holanda não poderia perder aquela final. Mas aquela Alemanha poderia vencê-la. Honrando a piada-definição inglesa que deu o ar da desgraça em Munique: "Futebol é um esporte onde dois times de 11 jogadores se enfrentam por 90 minutos e, no final, os alemães vencem".

Para Cruyff, "o Mundial é um torneio para quem aguenta sete partidas". A Holanda suportou seis. Michels concorda com seu capitão: "Também penso que, a cada dia, o futebol não é de quem acerta mais; é de quem erra menos. Ganha quem souber explorar melhor as falhas alheias. Foi o que fez a Alemanha". Para Van Hanegem, o problema foi o gol no início: "Metade do time tentou logo garantir a vitória. A outra metade tentou fazer os alemães de bobos, debochando, querendo mostrar como éramos bons". Michels minimiza: "Não subestimamos os alemães. E também não acho que o gol no início atrapalhou. Se pudesse escolher, apenas iria preferir um gol no último, não no primeiro minuto". O treinador vencedor pensa diferente. Para Schön, "a Holanda achou que já era campeã e nos ajudou a sair de campo como vencedores. Eles jogaram um futebol mais bonito que o nosso durante a competição. Mas quem levou o título para casa fomos nós".

O amor de verão não subiu a serra. No caso, não desceu abaixo do nível do mar. A Laranja Mecânica foi descascada na final, numa história mais bem contada no capítulo alemão deste livro. O bagaço chupado pelos campeões não tira o mérito dos donos da casa e da festa.

Como todo grande time, como foi aquela Holanda do verão de 1974, é difícil precisar quando começou. Mais ainda explicar como terminou. Sobretudo com o impreciso fim de uma derrota. Como a Hungria-54, mãe filosófica e estética do jogo fluido, ofensivo, abusado e bonito, a Holanda-74 teve o mesmo fim: não ganhou a Copa, mas conquistou o mundo.

Depois da derrota, os 11 titulares nunca mais atuaram juntos pela seleção. Na partida seguinte, a Holanda goleou a Suécia, em Estocolmo, por 5 a 1. Mas já com George Knobel no comando – Michels retornara ao Barcelona. A primeira derrota depois da Copa de 1974 seria apenas em 1975, no quinto jogo. Com apenas cinco titulares mundialistas. Na Eurocopa de 1976, ecos da Laranja Mecânica foram vistos na vitória sobre a Bélgica, de virada, por 2 a 1, fora de casa. O golaço de empate de Rep nasceu de um arrastão na lateral direita. A queda foi na semifinal, para a futura campeã Tchecoslováquia, que

Holanda de 1974 101

venceu na prorrogação por 3 a 1. Oito titulares da Copa da Alemanha continuaram no time. Mas Suurbier e Krol já não apoiavam tanto, Rijsbergen não marcava tão bem como em 1974, Jansen e Neeskens corriam igual, mas não jogavam tanto. Rep e Rensenbrink só atuavam pelas próprias pontas, pouco se mexiam. Van Hanegem era banco e estava ainda mais lento.

Faltava a mesma pegada, a mesma faísca, a mesma movimentação. Faltava Michels no banco. E Cruyff como Cruyff. Na derrota em Belgrado, na Euro-76, atuou mais atrás, numa espécie de 4-4-2. Pouco se mexeu, quase nada entrou na área (o gol holandês foi contra). A marcação também não era opressiva nem individual. Linha de impedimento? Só uma, aos 22. E errada.

Knobel durou apenas 15 jogos (cinco derrotas). Em setembro de 1976, estreava o técnico Jan Zwartkruis nas Eliminatórias. Eram menos vagas na Copa, com apenas 16 países. Mas não foi difícil vencer um grupo mediano. Duro foi trocar novamente de treinador: desta vez, o austríaco Ernst Happel (campeão europeu pelo Feyenoord, em 1970), que assumiu em outubro de 1977. Foi o treinador de Cruyff na despedida dele da seleção, em 26 de outubro, na vitória que classificou a Holanda para a Copa de 1978. Um a zero na Bélgica.

Sem Cruyff, com uma equipe baseada no PSV Eindhoven, a Copa de 1978 seria dificílima. Mais ainda depois de uma primeira fase irregular. No quadrangular semifinal, o 5 a 1 na Áustria animou os holandeses. O 2 a 2 com a Alemanha foi na raça, com gol no fim. Quando tudo parecia perdido contra a favorita Itália (então o melhor time daquela Copa), a Holanda virou o placar e decidiu contra a anfitriã Argentina. Sete dos titulares em 1974 começaram a final. Fora Jongbloed e Rensenbrink, todos em funções distintas: Rep foi centroavante; Neeskens fez algumas das tantas funções de Cruyff, mais à esquerda; Haan voltou a ser volante; Jansen foi lateral-direito; Krol foi bem como líbero.

Kempes fez Argentina 1 a 0, no primeiro tempo. Nanninga empatou aos 36 finais. Aos 45min14s, numa falta cobrada por Krol da intermediária para a área, Rensenbrink escapou e mandou na trave a bola que justiçaria 1974, 55 segundos antes do apito final. Na prorrogação, a Argentina venceu por 3 a 1.

O mundo que chorou com a Holanda em 1974 torceu pela camisa de 1978 – não pelo time, muito inferior tática e fisicamente. "Pelo que jogávamos na Alemanha deveríamos ter sido campeões; na Argentina, não. Uma semifinal já estaria ótimo para nós em 1978", afirmou o atacante Rep.

As bolas que batiam nas traves rivais só foram entrar em 1988. Na Eurocopa decidida no mesmo Estádio Olímpico de Munique de 1974. Com o

Cruyff é derrubado por Hoeness no pênalti que seria convertido por Neeskens, na final contra a Alemanha.

velho Rinus Michels dirigindo o time laranja. A União Soviética já perdia a final por 1 a 0 quando uma bola longa foi lançada na ponta direita do ataque holandês. Praticamente no mesmo ponto onde Rep chutara fora a chance do empate contra os alemães, no segundo tempo, em 1974. Desta vez, o lance era muito mais difícil. Mas ficou mais fácil para um craque como o goleador Marco Van Basten bater de sem-pulo e vencer o gigantesco goleiro Rinat Dassaev. Era o segundo gol da Holanda campeã da Europa com o centro-avante que faria história no Milan, ao lado de Gullit e Rijkaard. Artilheiro que fez falta aos holandeses em 1974.

A derrota faz parte do jogo. Até uma derrota vitoriosa como a da Holanda de 1974. Como definiu o jornalista Armando Nogueira, logo depois da Copa:

– No parentesco da camisa, no estilo e no destino, a Holanda de 1974 foi reencarnação da Hungria de 1954. Do alto de suas tribunas na Alemanha, os catedráticos proclamavam que é o futuro do futebol! Pergunto eu: "e por que não o futebol do passado?".

Aquela Holanda não passou de 1974. Mas mostrou para o futebol que havia futuro.

Cruyff

Ele acelerava e desacelerava como máquina, pensava e executava como computador. Tudo com a alma do craque e do torcedor. Com a mente de um cidadão politizado – não quis jogar no Real Madrid do ditador espanhol Franco. Com o bolso de um profissional que sabia cobrar o muito que dava – a Holanda, em 1974, vestia as três listas da Adidas; apenas Hendrik Johannes Cruyff usava um uniforme com as duas listas da Puma, patrocinadora pessoal.

Caso único no marketing, caso raro de craque genial, inventor de uma posição, de uma função. Centroavante de caderneta, virou livre-docente pelos campos. Jogava como Cruyff. Na função de Cruyff. Porque não havia a posição de Cruyff. Todas elas poderiam ser. Nem Pelé virou símbolo de um estilo de jogar como o Futebol Total. Só Cruyff. Porque solitário não estava. Tinha ideias socialistas e práticas solidárias. Virou um parâmetro inalcançável. Por mais que baseasse seu jogo no ídolo argentino Alfredo Di Stéfano, Cruyff foi um pouco além. Ainda que reconhecendo ser aquém do rei: "Posso ser um novo Di Stéfano, até pelo estilo de buscar o jogo mais atrás; mas não posso ser um novo Pelé. Ele é o único que ultrapassa os limites da lógica".

Taticamente, o jornalista André Rocha define a Holanda de 1974 num esquema "4-3-Cruyff-2". Era um 4-3-3. Mas Cruyff não era só atacante. Era meia. Foi tudo. Muitas vezes vinha até o campo holandês sair jogando com os zagueiros. Nos 4 a 1 contra a Bulgária, aos 20 minutos, voltou até a lateral direita e saiu com Haan. O centroavante holandês virou o primeiro zagueiro. Ou melhor: o primeiro atacante laranja. Nesse lance, por 45 segundos e 18 trocas de bola (com direito a fintas e dribles de Cruyff), a Holanda botou a Bulgária na roda. E o estádio abaixo, em aplausos. Era a filosofia de jogo e de vida dele: "Jogo 85 minutos para o meu time e cinco minutos para mim".

Foi o maior peladeiro dos campos. Assim como Beckenbauer aperfeiçoou o líbero defensivo, há como dizer que Cruyff criou o líbero criativo. A "função de Cruyff". Que só Cruyff executou.

Ele não era só inteligência tática e destreza técnica. Era exuberância física. Um milagre para quem fumava como chaminé (dez cigarros por dia: um deles no intervalo). Nos 4 a 0 contra a Argentina, talvez tenha feito a partida da vida. Atuou em todos os lugares, desmarcando-se, orientando, criando. Cobrando até laterais, além de faltas e escanteios. Driblava com extrema felicidade e facilidade. Sem enfeites. Fazia simples, e fazia lindo, jogadas de estilo e jogadas de objetivo. Jogava bonito e jogava eficiente. Era a filosofia dele: "O futebol é simples. O duro é jogar um futebol simples. A solução que parece mais fácil é a mais difícil. Não é preciso dar um passe de 40 metros quando bastam 20 metros". Não se escondia. Só escondia a bola dos rivais. Aos 18 do segundo tempo contra os argentinos, num só lance, driblou cinco. Não por arte, mas por dever. E não perdeu a bola. Difícil lembrar um lance que não tenha dado certo naquele jogo. Difícil imaginar atuação melhor.

Três vezes maior da Europa (em 1971, 1973 e 1974). Melhor do século XX nos campos europeus – votação do Instituto de História e Estatística. Foi o segundo maior de todos os tempos na eleição da Fifa, em 1999. Para os colegas que foram eleitos "Ballon d'Or" pela *France Football*, foi o terceiro do século XX. Para o jornalista inglês David Miller, o Pitágoras de chuteiras por sua capacidade espacial (e especialíssima) de (ante)ver o jogo e resolver equações. Esquadrinhava o próprio time e enquadrava o rival, enquanto corria e desacelerava. O drible característico (puxava a bola para trás e driblava de chaleira) parecia fácil de fazer de tanto que fazia, de tanto que poucos o desarmavam.

Na decisão europeia contra o Panathinaikos, em 1971, deu um pique característico pela meia esquerda até frear a disco no gramado. Parou à frente do marcador enquanto esperava os companheiros. Depois retomou a corrida com extrema facilidade. Craques usualmente aceleram e desaceleram. Mas poucos eram tão rápidos com os pés e com a mente, como ele. E raríssimos sabiam a hora de parar. E pensar o jogo.

– Na verdade, não sou rápido. O segredo não é a questão de quanto eu corro. É quando eu resolvo acelerar. Quando você vê um jogador correndo demais, ele saiu atrasado. Se eu começar correndo um pouco antes, vai parecer que eu corro mais.

A BOLA E O MENINO

Quando completou 10 anos, em 25 de abril de 1957, ganhou de presente treinar no Ajax da sua Amsterdã. Deixando a rua onde aprendera a máxima da vida em campo: "Na pelada, os jogadores decidem quem é bom e quem é ruim. Na rua não existem treinadores". Aos 17, estreava pelo time de cima, que estava bem abaixo na tabela. Ajudou a evitar a queda. Em dois anos, já era campeão holandês. Seria outras cinco vezes, até ser vendido para o Barcelona, em agosto de 1973. O Ajax faturou 2 milhões de dólares. E já havia ganhado mais quatro Copas da Holanda, três títulos europeus, e o Mundial de Clubes de 1972. Cruyff fez o primeiro gol do jogo de ida contra o Independiente, na Argentina, aos 5 minutos. Aos 20, deixou o campo quebrado pela violência dos rivais que empataram a partida, mas perderam a volta, na Holanda, por 3 a 0. Pelas condições adversas, em Avellaneda, o Ajax desistiu de disputar o título intercontinental em 1973, repetindo o que fizera em 1971.

Em nove anos de Ajax, Cruyff marcou 190 gols em 240 partidas. No Barcelona, 48 em 143 jogos. Em 1978, foi para os Estados Unidos ganhar dinheiro em Los Angeles e Washington. Deu um pulinho no Levante de Valencia, em 1981. Mais dois anos de Ajax, até pendurar as chuteiras no rival Feyenoord, em 1984, depois de 293 gols em 521 jogos. Vencedor também na profissão de treinador pelo Ajax, em 1987 (no qual deixou o legado tático do 3-3-1-3) que seria campeão europeu com um timaço dirigido por Louis Van Gaal, em 1995. Dirigiu o Barcelona de 1988 a 1996, quando divergiu com a direção do clube e decidiu pendurar a prancheta, deixando na galeria catalã um tetra espanhol com o chamado Dream Team, além da Copa dos Campeões Europeus de 1992.

Pela seleção jogou de 1966 a outubro de 1977. Foram 33 gols em 48 jogos. Logo depois da Copa de 1974, havia jurado que não disputaria outro Mundial. Ainda fez mais oito gols em 13 jogos (dez vitórias e duas derrotas). Em 1978, por questões pessoais (a família havia sido ameaçada de sequestro na Espanha), políticas (era contrário à ditadura argentina) e comerciais (problemas com a federação holandesa), deixou a Holanda órfã. Mas não menos vice-campeã em 1978.

Cruyff começou como um camisa 10 no Ajax. Passou a vestir a camisa 9. Desde 30 de outubro de 1970, pelo clube que revelou, sempre que pôde, foi camisa 14. Desde 2008, o número mágico foi aposentado na belíssima camisa branca e vermelha. Desde sempre, Cruyff reinventou a matemática do jogo. Redefiniu seus números. Renomeou suas posições. Reinou nos campos e nos bancos. Foi o maior não campeão mundial por uma seleção. É dos poucos que podem jogar em qualquer posição, em qualquer seleção de melhores de todos os tempos. É Cruyff. É craque.

Holanda 1974

NÚMERO	JOGADOR	CLUBE	IDADE	JOGOS	GOLS
1	Ruud Geels	Club Brugge – Bélgica	25	0	0
2	Arie Haan	Ajax	25	7	0
3	Willem Van Hanegem	Feyenoord	30	7	0
4	Kees Van Ierssel	F. C. Twente	28	–	–
5	Rinus Israel	Feyenoord	31	3	0
6	Wim Jansen	Feyenoord	27	7	0
7	Theo de Jong	Feyenoord	26	4	1
8	Jan Jongbloed	F. C. Amsterdam	33	7	0
9	Pieter Keizer	Ajax	30	1	0
10	René Van de Kerkhof	PSV Eindhoven	22	1	0
11	Willy Van de Kerkhof	PSV Eindhoven	22	–	–
12	Ruud Krol	Ajax	25	7	1
13	Johan Neeskens	Ajax	22	7	3
14	Johan Cruyff	Barcelona – Espanha	27	7	3
15	Rob Rensenbrink	Anderlecht – Bélgica	26	6	1
16	Johnny Rep	Ajax	22	7	4
17	Wim Rijsbergen	Feyenoord	22	7	0
18	Piet Schrijvers	F. C. Twente	27	–	–
19	Pleun Strik	PSV Eindhoven	30	–	–
20	Wim Suurbier	Ajax	29	7	0
21	Eddy Treytel	Feyenoord	28	–	–
22	Harry Vos	Feyenoord	27	–	–

Alemanha de 1974

Madrugada de 8 de março de 1973, na Holanda. Sepp Maier, goleiro do Bayern de Munique, não conseguia dormir. Havia falhado em dois dos quatro gols do Ajax, pela Copa dos Campeões. Resolveu pôr fim à angústia e à insônia: juntou chuteiras, luvas e o uniforme negro usado no Estádio Olímpico e atirou pela janela, na água do canal próximo ao hotel. Não queria mais saber daquilo que dera azar em Amsterdã.

Exatos 15 meses depois, Maier seria um dos melhores no Olímpico de Munique, na vitória de virada da Alemanha sobre a Holanda, na final da Copa de 1974. Ele e outros cinco companheiros de Bayern vingaram o infortúnio em Amsterdã contra seis rivais daquele Ajax; o zagueiro-direito Hans-Georg Schwarzenbeck, o líbero Franz Beckenbauer, o lateral-esquerdo Paul Breitner, o armador Uli Hoeness, e o goleador Gerd Müller fizeram a Alemanha ser Alemanha como nunca (ou como sempre). Na Munique do Bayern venceram um favorito, virando as adversidades. A história da Copa de 1954 se repetiu como Oktoberfest antecipada.

O torcedor alemão não acreditava naquilo que parece que só os times alemães conseguem. Tribunas de imprensa e arquibancadas estavam de bode

112 As melhores seleções estrangeiras de todos os tempos

com o futebol da Nationalmannschaft, até Beckenbauer levantar a primeira Copa do Mundo depois da conquista definitiva da Taça Jules Rimet pelos brasileiros, em 1970. Chegavam a ser cruéis, por desconfiarem do anfitrião que era o então campeão europeu. Título conquistado em Bruxelas, em 1972, com categórica vitória por 3 a 0 sobre a União Soviética. No elenco campeão continental já estavam 15 dos futuros campeões mundiais em 1974.

Euro-72

O competitivo time soviético não viu a cor da bola na decisão da Eurocopa, em Bruxelas. Os campeões tiveram oito chances de gols; os rivais só chegaram com dois tiros de longe. O treinador alemão Helmut Schön usava o mesmo 4-3-3 que seria adotado em 1974. Com a mesma aplicação tática. E parte da intensa movimentação que seria uma das marcas registradas (mas pouco reconhecidas) do time que derrotaria a Holanda. "A manutenção da base da Eurocopa foi essencial para o nosso desempenho no Mundial", afirma Hoeness, que seguiu como titular, mas com outras funções na Copa.

A zaga da Euro-72 só tinha uma diferença para a campeã em 1974: Horst-Dieter Höttges era o lateral-direito marcador no lugar do implacável Berti Vogts (zagueiro do Borussia Mönchengladbach). Menos técnico, tático, físico e veloz que Vogts, Höttges completava o sistema defensivo que era todo do Bayern: com Maier na meta, Beckenbauer de líbero, Schwarzenbeck marcando o centroavante rival e também saindo para o ataque (como no lance do terceiro gol da final contra a União Soviética), e o espetacular Breitner voando, a partir da lateral esquerda, para o campo de ataque. Como definiria Maradona, anos depois, o lateral alemão "estava em todas as partes. Não cabia numa só posição, em uma só definição".

No campeão europeu de 1972, o incansável Hoeness era o cabeça de área com pés de meia. Herbert Wimmer (volante do Borussia Mönchengladbach) marcava pela direita, mas sabia armar pela esquerda, entrando em diagonal com engenho e qualidade, como no lance do segundo gol na decisão em Bruxelas. Na meia esquerda brilhava Günter Netzer (outro do Borussia Mönchengladbach). Então, ocupava a camisa e a função do excepcional meia-esquerda Wolfgang Overath, titular absoluto da Alemanha vice-campeã mundial em 1966, e terceira colocada na Copa de 1970.

No Mundial mexicano, os meio-campistas italianos Mazzola e Rivera "não podiam jogar juntos" pela mentalidade tacanha do treinador Ferruccio Valcareggi. Ou atuava um, ou outro. Schön não quis cometer o mesmo erro italiano e até que tentou fazer a vontade da torcida, da imprensa (e da bola?) juntando os talentosos Netzer e Overath no amistoso sem gols com a Itália, em 1974. Para o treinador, "se conseguira escalar dois centroavantes como Uwe Seeler e Gerd Müller na Copa de 1970, por que não Netzer e Overath juntos?". Não deu. Não precisou. Netzer jogou pouco e pouco jogou na Copa de 1974. Overath ganhou um lugar no time e na história por ser mais experiente, melhor marcador, e ter dado mais velocidade ao time. Netzer perdeu espaço no Mundial pelo gênio difícil e por incerta lentidão. O time corria com seus precisos lançamentos para os pontas. Ele, porém, não. E pouco acatava as ordens do treinador.

Overath foi o melhor alemão nas duas partidas decisivas em 1974. O todo campista Hoeness correu, marcou e armou tanto quanto a estrela Netzer que mofou no banco. Para usar uma figura do sociólogo alemão Max Weber, Hoeness era o "tipo ideal" do que o treinador pretendia para o seu time: uma equipe que se defendesse como um *bunker*, e atacasse como 11 *panzers*. Sem estrelismos.

O que não jogou em 1974, Netzer brilhou em 1972. Armou o ótimo ataque formado pelo então companheiro de clube Jupp Heynckes (ponta-direita), por Helmut Kremers (ponta-esquerda do Schalke-04, driblador, abusado e rápido), e pelo impressionante Gerd Müller, artilheiro da Copa de 1970 com 10 gols. Na semifinal da Euro-72, o atarracado goleador fizera os dois gols que venceram a Bélgica. E faria dois dos três gols contra os soviéticos, na final.

A Alemanha de 1972 era menos ousada e dinâmica taticamente que a de 1974. Breitner avançava menos pela lateral, Hoeness guardava mais a

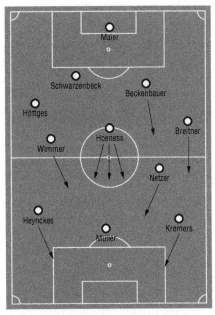

O time que venceu a Euro-72. Um 4-3-3 ofensivo, prático, e bem menos dinâmico que a equipe que conquistou o mundo, já com seis titulares da Copa de 1974.

114 As melhores seleções estrangeiras de todos os tempos

posição na cabeça da área, e os dois pontas afunilavam demais. "Na Euro-copa começamos a ganhar a Copa do Mundo", afirmou o goleador Gerd Müller. Ele sabia o que falava. Era possível encontrar naquele time a base ge-nética da equipe de 1974: Beckenbauer começava o jogo buscando o armador pela esquerda (Netzer), como faria no Mundial com Overath; Breitner tinha um *timing* impressionante para avançar na jogada; os dois pontas ajudavam no combate ao rival, formando algo próximo a um 4-3-2-1 sem a bola. O en-trosamento de seis titulares do Bayern potencializava a técnica individual: as tabelas entre Beckenbauer e Müller eram notáveis, como a que resultou no primeiro gol contra os soviéticos.

Um dos tantos méritos do técnico Schön foi manter a Alemanha coesa e entrosada desde 1972, usando a excelente base do Bayern.

Helmut Schön

O treinador alemão havia sido centroavante de ofício, de 1932 a 1950. Autor de impressionantes 17 gols em 16 jogos pela seleção alemã, entre 1937 e 1941. Em 1952, assumiu a prancheta como treinador da seleção de Sarre, protetorado francês localizado no sudoeste da atual Alemanha. Em 1954, enfrentou os alemães ocidentais pelas Eliminatórias da Copa na Suíça. O bom trabalho em Sarre o levou, em 1956, para ser auxiliar do mítico Sepp Herberger, homem que preparou a Alemanha para bater a então invencível seleção húngara, na Copa de 1954.

Schön assumiu a seleção em 1964, depois de 28 anos de Herberger à frente dela. De cara, em 1966, foi vice-mundial (com Beckenbauer e Overath compondo o meio-campo do 4-4-2 alemão), perdendo a final na polêmica prorrogação para a Inglaterra.

Em 1970, no México, Schön adotou um ousado 4-2-1-3, já com os fu-turos campeões Maier, Vogts, Beckenbauer, Overath, Grabowski e Müller como titulares. Beckenbauer se derrete pelo comandante:

> – Schön não era um gênio tático, ou um mestre nos treinamentos. Mas era como um pai para os jogadores. Todos o adoravam. Dava a bola para nós fazermos o que bem entendíamos em campo. Ele montava o time para que cada um jogasse como gostava. Só a imprensa não o apreciava. O que mostrava quanto ele era realmente bom.

Schön ainda é o treinador que mais vezes dirigiu partidas de uma mesma seleção em Copas (25, entre 1966 e 1978), mais vitórias obteve (16), e é o único técnico campeão da Europa (1972) e do mundo (1974). Com equipes que mantiveram a base, o entrosamento e a filosofia ofensiva de jogo com a bola e participativa sem ela. Um time que atacava como Alemanha. E se defendia como tal.

A Copa

1 A 0 NO CHILE

Breitner parecia um vira-lata com o cabelo desalinhado e a barba rebelde. A imagem metia medo. Impunha respeito o futebol fino, forte, firme. Lateral-esquerdo moderníssimo, saía da extrema esquerda para a meia direita para armar a Alemanha e o Bayern de Munique. Mas só no gramado derivava à direita. Em outros campos, era mais extrema esquerda que Heynckes e Bernd Hölzenbein, os pontas do elenco. Breitner era admirador do líder político chinês Mao Tsé-tung. Radical até a trava da chuteira. O que o rebelde e agitado Rainer Fassbinder representava para o cinema alemão da época, Breitner era a imagem na seleção alemã.

Ele foi o mais feliz no Olímpico de Berlim, na vitoriosa estreia na Copa. Não apenas pelo golaço que fez – uma bomba cruzada de pé direito da meia direita, no ângulo do chileno Vallejos, aos 21 minutos. Foi uma bomba sobre a seleção do país do ditador Augusto Pinochet, que bombardeara até a morte o presidente socialista Salvador Allende, no golpe militar de 11 de setembro de 1973. Evento que tirou da Copa de 1974 a União Soviética, que se recusou a disputar a classificação contra o Chile. Para Breitner, era uma questão de honra – e ideologia. Para Schön, alívio e o início do processo de construção e reafirmação não só da equipe, mas da busca de um torcedor ainda desconfiado, apesar do título europeu de 1972. De um país ainda com receio de fazer festa, cantar o hino, empunhar a bandeira, mesmo 30 anos depois do fim da Segunda Guerra.

Apesar de algum pesar e do placar (magro para as dez chances de gol alemãs), os anfitriões se sentiam em casa para se mexerem por todos os cantos do campo. Parecia – pela movimentação contínua – a própria Holanda que encantaria naquela Copa: rotação constante na criação; um lateral

(Breitner) extremamente ofensivo e que corria todo o terreno; um megalíbero (Beckenbauer) que pensava o jogo; outro zagueiro (Schwarzenbeck) que adorava avançar; um armador (Overath) hábil; um meia pela direita (Hoeness) que fazia todo o tipo de serviço; dois pontas ofensivos (Grabowski e Heynckes) que ajudavam a cercar; e, Gerd Müller, cereja no bolo, o goleador que a Holanda não tinha. Um artilheiro que poucos tiveram. Excepcionais 68 gols marcados em 62 jogos pela seleção, de 1966 a 1974.

A marcação era compacta e adiantada. Sem a bola, até o centroavante Müller dava um pé atrás. Isso quando todo o time não estava com todos os corpos atrás da linha intermediária. A Alemanha respeitava qualquer adversário com a humildade dos grandes. Não era covardia tática; apenas um grupo que sabia ser preciso marcar como pequeno para pensar grande. Foi o que fez contra o bom time do Chile, que tinha o artilheiro Caszely perseguido por todos os cantos pelo implacável Vogts, e o atacante Ahumada seguido por Schwarzenbeck. Este foi quase um lateral-direito. Só não precisou apoiar porque, por ali, Grabowski e Hoeness fizeram belo revezamento, repetido por toda a Copa: o ponta foi para o meio, o armador abriu o jogo, confundindo o rival. Na esquerda, Breitner era um bombardeiro que fixou a máquina de guerra à direita, com a retaguarda do volante Bernhard Cullmann. Tipo discreto, que não teve muitos problemas porque o Chile pouco avançou.

Beckenbauer passou a bola do golaço de Breitner. Ele é destaque neste capítulo e na enciclopédia do jogo. Não foi apenas craque. Foi gênio. Criador de um mito inatingível: o zagueiro que armava como meia pela direita e finalizava como atacante. Um Beckenbauer. Safra única.

Por vezes, o "Kaiser" (imperador) exagerava. Buscava o ataque e arrombava a defesa, ainda mais com o avanço de Breitner na mesma hora. Assim nasceu a melhor chance chilena, aos

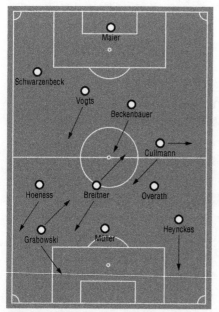

Para a estreia contra o Chile, Beckenbauer e Breitner tiveram toda a liberdade para criar e atacar e acabaram expondo a meta alemã, armada num 4-3-3.

Alemanha de 1974 **117**

26 minutos. Ambos deixaram a zaga nua. As primeiras vaias se ouviram em Berlim quatro minutos depois. Overath estava distante da meta e errava passes que normalmente acertaria (e que poucos chegariam a acertar). Müller saía da área para tentar receber a bola que não chegava.

As vaias ficaram mais fortes aos 10 minutos do segundo tempo. Aos 23, Vogts pegou feio Caszely, mas o revide do chileno foi horroroso – sobrou vermelho para ele. O alemão foi poupado de um amarelo. O torcedor, porém, não poupou o time anfitrião. Com um a mais, Beckenbauer se soltou como meia-direita. Breitner foi ainda mais à frente. Vogts ficou como volante pela esquerda. A Alemanha poderia fazer o que quisesse, porque só Ahumada sobrou no ataque rival. Ainda assim, pouco mais se fez.

No último minuto, o estádio vaiou pesado um erro de passe de Grabowski. No apito final, mais nove segundos de apupos alemães para os donos da casa que não passaram apuros. Nem ganharam segurança. O torcedor de Berlim parecia tão abalado quanto Adolf Hitler nos Jogos Olímpicos de 1936, quando deixou o Olímpico para não ver os pódios e as posses do negro americano Jesse Owens. Outros alemães saíram desapontados, como as figuras desanimadas do pintor renascentista Albrecht Dürer na gravura *Melancolia I*.

Todos os atletas de Schön saíram de cabeça baixa do gramado. Menos Beckenbauer. Deu entrevistas no gramado sorrindo. Parecia saber o que viria pela frente. Até porque sabia mais que todos naquele estádio.

3 a 0 na Austrália

A fama é toda da Holanda. Mas a Alemanha também merece elogios pela versatilidade tática. A escalação era a mesma da estreia. Só que as funções de metade do time eram diferentes: o líbero Beckenbauer avançou menos; Vogts foi lateral pela direita; Schwarzenbeck atuou centralizado; Breitner foi mais um lateral pela esquerda (só apareceu na meia direita aos 8 minutos); Cullmann atuou como volante do 4-3-3 de Schön.

Um time menos móvel. Não menos eficiente contra uma Austrália temível apenas na entrada no gramado de Hamburgo: parecia um bando de estivadores sem folga. Com um físico semelhante a dos animados torcedores da Oceania depois das férias. A disposição anímica alemã também era distinta: duas finalizações foram dadas antes do primeiro minuto. Hoeness só não abriu o placar aos 4 por excesso de solidariedade: era bola para abrir o

118 As melhores seleções estrangeiras de todos os tempos

placar, não para tocar para Müller. Não levou 12 minutos para dar a lógica. Com outro golaço de fora da área. Desta vez, Overath, de canhota, cruzado, da meia esquerda.

Porteira aberta, Vogts se mandou como meia, Schwarzenbeck avançou como atacante, a Alemanha foi à frente como se fosse a Holanda. Müller mandou de peixinho uma bola no travessão, aos 16. Era um time bem treinado em lances de bola parada, com muitas opções de cobrança. Mas era um grupo preparado para as pesadas cobranças de quem estava fora de campo? "Sabíamos que não podíamos errar em nossa Copa. Mas a nossa gente não tolerava nenhuma falha", conta Jürgen Grabowski, ponta-direita do Eintracht Frankfurt.

Um pênalti não foi marcado por Mostafa Kamel (Egito) na falta de Wilson em Müller. O árbitro deu a vantagem, que seria perdida por Hoeness. Três minutos depois, ele se enrolou com a bola na pequena área. O ótimo e incansável meia do Bayern parecia ter medo de concluir. Ou medo da cara feia dos australianos, que não batiam muito. Apenas não tinham técnica – por absoluta falta de cacoete, erravam a bola e acertavam os rivais.

O segundo gol aconteceu aos 34, em lance básico alemão: o meia Hoeness foi como ponta-direita ao fundo e cruzou; o ponta Grabowski fechou como meia e chamou a atenção da desatenta zaga rival; dentro da área, Cullmann subiu sozinho e cabeceou como de costume. Um belo gol. A boa atuação mereceu discretos aplausos no intervalo e sorriso do circunspecto Schön, que tirou da cabeça a tradicional boina quadriculada escocesa ao se dirigir ao vestiário. Dele voltou com Hölzenbein na ponta esquerda, no lugar do discreto Heynckes. Para um segundo tempo menos efusivo alemão: em vez das oito chances dos 45 iniciais, apenas três criadas, contra duas dos australianos.

Um lance bem executado (desde o Bayern) fechou o placar, aos 8 minutos, com a indispensável ajuda da zaga rival: Hoeness bateu fechado o escanteio da esquerda, e uma leve casquinha de cabeça de Müller foi suficiente. Ninguém da Austrália marcou o artilheiro da Copa de 1970. O baixinho goleador fez o primeiro gol em 1974 – do modo como faria praticamente todos os outros 13 anotados em duas Copas. Der Bomber foi o maior artilheiro em Mundiais, até ser superado na mesma Alemanha por Ronaldo, em 2006. Breitner comenta a facilidade de Müller para tornar o jogo mais simples para os companheiros de clube e de seleção:

Alemanha de 1974 **119**

– Sabíamos que Gerd [Müller] marcaria o gol decisivo. Com ele, ficávamos tranquilos. Você não precisa de sistema tático ou de muitas explicações com um artilheiro como ele. Tudo o que o Bayern se tornou na Alemanha e no mundo se deve ao Gerd e seus gols. Se não fosse por ele, ainda estaríamos em nossa velha barraca de madeira.

Os alemães marcavam à frente e firmemente, como se enfrentassem o Brasil de 1970. E com imensa categoria: aos 14, o australiano Curran foi desarmado por Beckenbauer, com um leve toque de classe. Seria o último aplauso ao capitão: aos 33, depois de desarmar novamente o australiano, o Kaiser retardou o reinício de jogo. A torcida de Hamburgo reclamou, pedindo mais agilidade num jogo mais truncado e arrastado que a língua alemã. O capitão meneou a cabeça em desaprovação. Vieram insultos da arquibancada. Beckenbauer devolveu com gestos duros. Pronto: a cada toque na bola, boa parte do estádio vaiava o Kaiser como se estivesse 30 a 0 para os australianos. Ele passou a jogar de mau humor. Mas não pior que o ânimo do torcedor, ainda de bico com a seleção, apesar da classificação encaminhada. A ponto de quase todo o estádio lamentar uma bola que atingiu a trave alemã aos 37 minutos, quando a Austrália quase diminuiu o placar.

Novamente a Alemanha foi vaiada no apito final. Foram quatro segundos de desaprovação. Cobrança menor que na estreia. Mas ainda uma desconfiança grande. Era mais fácil achar um turista apreciando um *eisbein* que um alemão digerindo o futebol da Nationalmannschaft.

0 a 1 para a Alemanha Oriental

Desde 1949, o país havia sido dividido em dois: a Alemanha Ocidental, campeã do mundo em 1954, sede do Mundial de 1974, e a vizinha-irmã Alemanha Oriental, formal membro do bloco socialista soviético. Desde agosto de 1961 havia um muro dividindo Berlim. Separando o mundo ocidental e capitalista do oriental e socialista.

O clássico alemão em Hamburgo foi único na história das Copas. Também pelo resultado final. A anfitriã ocidental perdeu por 1 a 0 para a estreante em Mundiais. Em casa. Ou mais em casa que a irmã rival. Placar que seria ainda mais estranho se não fosse a Alemanha, de estratégias nem sempre claras, quase sempre vencedoras. Em 1954, escalara um time misto na primeira

120 As melhores seleções estrangeiras de todos os tempos

fase para apanhar feio da Hungria (e bater horroroso em Puskas); em 1982, ganharia da prima Áustria por 1 a 0, com o placar justo e o jogo injusto, combinado para classificar as duas seleções e eliminar a ótima equipe da Argélia.

Não há como dizer que a derrota para a seleção oriental em 1974 foi marmelada. Mas, certamente, a segunda colocação no grupo da fase inicial levou a anfitriã para longe da indesejada Holanda, no quadrangular semifinal. A sensação da Copa de 1974 só seria adversária alemã numa hipotética final. A dureza de enfrentar a Laranja Mecânica já na semifinal seria da Alemanha Oriental. Nada mais pragmático. Nada mais germânico. Opina Breitner: "Quando um alemão pratica um esporte, a ideia é somente vencer. Você não fica exibindo suas habilidades técnicas como os sul-americanos. Você vence. E faz de tudo para isso. Usando tudo que o regulamento permite".

Mas, realmente, o time de Schön jogou para perder? Fez de tudo para não jogar nada? Teria jogado feio só para tanto? O gol do bom atacante Sparwasser foi obra do acaso ou uma ação entre amigos? De fato, pouco futebol se viu em Hamburgo. Foi um *zero a zero com gol.*

O meia-esquerda Heinz Flohe entrou na ponta esquerda no lugar de Heynckes. Foi dele a primeira chance de gol. Aos 5, Beckenbauer entrou tabelando com Müller e quase abriu o placar, em lance treinado e executado desde o Bayern. Para uma seleção que iria entregar o jogo, o roteiro estava mal escrito. Aos 9, Grabowski perdeu gol incrível, em boa defesa de Croy. A irmã oriental marcava duro, mas não conseguia atacar. No máximo explorava o contragolpe em bolas longas para os atacantes Sparwasser (seguido por Schwarzenbeck) e Hoffmann (marcado por Vogts).

Se a Alemanha não queria vencer, o árbitro uruguaio Ramón Barreto entrou no jogo. Aos 24, não deu pênalti de Irmscher em Breitner. O lateral passou a se mandar menos à frente. Guardou mais a posição. O que não o impediu de avançar com *timing* excepcional. Quando partia pela ponta, invariavelmente causava estragos aos rivais.

O congestionamento no meio-campo seguiu no segundo tempo. A Alemanha Ocidental criou ainda menos (teve apenas cinco chances de gol em toda a partida, incluindo bola de Müller na trave), e só arriscava em tiros de longe. Tão pouco se viu no campo, que a TV alemã mostrava sempre o ex-titular Netzer, sentado no banco, esperando para dar a criatividade perdida – ou escondida. Aos 19, quando Netzer saiu para se aquecer sob chuva forte, o estádio inteiro aplaudiu. Quando entrou, quatro minutos depois, no lugar do lesionado Overath, logo se veria que Schön tinha razão em deixá-lo fora:

sem ritmo, ainda mais lento, errou os passes que costumava acertar. A implacável torcida alemã começou a se impacientar já no segundo lance errado... Nem reclamou como deveria de mais um pênalti não dado: Flohe pedalou e foi derrubado por Kische. O árbitro uruguaio marcou falta fora da área.

Aos 32, a partida se arrastava como o transporte do navio amazônico de *Fitzcarraldo*, filme do alemão Werner Herzog. Até chegar o castigo dos céus – ou a derrota a ser celebrada: uma rápida saída oriental às costas de Breitner levantou a bola para Sparwasser, que a *dominou* na bochecha (!?), passou no meio de três, e esperou Maier cair para encher a rede, na única chance dos primos visitantes na segunda etapa. No apito final, o zagueiro vencedor Vätzlich deu cambalhota no campo e os de camisa azul se abraçaram como campeões. Parecia mesmo um roteiro do cineasta bávaro Herzog, obcecado por sonhadores utópicos e por gente que lutava contra tudo e todos no próprio quintal. Nem sempre, porém, num ritmo de animar, como fora o jogo que só mareou a vista pela chuva forte na segunda etapa, e pelo fraco futebol o tempo todo.

Os vencidos não foram vaiados como nas duas vitórias anteriores. Parecia que a própria torcida alemã achava ótimo negócio escapar da Holanda na semifinal.

2 A 0 NA IUGOSLÁVIA

Se queria perder para a Alemanha Oriental, Schön não poderia mais ser derrotado no quadrangular semifinal em turno único. Já era goleado pela imprensa, que achava que Beckenbauer também treinava o time. Parecia mesmo haver um comando duplo: Helmut no banco, Franz em campo. Uma harmonia polifônica, com duas vozes se intercalando na construção de uma obra. "Arte da Fuga", do compositor clássico Johann Sebastian Bach, é um belo exemplo desse estilo refinado. Talvez a trilha sonora perfeita para o que acontecia no vestiário alemão.

Para mostrar serviço e, de fato, lustrar a bola opaca da equipe, o treinador (Schön ou Beckenbauer, tanto faz) mudou quatro jogadores: o volante Wimmer foi escalado no lugar de Cullmann (em má fase técnica), para seguir o jovem artilheiro Surjak. Ele se revezaria com Schwarzenbeck no trabalho de zagueiro e volante. No lugar do inesgotável Hoeness, o moto-contínuo Rainer Bonhof, volante do Borussia Mönchengladbach, caçula dos 22 de

Schön. Além do entrosamento de clube com Wimmer, Bonhof tinha a vantagem de ser mais rápido e técnico, com impressionante explosão e chegada na área rival, e uma bomba no pé direito. Ele cobria o lado esquerdo do campo, e dava saída e guarida para o apoio de Breitner.

À frente, mudança nas duas pontas: Hölzenbein entrou aberto pela direita. Destro, rápido, abusado, sabia cair em diagonal, até por muitas vezes jogar como centroavante. Meias arriadas e calção levantado, pernas finas, parecia um boneco. Mas jogava. Na esquerda, Dieter Herzog, 27 anos, estava em casa: ponta do Fortuna Düsseldorf, também foi escalado como um jeito de Schön ganhar a torcida local. A Alemanha precisava reconquistar a arquibancada. Além de melhorar o desempenho ofensivo no setor em que o ponta Heynckes devia bola.

O esquema ainda era o 4-3-3 de 1972. Mas a chegada do armador Overath (revezando-se com Bonhof) era tão constante e eficiente que parecia um abusado 4-2-4. Iluminada pelo sol de Düsseldorf, a equipe se atirou logo ao ataque. Bonhof perdeu gol feito, aos 3 minutos. A marcação era uma sanfona afinada: ora obsessiva e opressiva, ora nem Müller ficava no ataque. Faltava coordenação, porém. Por vezes, Beckenbauer ficava muito afundado próximo à meta, entre os zagueiros, e um buraco na entrada da área não era aproveitado pelo bom (mas pouco objetivo) time iugoslavo.

O ótimo Dzajic foi anulado por Vogts (na bola ou no pau). Overath fazia o que muito bem entendia: ajudava a marcar no meio, e iniciava todos os lances alemães. O verdadeiro meia-armador, o pé que pensa e que passa as bolas num time. Tipo raríssimo hoje. Então, peça rara e cara na máquina alemã.

Pavão misterioso era o árbitro brasileiro Armando Marques. Enorme nome no apito, gigantescos erros no gramado. Aos 12, nada fez quando

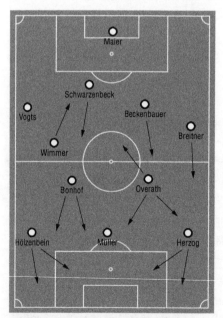

Wimmer e Schwarzenbeck alternaram posições. O meio-campo ganhou com a dinâmica e intensidade de jogo de Bonhof, que supriu a ausência inicial de Hoeness.

Hadziabdic tentou ceifar as pernas de Hölzenbein. Aos 32, depois de chilique de Overath por ter sofrido falta dura de um rival, Armando o puniu com falta disciplinar e inverteu a infração. Amarelo só daria aos 35 para Buljan, que chutou por trás o calcanhar de Herzog. Além das pancadas, os passes começaram a sair errado. Um bisonho Overath pela lateral fez parte do estádio vaiar o time alemão. Filme repetido: seria preciso não apenas vencer a Iugoslávia. Mas a própria torcida.

Quatro ótimas chances tiveram os alemães no primeiro tempo: aos 26, Bonhof cabeceou no travessão a linda cobrança de Overath, que chutara com a parte externa do pé esquerdo. Ele, Beckenbauer e Cruyff adoravam esse tipo raro de batida. Breitner não entrava mais pela meia direita. Apoiava menos. Mas, quando ia ao ataque, era cirúrgico. Na primeira que apareceu pela esquerda, aos 37, recebeu de Herzog, limpou Muzinic, e emendou de fora da área no ângulo direito do goleiro Maric.

O golaço não mudou a postura iugoslava. Mas animou ainda mais a Alemanha para marcar cada vez melhor, e atuar com mais velocidade no contragolpe com a chegada à frente de Bonhof. Muito melhor e mais dinâmico que Cullmann, ele marcava tanto quanto, e fazia com que Beckenbauer (por dentro) e Breitner (pela esquerda) apoiassem menos o ataque. A defesa ficava mais guarnecida.

O segundo tempo comprovou o acerto tático. Com ainda mais raça como resposta à crítica da imprensa e da torcida (até Müller dava carrinho no próprio campo), e mais organização e compactação defensiva, a Alemanha criou mais chances (foram seis), e não concedeu oportunidade alguma. Overath se aproximou de vez do ataque. Müller saiu da área para buscar jogo. Faltou a entrada em diagonal de Hölzenbein, algo que Grabowski fazia melhor. Mesmo com a mudança de lado dos pontas, no segundo tempo, eles não foram tão bem.

Pior foi o árbitro brasileiro: aos 22, Herzog só foi notado porque sofreu um dos maiores pênaltis da história e... o jogo seguiu. Dois minutos depois, Hoeness retornou à equipe no lugar do discreto Wimmer. No primeiro lance, arrancou do meio e levantou o estádio. Técnico e rápido, agilizava o jogo. Antes do gol de praxe de Müller, teve mais um erro usual de Armando Marques, que não deu o segundo pênalti a favor do mandante – Flohe (que acabara de substituir Hölzenbein) virou sanduíche na área.

O gol de Müller foi com a raça e a presença de caderneta: Overath bateu falta (com a bola rolando, seu Armando...) para Hoeness ultrapassar como

Porsche a zaga rival e cruzar para Müller entrar de carrinho e dividir com o ótimo Katalinski. Na sobra, mesmo caído, girou de pé direito e definiu o placar e a vitória com o melhor futebol até então praticado pela Alemanha.

Tão boa partida que foi aplaudida como nunca ao final do jogo. Ou como sempre seria até o final da Copa. Como um bom disco do inovador grupo de música eletrônica *Kraftwerk*, o time de Schön aprendera a ser popular. Sem deixar de ser a estação de força e luz necessária para vencer os rivais. Com engenho e arte.

4 A 2 NA SUÉCIA

Fritz-Walter-Wetter. Em português, "a condição climática de Fritz Walter", capitão da Alemanha campeã em 1954. Aquele time que venceu a Hungria no pasto de Berna. Ficou a lenda (ou o fato) que Walter atuava melhor em gramados enlameados. Imagem que gerou a expressão consagrada no futebol alemão. Campo pesado? Campo para Fritz Walter.

Expressão consagrada também pela emocionante virada sobre a Suécia em Düsseldorf, na segunda partida do quadrangular semifinal. Choveu todo o dia e o jogo todo. Schön só mudou um titular. Ou melhor, voltou com o talentoso Hoeness na armação pela direita no lugar do operário padrão Wimmer. Em 12 minutos, a aposta parecia certa: três grandes chances perdidas contra a boa seleção sueca, a única que conseguira empatar com a Holanda.

O time visitante só chegou numa falta, aos 14, na bomba de Grahn bem defendida por um Maier cada vez melhor. Titular na Copa de 1970, ele crescia como o time no Mundial. Depois de algumas infelizes saídas da meta e de soltar algumas bolas defensáveis, começava a mostrar o grande goleiro que era.

A Alemanha continuava no ataque, e seguia sendo prejudicada pela arbitragem, como raras vezes foi um anfitrião: o soviético Pavel Kazaravov ignorou pênalti na primeira arrancada espetacular de Breitner, aos 17. Os alemães não tiraram o pé: Müller perdeu duas chances seguidas. A torcida jogou junto, como ainda não havia se manifestado em toda a Copa. A Alemanha enfim se sentia em casa. Beckenbauer também. Ele se soltou e buscou o ataque. Schwarzenbeck novamente iniciou a partida como volante, com Bonhof marcando o perigoso Edström e o caça canelas Vogts cercando o ponta-esquerda Sandberg.

O placar só não foi aberto aos 24 minutos porque Müller perdeu gol que não perdia – o ótimo goleiro Hellström fez defesa que costumava realizar.

Alemanha de 1974 *125*

No mesmo minuto, Edström pegou rebote de Schwarzenbeck e emendou um voleio de canhota espetacular. O golaço não abateu os alemães, só que encheu de confiança os suecos, que equilibram a partida. Mas perderam o capitão Bo Larsson, machucado, aos 33 minutos. Em seguida, o árbitro soviético deixou de dar pênalti em Bonhof. O segundo na partida para a Alemanha. O quarto sonegado em dois jogos.

A anfitriã foi para o vestiário com sete chances perdidas contra quatro da Suécia. Nunca criara tanto. Jamais dera tantas chances ao rival. O segundo tempo manteria o excelente nível. A Suécia poderia ter ampliado logo de cara. Beckenbauer respondeu com lindo tiro para grande defesa de Hellström. Incapaz, porém, de evitar o empate alemão, aos 4 minutos. Hoeness correu mais de 60 metros com a bola até rolar para Müller dividir com a raça de praxe e, no rebote, Overath mostrar que o pé direito dele merecia ser mais vezes usado.

Pouco mais de dois minutos e a virada na bomba de Bonhof, de direita, depois de passe de peito de Müller. Hellström ainda espalmou a bola que bateu nas duas traves e entrou. Era uma Alemanha melhor e mais confiante. Mesmo com o gol de Sandberg, aos 8 minutos, depois de um desvio de Schwarzenbeck que matou Vogts e fez a bola cair para a canhota do ótimo atacante.

Para a Alemanha, o empate parecia não ter acontecido. Como na vitória anterior, no segundo tempo, Bonhof voltou a ser volante com liberdade para atacar. Schwarzenbeck ficou na dele, na zaga. Ainda assim saindo vez ou outra para armar por dentro. Os pontas Hölzenbein e Herzog trocaram de lado.

O jogo seguiu equilibrado. Na metade final, Schön fez o que deveria ter feito desde o início: apostado em Grabowski na ponta direita, mantendo Hölzenbein do outro lado. Aos 32, Hoeness armou o lance pela esquerda para Müller, em jogada bem treinada e executada desde o Bayern; o artilheiro brigou com os zagueiros e a bola sobrou para Hölzenbein cortar por dentro; Grabowski estava livre na direita e a bola foi rolada para o tiro que Hellström ainda espalmou, bateu na trave esquerda, e levantou uma cortina d'água na rede de Düsseldorf.

O gol botou fogo no molhado estádio. Os gritos de "Deutschland" eram ouvidos como nunca. O time, mais uma vez, tratou de jogar como sempre se espera de um time alemão. Voando fisicamente, pressionou ainda mais os suecos. Aos 35, Grabowski virou de canhota e mandou na trave esquerda, em grande arrancada de Hoeness (dos melhores do time, juntamente com Bonhof, Müller e Overath).

126 As melhores seleções estrangeiras de todos os tempos

Ainda sobraria um minuto para o árbitro marcar enfim um pênalti para a Alemanha. Müller foi derrubado e Hoeness bateu rasteiro, no canto esquerdo sueco. Alemanha 4 a 2.

Pouco para as 15 chances alemãs, e para as oito suecas. Mas o suficiente para garantir a vantagem de jogar pelo empate contra a ótima Polônia, na virtual semifinal da Copa de1974. Ao final do jogo encharcado, a primeira grande festa dos alemães com sua seleção. Enfim, a unificação de sentimentos. Como se fosse a introdução do coro do último movimento da *Nona Sinfonia* de Beethoven, a que ficou conhecida como "Ode à Alegria", por trazer alguns versos do poema homônimo de Friedrich Schiller:

> *O Freunde, nicht diese Töne!*
> *Sondern lasst uns angenehmere*
> *anstimmen und freudenvollere.*
> *Freude! Freude!*

Traduzindo livremente: "Vamos mudar de tom, amigos! Vamos cantar algo mais prazeroso e mais alegre!". O recado era do campo para a arquibancada. Correspondido pela postura mais agressiva e feliz da equipe de Schön.

1 A 0 NA POLÔNIA

Seis medalhistas de ouro nos Jogos Olímpicos de Munique de 1972 eram titulares da melhor seleção da história da Polônia. Oito seriam do time de prata em 1976. Equipe que, em 1974, vencera Itália e Argentina na primeira fase, goleara o Haiti por 7 a 0, superara Suécia e Iugoslávia no quadrangular semifinal, e ainda venceria o Brasil na disputa pelo terceiro lugar.

Porém, no jogo decisivo que precisava vencer, não deu. A Alemanha jogava pelo empate. Mas entrou para vencer em Frankfurt e merecer a classificação para a final contra a Holanda.

O time que Schön escalou no 1 a 0 contra os poloneses seria o mesmo que viraria o jogo na final contra a Laranja Mecânica. Maier espetacular na meta; Beckenbauer como líbero (mas sem avançar tanto), Vogts marcando o ponta-esquerda Gadocha, Schwarzenbeck etiquetado no centroavante Domarski (substituto do artilheiro Szarmach, machucado), e Breitner tentando conter o artilheiro do Mundial, o ligeiro ponta-direita Lato; Bonhof na cabeça da área, de olho em Deyna, o organizador do 4-2-1-3 polonês. Na meia

Alemanha de 1974 **127**

direita (ou melhor, por todos os lados) atuava Hoeness, e o cada vez melhor Overath carimbava todas as bolas a partir da esquerda; à frente, Grabowski de volta à condição de titular pela ponta direita, entrando bastante em diagonal, e trocando de posição com Hoeness. À esquerda, também entrando em diagonal, Hölzenbein. Por dentro, Gerd Müller, que saía da área e ainda ajudava na marcação.

Um time compenetrado, focado, de muita técnica, admirável aplicação tática, e notável capacidade física. Mesmo esgotado pelos jogos enlameados – como estava o gramado de Frankfurt. Das maiores, entre tantas chuvas daquele verão alemão, estava aquela. Os organizadores passaram máquinas e rodos no gramado para tentar secá-lo antes do jogo, atrasado por mais de meia hora para tentar melhorar a qualidade do espetáculo. O sol até ajudou um pouquinho com a bola rolando (ou tentando rolar). Mas o centro do campo estava comprometido. A partida não foi o que seria.

Impressionante é como a Alemanha conseguiu manter o nível e o pique para a decisão com tamanho desgaste físico. A Holanda teve jogos menos intensos (também por mérito dela) e com menos adversidades climáticas. A Alemanha pegou uma Polônia viva e sem dar espaço. O ótimo zagueiro Zmuda grudou em Müller. Sobrou cancha para Grabowski quase abrir o placar aos 3 minutos. Só não fez porque o goleiro era Tomaszewski, o melhor da Copa, responsável direto pela desclassificação da Inglaterra nas Eliminatórias, em 1973.

Bonhof não apenas marcou o excelente Deyna, mas começou o jogo pela direita. Parecia movido a chucrute. Era um bujão de gás pronto a explodir. A partida era equilibrada até Maier fechar o gol duas vezes num só lance, em tiros à queima-roupa de Gadocha e Lato, depois de falha terrível de Beckenbauer – coisa de craque: quando erra, e feio, alguém o salva.

Se Breitner apoiava menos (de olho em Lato, que não parava quieto na direita), Hoeness corria por todos e jogava como poucos. Mas não melhor que Overath. Marcando como se fosse Vogts, armando como Beckenbauer, finalizando como Müller, desequilibrou, mesmo num gramado pesado para a sua canhota privilegiada.

O jogo não tinha muitas chances pelo campo ruim, pelo respeito mútuo, e pela excelência das zagas. Ainda assim, Deyna quase marcou um golaço, aos 44. Foram apenas três chances de gol no primeiro tempo. Duas da Polônia. A Alemanha ficara no território dela. Especulando e esperando um ótimo rival que não veio.

A segunda etapa começou melhor – o gramado estava *menos pior*. Aos 6 minutos, Breitner e Hölzenbein combinaram lance semelhante ao que empataria a final contra a Holanda: partiram pela esquerda até o ponta ser derrubado pelo zagueiro Gorgon. Hoeness mudou o lado do pênalti que batera contra a Suécia. Do alto de seu 1,92m, Tomaszewski era o mesmo. Foi buscar o chute no canto direito e defendeu. Pela primeira vez em Mundiais, um goleiro defendia dois pênaltis em dois jogos: um do sueco Tapper, outro de Hoeness. *O medo do goleiro diante do pênalti*, filme clássico do cineasta alemão Wim Wenders, de 1971, não era baseado na brilhante carreira de Tomaszewski.

A Polônia, mesmo precisando da vitória, especulava apenas no contragolpe. Hoeness não sofreu com o erro e seguiu jogando bem. Perdeu mais uma boa chance logo depois. Bonhof se mandava e o volante Kasperczak não conseguia marcá-lo.

As chances rarearam pelo esgotamento das equipes. Ainda assim, pelo cansaço, algo poderia acontecer. Ainda mais com craques como Deyna, que só não abriu o placar porque Maier estava iluminado e fez grande defesa. Algo que Tomaszewski não conseguiu, aos 30. Como se fosse o carrossel alemão, o ponta Holzenbein armou como meia, o volante Bonhof entrou como ponta, dividiu na garra com o zagueiro e, na sobra, Müller bateu como sabia, cruzado. Indefensável. Igualando a marca de 13 gols em Copas de Just Fontaine, goleador francês em 1958.

Tomaszewski impediu o segundo gol, aos 32, em chute de Overath. A Polônia enfim foi ao ataque. Era tarde. E havia Maier, que fez monstruosa defesa aos 36, numa bomba indefensável de Domarski. Na cobrança de escanteio, Cmikiewicz só não empatou de cabeça porque os deuses da bola estavam com o futuro campeão. Como quase sempre.

Ao final da blitz polonesa, quatro chances foram perdidas ao todo, contra seis alemãs. A vitória era suada e apertada. Mas justa. A melhor equipe do grupo estava classificada. Para enfrentar a melhor seleção da Copa – a Holanda. Repetindo o que havia acontecido em 1954, a Alemanha enfrentaria a sensação do Mundial.

2 A 1 NA HOLANDA

A decisão começou atrasada porque a organização da Copa simplesmente se esqueceu de colocar as bandeiras de escanteio no estádio Olímpico de

Munique. A Alemanha também pareceu entrar tarde no jogo: o primeiro toque alemão na bola foi aos 1min55s. O anfitrião já perdia por 1 a 0, gol de pênalti de Neeskens. Nenhum alemão tocara na bola na jogada genial de Cruyff, derrubado por Hoeness.

Mas o anfitrião era um time alemão. Historicamente, equipe que se concentra mais que as rivais. Não é raça. Não é garra. Não é superação. Não é tanto clichê. É algo que acaba virando lugar comum pela incomum capacidade alemã. Eles não tentam jogar tudo apenas no final – eles jogam todas como se fosse a final. Os alemães não dão algo mais que os outros nos 40 do segundo tempo dos jogos – iniciam os jogos como se fosse o final deles. Por isso se superam. Por isso reescrevem finais felizes dos rivais. A Alemanha não para. E não parou de querer atacar a Holanda na decisão. Nunca, na Copa de 1974, a Laranja Mecânica foi tão atacada. Jamais os xodós da mídia e do mundo enfrentaram um adversário tão dinâmico taticamente. Tão movediço. Tão rápido. Tão bem preparado fisicamente. Tão *holandês*.

Para a decisão, Schön manteve o time da semifinal. Como se fosse o carrossel holandês, dinâmico e mutável, foi o time alemão: Vogts saiu da lateral e foi atuar de *zagueiro-Cruyff*: perseguidor implacável (muitas vezes desleal) do craque holandês. O árbitro inglês John Taylor, logo aos 3 minutos, ainda mostrou um amarelo ao mastim alemão. Deveria ter mostrado outro aos 30 do segundo tempo. Mas ficou só na ameaça.

Nem a Holanda atacou com todos os jogadores, como fez a Alemanha por toda a Copa. O mesmo Vogts quase fez um golaço, aos 29, depois de escapar de Cruyff, tabelar com Hoeness, e ficar à frente de Jongbloed. Lance que representou o espírito alemão na decisão: eles marcaram como sempre; a Holanda, não.

Rep flanou pelo gramado. Pouco acompanhou Breitner. No que deu no gol de empate alemão, aos 25 minutos. Breitner escapou livre pela esquerda, ao lado de Hölzenbein (não marcado pelo lateral Suurbier); a dupla avançou sem marcação e, no confronto com os zagueiros Rijsbergen e Haan, ganharam na corrida, até o ponta alemão ser derrubado por Jansen, que teve de voltar na cobertura e derrubar o atacante. Breitner bateu o pênalti e empatou. Quando a Alemanha jogava mais. E marcava muito melhor.

Além de Vogts em Cruyff, Schwarzenbeck dava conta de um baleado Rensenbrink pela direita, com Breitner marcando Rep e ainda atacando à esquerda; Beckenbauer sobrava e iniciava o jogo; Overath tudo bolava e abalava a Holanda, em mais uma atuação magistral, fazendo gato e tamanco de

Jansen. Bonhof dava um pé pela direita, tomava conta vez ou outra de Van Hanegem (em atuação pouco inspirada), e ainda saía para o jogo.

Pela direita, a Alemanha crescia. Overath abusava dos lançamentos às costas de Krol para Grabowski. Ou Hoeness. A intensa troca de posições entre eles dificultava a marcação. Neeskens também não se encontrava. Avançou pouco. Quando chegou, Overath e Bonhof não o deixaram ir além da intermediária. A Alemanha sempre pareceu ser mais time na final de Munique. Ou ter mais espírito de equipe.

A Holanda começava a reequilibrar o jogo quando cometeu o pênalti cavado por Hölzenbein – ele confessou que se atirou antes de receber o carrinho de Jansen. Há como discutir. Mas, mesmo se não tivesse deixado a perna, iria ser derrubado. O empate acordou a Holanda. A Alemanha resolveu especular no contragolpe. Toda atrás do círculo central, esperou um rival ausente (deslumbrado?). Aos 32, Rijsbergen tentou articular pela meia esquerda e foi desarmado por Müller, como se o artilheiro alemão fosse um Vogts. No minuto seguinte, Hoeness escapou pela esquerda e quase virou o jogo. Cada vez mais parecia Neeskens. Cada vez Neeskens parecia menos Neeskens, entregue à marcação.

O dique holandês foi furado pela última vez aos 42min46s: Grabowski recuou e atraiu Krol. Jogou no espaço vazio na meia direita para a primeira arrancada de Bonhof, livre de marcação. Passou por Haan, foi ao fundo e tocou para a área. Müller aproveitou o instante de hesitação de Rijsbergen, dominou e fuzilou cruzado, de pé direito. Jongbloed nem foi na bola. Como toda a Holanda, só assistiu à virada fatal. Lavou as mãos que não vestiam luvas. Parecia que não era com ele. A Holanda não parecia mais a Laranja Mecânica. Desbotara.

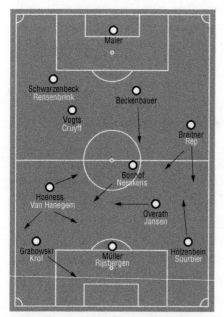

O time que virou com Vogts marcando Cruyff por todo o campo, e Breitner, Bonhof e Hoeness com liberdade para jogar e armar por todo o gramado.

No segundo tempo, Bonhof quase ampliou aos 2 minutos, depois de escanteio de Hoeness. A Holanda er-

A Alemanha conquista a Copa em Munique e reconquista uma torcida ressabiada.

rava tudo que até então acertara. Tentava se mexer, mas a Alemanha marcava demais. Com maior preparo físico. E aquela força mental que parece sugar as energias rivais. Ainda assim, a Holanda foi chegando. Aos 6 minutos, Breitner salvou sobre a linha o empate, depois de mais uma saída errada pelo alto de Maier.

A pressão holandesa era maior pelo recuo excessivo alemão a partir de 10 minutos. Grabowski e Hölzenbein viraram mais laterais que pontas. Chances, mesmo, foram poucas. Uma que Maier salvou com a explosão da bola no peito dele, num sem-pulo de Neeskens. A Alemanha, porém, era letal quando contragolpeava. Aos 28, Hoeness correu o campo todo pela enésima vez, mas não passou a bola do título para Grabowski. A arbitragem ainda sonegaria um gol legal de Müller (Rijsbergen dava condição).

A Holanda não parecia ter forças nos 15 minutos finais. A Alemanha era a de sempre. Aos 43 minutos, Jansen derrubou Hölzenbein. Distante, o árbitro inglês não marcou. Overath reclamou. Mas ninguém poderia chiar com ele. Novamente o melhor em campo. Porque jogou com a técnica admirável de sempre, pensou o jogo como sempre o bolou, e ainda marcou como deve fazer todo craque sem a bola. Foi um craque alemão na acepção. O tra-

132 As melhores seleções estrangeiras de todos os tempos

balho dele gerou ouro. A mais-valia do intelectual alemão Karl Marx. Incalculável diferença impagável pelo que produziu aquele time e aquele craque.

Na festa do título, antes de subir à tribuna, Cruyff cumprimentou Vogts. *Fair-play* que não se viu no gramado. Reconhecimento àquilo que faltou à Holanda na decisão: a capacidade de marcar o rival e ainda jogar. O que teve Vogts. O que teve a Alemanha em mais uma decisão. A Holanda merecia ganhar a Copa. Mas quem mereceu ganhar a final foram os alemães.

Pós-copa

Como aconteceu com muitas seleções campeãs mundiais, a Alemanha de 1974 não passou de um verão chuvoso. Nunca mais os 11 titulares se reuniram. Na primeira partida depois da conquista, a faixa já foi carimbada. A Suíça derrotou por 2 a 1 o time composto por sete campeões, em setembro de 1974.

Breitner não quis mais saber – por ora – de jogar pela Alemanha. Müller e Overath também não. Ainda assim, a base era forte. Tanto que seria vicecampeã da Euro-76, perdida apenas nos pênaltis para a Tchecoslováquia. Sete titulares permaneciam. E aquela impressionante capacidade de fazer gols no final dos jogos, também. Como na decisão de 1966 contra a Inglaterra, como na semifinal de 1970 contra a Itália, Hölzenbein empatou no penúltimo minuto por 2 a 2 a final de 1976. O jogo só acabava quando terminava para a Alemanha de Schön.

Mas a hora chegou para o treinador e para essa grande geração na Copa de 1978. Um empate medíocre com a Polônia no jogo inaugural do Mundial, um 6 a 0 sobre a pior seleção da Copa (o México), e outro empate sem gols com o bom time da Tunísia não convenceram. No quadrangular semifinal, a Itália deveria ter vencido no empate sem gols. O 2 a 2 com a Holanda foi doído. Para fechar com chave de chumbo uma era dourada, uma derrota por 3 a 2 para a Áustria.

Era preciso mudar. Schön foi substituído pelo auxiliar de longa data Jupp Derwall, que montou rapidamente uma ótima seleção, campeã da Eurocopa em 1980 e vice-mundial em 1982. Franz Beckenbauer assumiu em 1984, foi vice da Copa de 1986, e ganhou o tri em 1990, com ótima equipe formada por Matthaus, Klinsmann, Völler e bela companhia. Mas não me-

Franz Beckenbauer ergue a primeira Copa do Mundo como jogador. Ganharia 1990 como treinador

134 As melhores seleções estrangeiras de todos os tempos

lhor que a única equipe campeã da Europa que conquistaria o mundo dois anos depois, como a geração de 1972 e 1974. O time de Schön.

Beckenbauer

Munique, em 11 de setembro de 1945, era uma terra arrasada como tantas paisagens da Alemanha no pós-guerra. A cidade, 28 anos depois, coroaria a recuperação completa do país com a realização e a conquista do Mundial. Com o filho dileto Franz Anton Beckenbauer erguendo a Copa no Estádio Olímpico. Coroando uma carreira que terminaria em 1983, depois de 103 partidas e 14 gols pela Alemanha (de 1965 a 1977); 13 anos (1964 a 1977) de Bayern, três temporadas de Cosmos (1977 a 1980), outras três no Hamburgo (1980 a 1982).

Mais que tudo, ele criou uma função que só ele soube executar. A do líbero na mais pura e completa acepção. O Imperador (*Der Kaiser*) foi o único Beckenbauer dos gramados: o singular zagueiro que sabia defender, armar, pensar e atacar. Exemplo e paradigma. Quando alguém sai da defesa e parte para o ataque é logo comparado a ele. Mas com a devida restrição: "Ele pensa que é Beckenbauer..." E ninguém pensou e jogou como ele no meio e na defesa. Difícil, aliás, alguém atuar com tamanha elegância. A impressão que passava é que não caía. Não se entortava. Não errava.

Quando tombava (jamais trombava), era para fazer história: na celebérrima semifinal da Copa de 1970, contra a Itália, partiu como um Porsche numa Autobahn, ops, como um Beckenbauer, e sofreu falta violenta. Quebrou a clavícula direita, quando a Alemanha ainda perdia por 1 a 0. Schnellinger empatou no último lance e a partida foi para a prorrogação. Franz teve o braço direito colado ao corpo e continuou no jogo. Com a asa quebrada, participou da melhor prorrogação da história, vencida pelos italianos por 4 a 3. Sem o equilíbrio do braço direito preso, e com toda a dor que valia o mundo, ainda jogou demais.

Desde a Copa de 1966 era figurão carimbado. Então, já dirigido por Helmut Schön, era o volante pela direita do 4-4-2 alemão:

os armadores Haller e Held jogavam pelos cantos na segunda linha de quatro; ele e o não menos jovem Overath atuavam por dentro. Foi considerado a maior revelação da Copa. Em 1970, a Alemanha atuava com Schnellinger como líbero, atrás de três zagueiros. Beckenbauer e Overath eram os volantes, com Seeler à frente deles.

Inspirado no lateral-esquerdo da Internazionale e da Itália, Giacinto Facchetti, Beckenbauer resolveu recuar e virar zagueiro depois da Copa no México.

> – Ele marcava bem e atacava ainda melhor quando se projetava à frente, pela lateral. Pensei, então, que, atuando atrás dos zagueiros, saindo para o jogo, eu teria a vantagem em relação ao Facchetti de atacar pelos dois lados. Foi o que fiz.

E muitíssimo bem. Usualmente à direita, Beckenbauer partia com a imensa qualidade técnica, a inteligência tática e a privilegiada capacidade física.

Aos 28 anos, em 1974, corria o suficiente. E ia muito além: não apenas jogava bem. Jogava bonito. Elegante. Tentou que os times que treinou atuassem igual. Se não conseguiu, repetiu o que só Zagallo conseguira pelo Brasil: ser campeão mundial como atleta e treinador. Em 1990, dirigiu a Alemanha campeã na Itália.

Duas vezes melhor jogador da Europa (1972 e 1976), tricampeão europeu pelo Bayern de Munique, presidiu o clube, organizou a Copa de 2006 na Alemanha, foi o segundo jogador da Europa no século XX (segundo enquete do Instituto de História e Estatística do Futebol), e terceiro melhor do mundo. Fã de Fritz Walter, era centroavante quando entrou para a base do Bayern de Munique, em 1959, aos 14 anos. Era para ter sido no rival Munique 1860, clube do coração. Mas um jogo pelo torneio sub-14 acabou em briga e Beckenbauer se atracou com a estrela do Munique 1860. Por conta do episódio, no lugar de atuarem pelo clube querido, Franz e seus colegas do SC Munique 06 decidiram jogar pelo Bayern, mudando o patamar e a história do clube bávaro, então um time de segunda divisão.

O escritor uruguaio Eduardo Galeano definiu a categoria do jovem craque: "Beckenbauer recém começava a carreira e já jogava de cartola, luvas e bengala". Com 22, era capitão do Bayern, que vencera a Recopa europeia, em 1967. Só deixaria o clube (quando

136 As melhores seleções estrangeiras de todos os tempos

também deixou a seleção) em 1977, para ganhar em dólares na liga norte-americana. Voltaria ao Bayern em 1993, depois de dirigir a seleção alemã e o Olympique de Marselha. Primeiro como treinador até 1994, quando assumiu a presidência do clube. Voltaria ao banco em 1996, por dois meses – ganhando mais dois canecos. Em 1998 virou vice-presidente da Bundesliga, entidade que organiza o futebol alemão.

Toda a classe em campo nem sempre bateu com as posições mais duras enquanto cartola, e as alfinetadas do comentarista corneteiro. Durante a Copa de 2002, a desacreditada Alemanha chegou à decisão por inegáveis méritos do goleiro Oliver Khan. Para Beckenbauer, "exceto nosso arqueiro, se colocarmos todos os jogadores da seleção alemã em um saco e começarmos a golpeá-lo, acertaremos alguém que mereça". Em 2004, cotado para assumir uma seleção que decepcionara na Eurocopa, foi sincero: "Se me convidassem para voltar ao banco de reservas, meu primeiro ato seria me jogar pela janela".

Não se jogou. Mas quem jogou mais pela Alemanha em todos os tempos e campos?

Alemanha de 1974 *137*

ALEMANHA 1974

NÚMERO	JOGADOR	CLUBE	IDADE	JOGOS	GOLS
1	Sepp Maier	Bayern de Munique	30	7	0
2	Berti Vogts	Borussia Monchengladbach	27	7	0
3	Paul Breitner	Bayern de Munique	22	7	3
4	Hans-Georg Schwarzenbeck	Bayern de Munique	26	7	0
5	Franz Beckenbauer	Bayern de Munique	28	7	0
6	Horst-Dieter Höttges	Werder Bremen	30	1	0
7	Herbert Wimmer	Borussia Monchengladbach	29	2	0
8	Bernhard Cullmann	Colônia	24	3	1
9	Jürgen Grabowski	Eintracht Frankfurt	29	6	1
10	Günter Netzer	Real Madrid – Espanha	29	1	0
11	Jupp Heynckes	Borussia Monchengladbach	29	2	0
12	Wolfgang Overath	Colônia	30	7	2
13	Gerd Müller	Bayern de Munique	28	7	4
14	Uli Hoeness	Bayern de Munique	22	7	1
15	Heinz Flohe	Colônia	26	3	0
16	Rainer Bonhof	Borussia Monchengladbach	22	4	1
17	Bernd Hölzenbein	Eintracht Frankfurt	28	6	0
18	Dieter Herzog	Fortuna Düsseldorf	27	2	0
19	Jupp Kapellmann	Bayern de Munique	24	–	–
20	Helmut Kremers	Schalke 04	25	–	–
21	Norbert Nigbur	Schalke 04	26	–	–
22	Wolfgang Kleff	Borussia Monchengladbach	27	–	–

Itália
de 1982

Uma seleção que não vencia havia seis jogos antes da primeira vitória na Copa de 1982. Uma esquadra que só voltaria a vencer uma partida um ano depois de ganhar o mundo na Espanha. Uma equipe que só venceu quatro jogos em pouco mais de dois anos: justamente as partidas decisivas do Mundial de 1982. Intenso. Insano. Italiano.

A Itália sediara a Eurocopa em 1980. Empatou três vezes, ganhou só um jogo, marcou apenas dois gols, e foi eliminada precocemente. Também porque perdera pouco antes do torneio dois dos atacantes, suspensos por acusação de manipulação de resultados: o *Totonero*, escândalo que acabou suspendendo 17 jogadores, excluindo definitivamente do esporte outros três, e rebaixando Milan e Lazio para a Série B.

Desgraça pouca é filme mudo para os italianos. Para os *tifosi* (o termo designa o torcedor italiano, e se refere a uma doença na língua de Dante), a Squadra Azzurra era então um bando de mercenários num *calcio* descaracterizado pela reabertura do mercado (fechado entre 1966 e 1980) e dos portões dos vestiários aos craques (e alguns bagres) estrangeiros. Com a importação

142 As melhores seleções estrangeiras de todos os tempos

do pé de obra nem sempre qualificado, o talento nacional perdera espaço para chuteiras de fora.

Não havia renovação. Sobretudo com o "ultrapassado" treinador Enzo Bearzot no comando. Criticado por jogar bonito na Copa de 1978 e voltar "apenas" com o quarto lugar. Não importava ter vencido a anfitriã (e campeã) Argentina, em Buenos Aires. Valia ao sempre corneteiro tifoso espinafrar o time "vistoso, mas não competitivo", que levara dois gols de fora da área da Holanda na semifinal, e outros dois na disputa de terceiro lugar com o Brasil. Quatro golaços. Gols que o capitão Dino Zoff pagaria pela vida:

> – Em 1978, tivemos uma grande Copa – menos eu... Não estava em grande forma física. Ainda sou culpado por ter deixado entrar aquele chute de longe de Haan, o gol da virada, na semifinal... Hoje, chutes como aquele do holandês são gols "maravilhosos". Então, a culpa era só minha. O goleiro era o mordomo dos filmes de suspense.

Muitos quiseram pendurar as luvas de Zoff ainda em 1978. Em 1982, com 40 anos e cinco meses, o craque bandeira da meta e da Juventus era o retrato acabado de um time que muita gente não queria que viajasse para a Espanha. A classificação para o Mundial começara com relativa facilidade: quatro vitórias por 2 a 0 deixaram quase tudo aos pés *azzurri*, no final de 1980. Dez titulares de então seriam titulares no início da Copa de 1982. Só não foram os 11 porque o excelente atacante juventino Roberto Bettega se machucaria antes do Mundial.

Em 1981, os resultados não vieram. A crítica era forte sobre a equipe, e ainda mais sobre Bearzot. "Ele era distante da imprensa, mas muito próximo dos jogadores", explica Marco Tardelli, meia-direita da Juventus, titular nas três Copas dirigidas pelo treinador (de 1978 a 1986). "Isso nos ajudou a superar problemas e cobranças. Ele nos fazia acreditar na equipe."

A confiança do grupo começava na manutenção da base da ótima equipe de 1978. Entre os 22, dez continuavam para a Espanha-82. Sete titulares: além de Zoff e Tardelli, o lateral-direito e zagueiro Claudio Gentile, o líbero Gaetano Scirea, o lateral-esquerdo Antonio Cabrini, o centroavante Paolo Rossi (todos da Juventus), e o meia-esquerda Giancarlo Antognoni. Para o ausente Bettega, a repetição da base foi essencial:

Itália de 1982 *143*

– Em 1978, a Itália tinha nove juventinos e seis do Torino. Aqueles dois blocos formaram um grupo e um time com automatismo natural, que foi mantido com poucas alterações para 1982. Isso ajudou tanto quanto a vontade de mostrar do que ainda era capaz a equipe. Todos que estiveram na Argentina sabiam que poderiam ter voltado com o título de lá. O Mundial da Espanha era a última oportunidade.

Não se perdoava na Itália esse grupo fechado de 1978 ter sido mantido para a Copa de 1982. Para entornar de vez o *minestrone*, no lugar do centroavante Roberto Pruzzo (Roma), artilheiro italiano em 1981-82, Bearzot estendeu a mão a Paolo Rossi, que não atuava havia dois anos por conta do escândalo do Totonero, em 1980. Para Paulo Roberto Falcão, craque brasileiro em 1982, Rei da Roma desde agosto de 1980: "A seleção italiana não foi tão afetada pelo escândalo. Apenas o Rossi, que pegou três anos de suspensão. Mas ele teve a pena reduzida para dois para poder voltar antes da Copa. E depois fez o que fez...".

O nome do jogo

A convocação de Paolo Rossi não só desagradou a gregos e italianos. Até um companheiro de grupo desaprovou: o volante Gabriele Oriali, da Internazionale, disse um mês antes da Copa: "Nossas chances de vencer ficam reduzidas [com ele no ataque]". Bearzot conseguiu virar o jogo e unir o sempre complexo *spogliatoio* (vestiário) *azzurro*. Treinador raro, com enorme capacidade de montar e manter um elenco. Explica Cabrini:

– Um grupo tinha de ser coeso para Bearzot. Antes de trabalhar aspectos técnicos e táticos, ele tomava grande cuidado com o elenco. Dava importância ao relacionamento. Tanto que, em 1978, pouco antes da Copa, escalou o Rossi e eu, e ninguém reclamou. Em 1982, criou um ambiente de união que ajudou a fazer uma grande equipe.

Tardelli é outro que coloca o treinador no pódio:

– Ele não se deixava levar por forças externas. Era um grande comandante porque sempre acreditava em seus homens. No grupo como um todo, e em cada um de nós em particular. Eu, por exemplo, vivia um mau momento antes da Copa de 1978 e, mesmo assim, confiou em mim e, pude fazer um ótimo torneio.

Bearzot era praticamente unanimidade no vestiário. Não nas tribunas de imprensa, nem nas arquibancadas. Como jogador de meio-campo, só uma vez atuou pela Itália (em 1955). Foi capitão do Torino. Quando parou, em 1964, passou três anos aprendendo com o grande treinador Nereo Rocco na equipe grená. Em 1969, assumiu o Prato (Série C) e logo foi trabalhar nas seleções de base italianas. Em 1975, fez dobradinha com Fulvio Bernardini na Squadra Azzurra. Em 1976, iniciou um processo que rejuvenesceu e tornou mais ofensiva a seleção. Em 8 de outubro de 1977, Bernardini deixou a função de comissário técnico, e Bearzot teve controle total. Já com sete dos titulares que fariam bela figura na Copa de 1978.

Se os deuses da bola pudessem escolher, dariam o título da Argentina para a esquadra italiana, e o de 1982, para o maravilhoso Brasil de Telê. Mas a ventura foi *azzurra*. Resume o jornalista André Rocha:

– Poucas vezes as circunstâncias beneficiaram tanto uma seleção como a italiana, na Espanha. Jogadores talentosos, experientes e raçudos, comandados por um estrategista que buscou a mescla da rígida escola do futebol de seu país com um estilo mais vistoso e ofensivo. Um título que se tornou improvável no início da Copa de 82 e até lógico em sua parte final, após o triunfo sobre o Brasil, que transformou a zebra em favorita numa trajetória épica e indecifrável, como um roteiro de Fellini.

Favoritos ao título na Espanha eram outros. O Brasil, que dera show em excursão pela Europa, em 1981. A Alemanha, campeã da Eurocopa-80. A Argentina, que mantivera a base campeã mundial em 1978 e adicionara craques como Maradona e Ramón Díaz. A França, que pintava com ótima geração guiada por Michel Platini. A Inglaterra, que voltava ao primeiro Mundial desde 1970 sob o comando do meia Kevin Keegan. União Soviética e Bélgica prometiam. A anfitriã Espanha era respeitável.

Itália? Ganhara a última Copa havia 44 anos. Ficara atrás da Iugoslávia nas Eliminatórias... Entre dezembro de 1981 e outubro de 1983, a Squadra Azzurra jogou 16 partidas. Ficou sem vencer as primeiras seis (depois de uma vitória sobre Luxemburgo), não ganhou as seis últimas (até bater a Grécia). Venceu apenas quatro jogos em dois anos: os quatro decisivos da Copa de 1982.

Itália de 1982 *145*

A Copa

0 A 0 COM A POLÔNIA

A brisa atlântica de Vigo não torrava como em outras cálidas cidades do verão espanhol. San Pietro já ajudava a Itália desde aquela decepcionante estreia na Copa. Um empate sem gols e sem graça contra a Polônia do excelente meia-atacante Zbigniew Boniek, recém-contratado pela Juventus. Jogo que não fluiu porque a Polônia resolveu esperar a Itália. "Tivemos muita dificuldade na primeira fase, porque os times não nos deram o contragolpe, a nossa melhor arma", justifica o atacante Alessandro Altobelli, que viu todos os jogos da Copa compondo o imutável banco de Bearzot, ao lado de outros colegas de Internazionale (o goleiro Ivano Bordon, o zagueiro Giuseppe Bergomi, e o volante Oriali), e do ponta-ala-direita Franco Causio (Udinese, mas juventino até 1981).

A Itália até criou mais chances de gol que a Polônia (cinco contra uma). Mas pouco jogou. Ao menos concedeu pouco espaço ao rival. Bearzot manteve a base e as ideias de 1978: com a bola, um 4-3-3 com um líbero (Scirea), e o ponta pela direita como *ala tornante*, função tática tipicamente italiana; sem a bola, esse 4-3-3 se transformava num 4-4-2, ou mesmo num fechado 1-4-4-1. Por inegáveis méritos de Scirea (o melhor em campo na estreia) e daquele que foi considerado por Pelé como o maior craque da Copa de 1982: o ponta-direita (*ala tornante*) Bruno Conti. "Ele era talentosíssimo!", afirma Falcão, companheiro de Roma. Para Zico, "O Conti foi o primeiro a jogar pelo lado direito sendo canhoto. Driblava, segurava bem a bola e colocava onde queria nos cruzamentos".

Apesar do mau jogo técnico, taticamente a Itália se movimentou. Conti, mais que todos, e o utilíssimo Graziani, o ponta pela esquerda, que também sabia atuar como centroavante. Ele marcava a saída do lateral-direito rival, e entrava em diagonal para se juntar a Rossi (abrindo o corredor esquerdo para Cabrini), ou mesmo ocupar o lugar dele quando Paolo saía da área. Isso, quando Rossi entrava no jogo: "Depois de dois anos parado, era muito difícil pegar o ritmo da partida e dos companheiros", conformava-se o camisa 20, que ainda faria história na Copa. De notável, Pablito fez uma tabelinha com Graziani aos 20, e uma cabeçada aos 40, depois de belíssimo lance de Conti pela esquerda. E só.

146 As melhores seleções estrangeiras de todos os tempos

Juntava-se aos três da frente italiana o excelente meia Antognoni, que desde os 19 anos (em 1975) atuava pela Itália. Falcão o adorava: "Grande jogador. Boa condução de bola e ótima virada de jogo". Um *regista* (diretor) refinado, veloz, chegava ao ataque pelos dois lados, e batia bem faltas. Uma das qualidades do trabalho de Bearzot: a Itália tinha várias jogadas ensaiadas em lances de bola parada. Quase todas carimbadas por Antognoni.

Em Vigo, a seleção italiana seguia o script imutável e bem treinado e entendido: a saída de jogo sempre com o excepcional líbero Scirea para Antognoni, que procurava Conti para alguma inversão de bola para o lado esquerdo, onde aparecia Cabrini (quando Lato, o incansável artilheiro da Copa de 1974, dava brecha para o lateral italiano) para tentar buscar Rossi ou Graziani no ataque. Jogo sabido e manjado. Que não deu liga na estreia.

A Polônia só jogou algo na segunda etapa, aproveitando o recuo italiano e os lançamentos que não saíram de Antognoni para os pontas. O *stopper* Fulvio Collovati, do Milan (que estava saindo para atuar pela Internazionale), responsável pela marcação do centroavante rival, foi soberano no jogo aéreo e na capacidade de antecipação, suas melhores virtudes.

A primeira chegada italiana no segundo tempo foi aos 18 minutos, com Scirea batendo de longe. O imenso zagueiro fazia a cobertura da linha de zaga, e usualmente saía para o ataque, pelos lados, com engenho, técnica e velocidade. Não era um beque de espera como tantos. Mas um autêntico líbero. "Scirea era o melhor do time. Fantástico. Junto com Baresi e Beckenbauer, os grandes líberos que vi jogar", afirma Zico. "Scirea era espetacular", derrete-se Falcão. "Um craque. Personalidade, liderança e caráter. Incapaz de fazer jogo sujo. A braçadeira era do Zoff, mas o capitão em campo era o Gaetano. Tinha muita visão de jogo. O Baresi aprendeu muito com ele", relembra Júnior.

Com o avanço polonês, a Itália mostrou sua variante tática usual na marcação – o 1-4-4-1: Scirea atrás da linha de quatro zagueiros; o discreto volante Giampiero Marini deslocado para a lateral direita, Collovati e Gentile como zagueiros de área e Cabrini na lateral esquerda; na intermediária, Conti, Tardelli, Antognoni e Graziani faziam a segunda linha de quatro; e apenas Rossi ficava à frente. Ou pior: atrás da linha de bola. Um esquema baseado no antiquado *catenaccio*, com um zagueiro na sobra atrás de outros quatro. Um time trancado como um cadeado. Aquela proposta estratégica bem definida pelo escritor italiano Ignacio Taibo: "O *catenaccio* é a antiliteratura".

Chato esse papo todo de tática? Entendiante como o *calcio* que o italiano quer jogar. Mas é necessário para entendê-lo. "O nosso futebol é prosa, não é poesia", sentencia Giovanni Trapattoni, o mais italiano dos treinadores. Não há como não ser aborrecido para falar de qualquer equipe italiana. Elas são assim. Tudo que o italiano é expansivo, suas esquadras são contraídas. Tudo que na Itália é feito meio que no jeitinho brasileiro em vários campos, dentro do gramado é esquematizado. Metódico. Chato. Peço 1982 perdões, leitor. Mas a culpa não é minha. É deles. Porque, tecnicamente, na média, os italianos são os mais técnicos futebolistas europeus. Mas eles têm a pretensão de serem os mais táticos. Acabam sendo chatos. Aproveitam menos o talento que têm com a bola aos pés.

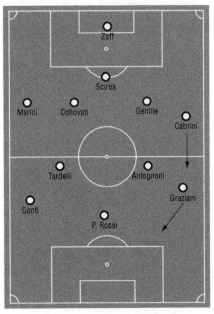

O 1-4-4-1 que Bearzot montava quando pretendia segurar o placar: o líbero Scirea atrás de quatro zagueiros, como no célebre *catenaccio* italiano; Gentile vinha para o centro da zaga.

Em suma, aquela equipe mais tática que técnica era uma Itália bem diferente daquele time abusado de 1978. Ou, quem sabe, honrando a célebre máxima de Tancredi Falconeri, personagem de *Il Gattopardo*, de Giuseppe Tommasi di Lampedusa: "As coisas precisavam mudar para que elas continuassem as mesmas". A Itália mudava para ser mais Itália.

O 1-4-4-1 que Bearzot montava quando pretendia segurar o placar: o líbero Scirea atrás de quatro zagueiros, como no célebre *catenaccio* italiano; Gentile vinha para o centro da zaga.

A Itália ao menos mostrou o preparo físico que faltou em 1978. Jogou bem os primeiros e os últimos 15 minutos. Era um alento. Marcante, mesmo, apenas a centésima partida de Zoff pela Nazionale. Desde 1968, e seria até 1983, ele era uma segurança na meta. Técnico, espetacular, bem colocado. Ainda assim cobrado além da conta desde 1978. Fala Júnior:

148 As melhores seleções estrangeiras de todos os tempos

– O italiano sempre busca um bode expiatório. O azar deles é que o Zoff era um cara de personalidade, não levantou a voz. Recebeu todas as críticas em 1978 pelos jogos finais e as absorveu com categoria. O cara tinha vencido tudo que era possível na Europa com a Juventus, não precisava mais provar nada. Como ele ficou quieto, a imprensa ficou ainda mais revoltada [risos].

Festa para Zoff. Só para ele. Para Giacinto Facchetti, craque bandeira da Internazionale, comentando a pálida partida inicial: "dificilmente vamos repetir a bela campanha de 1978...".

1 A 1 COM O PERU

Um dos problemas da Itália em 1978 foi a falta do *turn-over*, o rodízio de atletas. Bearzot manteve o melhor time da primeira fase do Mundial em todas as partidas. Pouco mexeu. A equipe foi definhando fisicamente e perdeu os dois últimos jogos. Em 1982, a preparação atlética foi outra. Fala Gentile:

– Foi um começo difícil na Espanha porque nós tínhamos sido submetidos a um duro regime de treinamentos. Não estávamos bem. Mas isso foi concebido para que pudéssemos estar no auge na fase final. Depois percebemos o acerto.

A experiência de Zoff enxergava mais coisas:

– A Itália costuma começar devagar em grandes torneios... Deve ser porque somos muito pressionados por todos e ficamos com receio de não ir além. Havia muita tensão na primeira fase, maior até que em 1978. Foi tão intensa a pressão que o time foi incapaz de se expressar livremente no início.

Sempre foi assim. É célebre o *striscione* (faixa de torcida) estendido no estádio Giuseppe Meazza durante uma crise da Internazionale: "Não sei mais como insultá-los", dizia o torcedor para o time, treinador e dirigentes. Era o clima na Itália antes do segundo jogo. É quase sempre assim. Na derrota, nenhum time é pior que o italiano. Na vitória, nenhum outro é superior. O estadista inglês Winston Churchill, com a língua ferina que o diabo lhe deu, definiu a questão com algum exagero tipicamente italiano: "Os italianos entendem as partidas de futebol como se fossem guerras e as guerras como se fossem partidas de futebol".

A equipe seguiu pesada contra o leve, porém pouco objetivo, Peru, do treinador brasileiro Tim. Não foi uma boa partida. Nem tanto por orientação tática. Mas por mais uma jornada técnica infeliz. O Peru respeitou demais a Itália. Num jogo tão lento e arrastado que Bearzot pôde ser mostrado várias vezes pela TV fumando o folclórico cachimbo. Era o apelido dele: senhor cachimbo – Il Signor Pipa.

A saída pela esquerda não fluiu, porque o bom ponta peruano Barbadillo travou o apoio do ofensivo lateral italiano Cabrini. Para Falcão, "ele foi dos melhores laterais que vi jogar". Júnior, craque do ofício, chancela: "Cabrini era excepcional na marcação e no apoio. Especialmente nos cruzamentos e no *timing* para aparecer na hora certa na frente". Assim a Itália abriu o placar, aos 19 minutos, quando Antognoni recebeu do lateral juventino e serviu por dentro Conti, que deu o drible característico de chaleira por trás, e enfiou a bota direita (a menos ótima) no ângulo esquerdo de Quiroga.

Pablito Rossi? Uma dividida com o goleiro peruano aos 39... E um segundo tempo no banco. Causio entrou para atuar pela direita, como o *ala tornante* que era (um ponta com a bola, o quarto homem do meio-campo sem ela). Graziani deixou de ser o *seconda punta* pela esquerda para jogar à frente, como *centravanti*. A Itália recuou demais, apostando apenas no contagolpe, o *contropiede*, liturgia básica do futebol italiano.

O Peru não conseguia chegar. Aos 22, o empate poderia ter acontecido se o árbitro tivesse marcado o pênalti de Gentile em Leguía, que acabara de entrar. Bearzot entrincheirou seu time no 1-4-4-1 (ou 5-4-1) até ser castigado por uma das tantas faltas cometidas: aos 39, a bola foi rolada para o zagueiro Díaz, que chutou da entrada da área; o desvio em Collovati deixou Zoff sentado no chão, vendo a bola do empate entrar mansa no meio da meta. Depois de seis chances criadas pelos peruanos (uma delas inacreditável, desperdiçada por La Rosa), o gol mais que justo. A Itália só tivera dois lances no primeiro tempo. E só especulara num segundo tempo fraco.

O empate estava bom demais. Zoff fazia cera no fim do jogo. Apenas Scirea não parecia satisfeito. No último lance, escapou e fez bela combinação com Cabrini. Já que o ataque mais parecia a primeira linha defensiva italiana, a última linha de zaga atacava como se fosse a única arma italiana.

Um empate melancólico. Sofrido e sofrível.

150 As melhores seleções estrangeiras de todos os tempos

1 a 1 com Camarões

A manchete da *Gazzetta dello Sport* do dia do jogo decisivo da primeira fase era o humor da torcida italiana e a birra da imprensa com o insistente treinador, que mantinha a filosofia, o espírito, o time e até o banco: "Bearzot não se divorcia de Rossi". Ele queria que o centroavante ganhasse na marra e na turra o ritmo perdido em dois anos parado. Era o sinal para todo o elenco: o treinador estava com eles. Que todos jogassem por todos.

Machucado, o volante Marini foi substituído por Oriali, colega de Internazionale. Lateral de origem, volante moderno de boa capacidade física, inteligência tática, e pés educados. Melhor para enfrentar a boa seleção de Camarões, de jogo fluido, técnica apreciável, e muita força. Mas vá entender o porquê de os africanos terem se atirado pouco ao ataque... Saíram felicíssimos do gramado de Vigo com o empate que os eliminou e classificou a Itália. Os conspiratórios de praxe falaram em suborno.

A Itália fez sua melhor exibição na primeira fase. Ou a menos pior. Para se classificar em primeiro lugar, e se livrar da sensação da Copa (o Brasil), precisaria fazer mais de quatro gols (na véspera, a Polônia goleara o Peru por 5 a 1). Antognoni guiou a equipe, que teve nove chances de gol contra apenas duas de Camarões. A Itália buscou mais o ataque. Mas não encontrou novamente seu atacante. Faltava jogo a Rossi. Pareciam faltar-lhe pernas desde o início.

Faltou tudo a Bruno Conti, o melhor italiano em Vigo, aos 11 minutos: recebeu falta batida com maestria por Antognoni na frente do ótimo goleiro N'Kono; teve tempo de dominar, preparar para a canhota, e mandar longe da meta africana. Ainda haveria bola no travessão de Collovati e rebote perdido por um não menos Rossi, que, com oito minutos, fora vaiado ao pisar na bola. Camarões só chegaria à meta de Zoff num tiro longo do bom volante Kunde, aos 41 minutos.

A Itália voltou menos ofensiva no segundo tempo, mas continuou com a bola aos pés. Foi premiada com o gol, aos 16: Rossi fez pela esquerda sua primeira boa jogada na Copa e botou na cabeça de Graziani. Alívio italiano que durou 1 minuto e 15 segundos; Roger Milla tocou por sobre a zaga, Aoudou ajeitou de cabeça a M'Bida que se antecipou a Zoff e empatou o jogo.

Camarões não mudou e ficou atrás. A Itália continuou melhor e mais incisiva. Rossi foi atuar à esquerda, com Graziani avançado como centroavante, no usual 1-4-4-1 armado no segundo tempo por Bearzot. Mas a bola seguiu maltratando Rossi.

Ao final, Camarões foi aplaudido por sair invicto da Copa. A Itália, ao menos, não saiu vaiada. Porém, entraria na história como a primeira campeã a não ter vencido os primeiros três jogos de uma Copa. "Mas é um time bem organizado e que vai crescer na segunda fase", profetizou Zezé Moreira, treinador brasileiro na Copa de 1954.

Silenzio stampa

O sol da tórrida Barcelona, palco do triangular das quartas de final, ajudou a mudar o astral italiano. As sacadas dos quartos do ótimo hotel da concentração davam para uma linda vista da capital catalã. Numa delas foram vistos sem camisa os companheiros de quarto e de longa amizade: Paolo e Antonio. Rossi e Cabrini.

A discussão passou a ser não mais a respeito do jogo pobre da equipe, da falta de ritmo do artilheiro. A opinião pública (publicada?) italiana começou a discutir a opção sexual do atacante e do lateral. Como se cada mesa-redonda fosse apresentada por Sônia Abrão. "O que fizeram com os dois não se faz. E não era só isso. Também diziam que bebíamos, que alguns se drogavam. Precisávamos fazer algo", disse Bruno Conti. Zoff estava incomodado:

– Toda entrevista era um tribunal. Em vez de falarmos do nosso futebol – que de fato não era bom – precisávamos nos defender de tudo. Então nos reunimos e decidimos que deveríamos nos concentrar em melhorar e esquecer a imprensa e a torcida.

Tardelli vai além e expõe o explícito racha geográfico social:

– Bearzot era culto, refinado, com excepcional carisma e caráter. Mas não sabia lidar com a imprensa. Todos sofremos com isso. Para piorar, na Itália, os jornalistas do norte só se preocupam com os jogadores da região; os do sul só se preocupam com os do sul, os da região central só com os da casa. Em 1982, se excederam ao invadir questões privadas. Criticaram até o fato de algumas esposas terem visitado seus maridos na concentração. Não havia mais diálogo possível com a imprensa.

Criou-se o fato e a expressão: *Silenzio stampa. Media black-out*. Bico fechado com a imprensa. A Squadra Azzurra responderia pela bola, não pela boca. Apenas o capitão Zoff conversaria o "extremamente necessário".

Bearzot adorou: ele sempre fechou com o elenco, e sempre se fechou ainda mais para a imprensa. Disse que a decisão de não dar mais entrevistas "foi dos atletas, que eles eram os responsáveis"... Era tudo que queria: pôde mostrar mais uma vez o apreço pelo grupo, que se tornava ainda mais coeso e solidário, pôde reiterar sua confiança na formação usada, e não precisava explicar o, até certo ponto, injustificável mau jogo de um time que tinha como e com quem atuar melhor.

Para o pensador e político italiano Antonio Gramsci, o "futebol é o reino da liberdade exercido ao ar livre". Morto em 1937, certamente não se contentaria décadas depois com o silêncio dos operários da bola, e com o futebol calado, preso e asfixiado da Squadra Azzurra na primeira fase de 1982. Mas Gianfranco Zola, meia-atacante italiano nos anos 1990, não deixa de ter razão na crítica aos críticos. Ainda mais aos que realmente abusaram naquela Copa: "Na televisão italiana não se vê futebol no domingo à noite. Vemos apenas a autópsia do futebol".

Mas haveria um outro jogo, ainda mais complicado, no estádio Sarriá, do Espanyol. A Itália estrearia no triangular da segunda fase contra a campeã mundial de 1978. A campeã do mundo de 1982, enfim, entraria em campo.

2 A 1 NA ARGENTINA

Para o historiador italiano Cesare Cantù, "não arriscar nada é arriscar tudo". O conceito de futebol de Bearzot seguia em parte o mesmo mote. Era mais ofensivo que a média dos treinadores italianos. Ele gostava de dois pontas, um centroavante, e um meia criativo (um *playmaker*, um *regista*). Todos com livre arbítrio em campo: "Escolho meus jogadores e os deixo jogar o jogo, sem tentar impor planos táticos. Você não pode dizer para um craque como ele deve atuar. Alguém como Maradona deve estar livre para poder se expressar".

Desde que, claro, você não o enfrente. Se Bearzot liberava seus craques, prendia os rivais num calabouço. Era o que pretendia fazer contra Maradona e Zico, com modos pouco gentis. Com o método Gentile.

Era a primeira Copa com 24 seleções. A única vez em que o sistema de disputa com triangulares foi usado: as duas melhores equipes de cada um dos seis grupos estavam classificadas para a segunda fase. A Argentina perdera no jogo inaugural da Copa para a boa Bélgica por 1 a 0. Vencera a Hungria por 4 a 1, e só fizera 2 a 0 no desenganado El Salvador. Terminara na segunda posição. Caíra no indefectível grupo da morte. Buh! Enfrentaria outra segunda colocada - Itália. Quem perdesse teria de jogar contra o Brasil na partida seguinte.

No papel, a Argentina era ótima. Melhor que no título de 1978. Tinha o mesmo excelente treinador (César Menotti), todo o sistema defensivo, os dois ótimos volantes (Gallego e Ardiles), o craque da Copa passada (Kempes), o ótimo ponta-direita Bertoni, e dois moleques melhores que os titulares de 1978: o centroavante Ramón Díaz e Diego Armando Maradona.

Em campo, porém, foi um papelão. Também pela melhora acentuada da Itália. Taticamente, era necessário marcar Maradona à italiana. Seria Tardelli. Mas ele já tinha cartão amarelo... Bearzot preferiu deslocar o lateral-direito Gentile para a tarefa inglória. E pesada. E porrada! Na primeira fase da Copa, atuando apenas como lateral e, por vezes, no centro da zaga, até que Gentile não honrou a fama de mau, nem desonrou o sobrenome: em três partidas, cometeu oito faltas (duas muito feias), outras três fez e o árbitro não marcou (inclusive um pênalti), e sofreu duas faltas. Nada de outro (sub)mundo.

Contra Maradona, porém, o buraco foi mais embaixo. Em cima. Em quase todos os lugares. A primeira falta de Gentile sobre Diego até demorou: aos 28 minutos. O cartão amarelo só sairia aos 43. Foram cinco faltas sancionadas. Mais duas que deveriam ter sido anotadas. Feia, mesmo, só uma (além da primeira sofrida por Maradona, numa entrada duríssima de Antognoni). Gentile também foi derrubado uma vez por Maradona. Sofreu mais uma falta (duríssima) não marcada pelo experiente árbitro israelense Abraham Klein. Maradona nem se queixa tanto do marcador italiano: "Não foi culpa de Gentile; a culpa é dos árbitros, que não deixam

A marcação individual em Maradona mudou toda a forma italiana de marcar o adversário. Cabrini mostrou versatilidade ao sair menos para o ataque e ainda marcou um golaço.

jogar quem sabe". A versão do zagueiro: "Não poderia deixar o Maradona livre. Sabia que acabaria tomando um cartão. O importante era não cometer faltas duras".

Oriali (mantido na equipe no lugar do recuperado volante Marini) atuaria mais à esquerda, para conter o excelente Ardiles, que iniciava o jogo argentino; Tardelli se sacrificaria para seguir Kempes pelo campo. Collovati marcaria o centroavante Díaz; Cabrini ficaria com o ponta-direita Bertoni. Porém, os atacantes argentinos trocaram de funções e confundiram o sistema italiano até Bearzot definir, antes dos 15 minutos, que eles marcariam por setor. Só Maradona teria a sombra ininterrupta de Gentile.

Marcação individual em Maradona mudou toda a forma italiana de marcar o adversário. Cabrini mostrou versatilidade ao sair menos ao ataque – e ainda marcou um golaço.

O primeiro tempo foi mais marcado que jogado. Os argentinos buscaram mais e melhor o ataque. Eram assim os times de Menotti, marcando à frente, e abusando da linha de impedimento avançada. A Itália estava mais italiana, atrás, especulando e esperando o momento do bote, do contragolpe, do letal *contropiede*. Jogo para explorar as costas do lateral-esquerdo Tarantini, com o avanço de Conti.

Partida brusca que a arbitragem não coibiu. Levou mais amarelo quem reclamou do que aquele que bateu: aos 14, Tarantini entrou com as duas solas em Tardelli, e o cartão saiu para Rossi, que reclamou da falta. Um minuto depois, Cabrini quase arrancou as pernas de Bertoni, e também passou em branco. Aos 16, Pablito continuou um lance parado e fez um gol, bem anulado por impedimento, e o árbitro só conversou com ele. Pelas regras de hoje, teria recebido o segundo amarelo. Estaria fora da partida contra o Brasil...

Tardelli e Antognoni marcavam e ainda jogavam. Aos 34, ainda era possível dizer que a marcação de Gentile era boa e leal. Até que o italiano agarrou a camisa de Diego, acertou o rosto dele, e o juiz israelense marcou o contrário. Diego chiou e recebeu o amarelo antes de seu fiel marcador ser punido. Scirea também merecia um cartão aos 38, depois de Maradona ter dado um rolinho espetacular em Gentile. Não é preciso dizer que o único amarelo mostrado no lance foi para Ardiles, que reclamou pela ausência de punição ao líbero rival.

No segundo tempo, com menos de dois minutos, a Itália chegou duas vezes. Resolveu jogar, não apenas marcar e esperar uma Argentina que não vinha. Passou a arriscar mais os chutes. E se aproveitou da linha de impedimento mal feita pelo zagueiro Galvan: num belo contragolpe, aos 10, Rossi, Conti, Tardelli trocaram passes até Antognoni encontrar Tardelli livre pela meia esquerda: Ardiles estava lá na frente. Olguín também, Kempes não marcava ninguém, e quatro italianos acompanhavam o autor do primeiro gol. Golaço. De um time que sabia atacar. Era só querer.

Menotti fez as duas mexidas possíveis e atirou a Argentina ao ataque. Teve duas chances. Mas a Itália tinha um Zoff que valia em dobro. O excelente zagueiro Passarella usaria a excepcional impulsão para mandar a bola no travessão, aos 21 minutos. O recuo excessivo italiano não foi castigado. Ao contrário: um minuto depois, no auge da pressão rival, Rossi passou por Galvan e não ampliou porque o goleiro Fillol fechou o ângulo como sempre (como raros). Na sobra, Conti limpou o lance e rolou para Cabrini bater de primeira. Só Fillol parecia estar na área argentina. Mas toda a Itália parecia atacar com os *azzurri*. Ou melhor: contra-atacar.

A Argentina murchou. Gentile cometeu apenas uma falta no segundo tempo, e fez dois desarmes irrepreensíveis em Diego. A Itália se fechou ainda mais. Bearzot colocou Altobelli no lugar de Rossi, que saiu vaiado por parte da torcida. Dois minutos depois, aos 37, enquanto Zoff formava mais uma barreira, Passarella bateu rápido a falta e diminuiu. Na saída de jogo, Gallego agrediu Tardelli, foi expulso e acabou com a Argentina. Ela só se salvou de outro gol no fim com mais uma grande defesa de Fillol, em tentativa de Conti de encobri-lo. Era a oitava chance italiana de gol, contra seis argentinas. Foi a vitória justa. "Mas aquela Itália de 1978 era melhor que esta que, de novo, nos derrotou", opinou o ponta argentino Bertoni, ainda no vestiário.

Ele acreditava em queda italiana no terceiro jogo do grupo, contra o Brasil – o maior favorito ao título de 1982. Bertoni e o mundo apostavam no time de Telê.

3 A 2 NO BRASIL

Para o jornalista João Saldanha, "o Brasil não errou por não ter ganho a Copa; errou por ganhar antes". Para Tardelli, "se nós jogássemos 20 vezes contra o Brasil, perderíamos 19. Menos naquele dia". Menos em 5 de julho de 1982, no estádio Sarriá.

O cineasta João Moreira Salles entende que "é indigno de consideração o torcedor que não achou, pelo menos durante uma tarde, que a vida não valia a pena depois da derrota do Brasil para a Itália". A seleção que fecha a trilogia iniciada pela Hungria de 1954 e seguida pela Holanda de 1974: as melhores perdedoras da história. Se os alemães têm as impressões digitais daqueles *futebolicídios*, os (de)méritos em 1982 são dos italianos. Eles acabaram com um time assim definido - na véspera - por Telê Santana: "Temos um toque de bola e deslocamentos que desnorteiam os adversários, como a Holanda de 74. Mas temos o que eles não tinham: a malícia, o toque perfeito e a criatividade". Bearzot concordava: "Parece mesmo a Holanda de 1974, com todos os jogadores trabalhando para o conjunto, sem um destaque individual".

Mas faltou algo em Sarriá. "Faltou equilíbrio ao Brasil. Faltou ser forte na defesa, como foi arrasador no ataque. O time ideal tem de ser equilibrado. A seleção deu belas exibições. De que adiantou?", perguntou Carlos Alberto Parreira, um ano depois, bem antes de ser tetracampeão mundial pelo Brasil em 1994. Um tetra que foi o auge da praga pragmática que entrevou a bola planetária por anos. A derrota brasileira no Sarriá (não necessariamente a vitória italiana) criou o simplismo rasteiro e tacanho de que é "melhor jogar feio e ganhar que jogar bonito e perder". Como se não tivesse existido o Brasil de 1970, lindo e vencedor.

O time de Telê dera show na partida anterior e eliminara a Argentina, vencendo por 3 a 1. Para Bearzot, a seleção canarinho era "a equipe favorita ao título". Pelo saldo de gols, atuava pelo empate contra a Itália.

A histórica seleção brasileira começara o clássico como de praxe em 1982. Tocando a bola com beleza e objetivo, pressionando o rival com a chegada constante de todo o time no ataque. Fora o zagueiro Oscar, todos passavam e se colocavam à frente da bola, com técnica e movimentação comparáveis (se não superiores) à Laranja Mecânica de 1974.

Mas havia "uma arma Rossi para matar 120 milhões de canarinhos", na piada de humor *azurro* que virou clássica. Tudo que dera em nada para Paolo na Copa mudou aos 4min46s, em Barcelona. Conti limpou lindo dois brasileiros pela direita e inverteu a bola para a esquerda, onde quase sempre apareceu livre Cabrini. O Brasil jogava demais e marcava direitinho. Menos no lado direito, onde havia um rodízio entre Sócrates, Falcão e Cerezo na contenção ao rival. Rotação que não funcionou quando Cabrini avançou livre e cruzou no segundo pau, às costas de Luisinho e Júnior para a entrada na pequena área de Rossi - até então, notado apenas por um belo chapéu que levara de Falcão.

Um a zero Itália. O Brasil não pareceu sentir o gol. Nem Zico, que era dúvida antes do jogo por contusão. Aos 10 minutos, só não empatou porque Serginho Chulapa (impedido) chutou uma bola que não era para o pé fraco dele, o direito, e era toda do Galinho de Quintino. Como foi a jogada do golaço de empate brasileiro, aos 11min50s. Zico driblou brilhantemente Gentile e enfiou para Sócrates ultrapassar Scirea e deixar Zoff sentado no gramado.

Um minuto depois, Gentile recebeu o amarelo por solada dupla no calcanhar de Zico. Havia alguma dúvida de qual seria a função do zagueiro italiano no Sarriá? Fala Gentile:

> – Bearzot foi esperto. Eu tinha acabado de ter aquela batalha contra Maradona. Ele não quis me colocar sob pressão. Só me passou que marcaria Éder, ali pela lateral direita, minha posição original. Mas, cinco minutos antes do jogo, me disse "Olha, mudei de ideia: marque Zico." Não tive tempo de nada. Foi ótimo. Ele até era mais completo que Maradona, porque conseguia fazer com que o time jogasse junto com ele. Mas foi mais difícil marcar o Maradona. Era mais rápido.

Zico também apanhou. Menos que Maradona. Sofreu três faltas até os 30 minutos. Só uma feia. Outras duas faltas cometidas por Gentile não foram marcadas. Ao todo, o italiano cometeu quatro infrações. Para Zico, "Gentile tinha de ter sido expulso contra o Maradona. Comigo ele levou o amarelo logo no início e não bateu tanto". Júnior explica os modos sem modos do batedor italiano: "O Gentile jogava muito mais sujo do que batendo. Segurava a camisa, puxava calção, pisava no pé, não deixava você sair dele. Batendo mesmo aquele maluco era mais devagar, não entrava para quebrar". Era o típico marcador italiano. Aquele bem definido por

Oriali atuou na lateral direita, Gentile colou em Zico e Antognoni teve dificuldades para marcar pelo setor esquerdo; Rossi ficou mais enfiado. O que acabou facilitando.

158 As melhores seleções estrangeiras de todos os tempos

Pelé: "Quando um zagueiro da Itália marca homem a homem, ele está tão próximo do adversário que parece estar casado com ele".

O Brasil parecia o mesmo depois do empate. Dava a impressão de saber mais que os rivais. Inclusive a hora do gol. Para Bearzot, foi nesse momento que pressentiu a vitória italiana: "Senti que poderíamos vencer no 1 a 1, quando, talvez por presunção, o Brasil decidiu forçar a vitória, sem mudar de marcha, sem o mínimo de cautela, deixando espaços para nós". Será? O Brasil tinha a bola, mas não era irresponsável na marcação. Por vezes, só Serginho ficava na frente. Aos 15, Júnior e Sócrates cercaram Conti na lateral esquerda. Era um time aberto?

O Brasil era senhor do campo cálido pelo calor quase insuportável de Barcelona. Mas com o devido respeito ao time italiano. Conta Zico:

– Tinham uma ótima base da Juventus e grandes jogadores. Sabíamos da força deles. Ainda mais depois que venceram a Argentina. Só que erramos mais do que o habitual naquele dia. E eles sabiam como explorar os erros dos rivais.

Falcão concorda:

– Eu jogava havia dois anos na Roma. Via muita qualidade naquele elenco. Uma seleção com Zoff, Scirea, Cabrini, Tardelli, Antognoni e Conti não era zebra. Eles não vinham bem na Copa até a vitória contra a Argentina. Mas eu sabia que o jogo contra eles seria complicado.

Júnior tinha a mesma tese:

– Eles se classificaram no fio da navalha. Mas mudou tudo contra a Argentina. Nos contra-ataques fizeram uma partida quase perfeita. O time era muito bom tanto técnica quanto taticamente. Nós fomos ao Sarriá ver a partida contra os argentinos e sentimos que havia algo diferente. Saímos do estádio falando: "Pô, a gente vai pegar esses caras depois, vai ser dureza!". Dizer que a seleção italiana não jogava nada era uma forma de criticar o nosso time. Fechar os olhos para a qualidade dos jogadores deles é de uma ignorância futebolística absoluta.

Falcão comenta a nova-velha postura tática italiana:

Itália de 1982 *159*

– Eles se fecharam mais para explorar o contragolpe. Atuaram numa espécie de 4-5-1 sem a bola, com o Conti e o Graziani voltando pelos lados para ajudar, o Gentile como volante marcando o craque do adversário, e o Oriali na lateral direita.

Era o princípio da zona mista de Bearzot. Zico explica:

– A marcação italiana não foi homem a homem agressiva, no campo todo. Era o zagueiro Collovati no Serginho e o Gentile saindo da lateral para o meio para marcar o criador adversário, fosse eu ou o Maradona. O Oriali marcava o setor na direita e não individualmente o Éder. A marcação foi por zona também no Cerezo, Falcão e Sócrates. Individual, só em mim. Como deu certo contra o Maradona, eles repetiram contra a gente.

Oriali atuou na lateral direita, Gentile colou em Zico, e Antognoni teve dificuldades para marcar pelo setor esquerdo; Rossi ficou mais enfiado. O que acabou facilitando.

Tardelli seguia Cerezo ou Falcão, quem pintasse pela direita do meio-campo italiano. Antognoni fazia o mesmo à esquerda, marcando (pior) por zona. Não era a dele. Conti não dava mole para Júnior. Graziani seguia Leandro pela direita brasileira. Só Rossi ficava mais à frente, mais enfiado que em outros jogos. Analisa o jornalista André Rocha:

– A ofensividade de Brasil e Argentina foi benéfica para a Itália. Bearzot encaixou a equipe nas variações do 4-5-1 e o time rendeu mais. Contra os *hermanos*, o recuo dos atacantes italianos, acompanhando os zagueiros que avançavam, abriu espaços para quem aparecia de trás. Assim saíram os gols de Tardelli e Cabrini. Contra o Brasil, a preocupação de Conti e Graziani com os laterais brasileiros permitiu a Rossi jogar mais perto da zona de tiro, como em nenhum outro jogo.

Aos 24min38s, Pablito voltava para a intermediária quando Cerezo virou sem olhar a bola para a entrada da área brasileira. O zagueiro Luisinho já havia se mandado para o ataque; entre Falcão e Júnior apareceu Rossi. Roubou a bola, tocou à frente, e de fora da área, pé direito, bateu seco. O segundo gol italiano na segunda jogada de Rossi. Um gol de cabeça e outro

Um segundo antes de tudo mudar: Paolo Rossi marca o primeiro dele na Copa e o primeiro do jogo que terminou Itália 3 a 2 Brasil.

de fora da área. Algo incomum na carreira de Rossi. O ponto de partida para a virada dele e da Itália:

– Nos primeiros jogos, mais que um despreparo físico e técnico, me faltava confiança. Algo que Bearzot e meus companheiros me deram sempre. O primeiro gol foi tudo para mim. Foi um recomeço depois de dois anos parado.

O Brasil sentiu. A Itália cresceu. O jogo estava mais equilibrado até Collovati sair machucado e chorando, aos 35. Entrou Giuseppe Bergomi, lateral e zagueiro da Internazionale de apenas 19 anos. Ele deveria seguir Chulapa, que não era o que sempre fora pelo São Paulo e viria a ser no Santos. O time de Telê seguia querendo jogo, e se movimentando como um carrossel amarelo. Leandro apareceu na ponta esquerda aos 39, Cerezo avançava pelos dois lados, Sócrates foi jogar pela esquerda. O Brasil se mexia. Mas a Itália não se movia defensivamente.

Os excepcionais laterais Leandro e Júnior não eram os de sempre e os do melhor Flamengo de todos os tempos (para não escrever o melhor time brasileiro desde o Santos de Pelé). A arbitragem que, em Copas, quase sempre gostou tanto do Brasil quanto a bola, também não foi verde-amarela aos 42, quando o árbitro erradamente marcou mão na bola de Zico. Pior: não marcou o pênalti que aconteceu ao mesmo tempo, quando Gentile não só puxou como rasgou (!) a camisa de Zico.

Segundo tempo

Com um minuto, sensacional tabela entre Júnior e Falcão pela direita quase deu em gol. A Itália se fechava melhor. E era temível no contragolpe. O pênalti não marcado em Zico na primeira etapa de jogo foi compensado por outro não anotado em Rossi, em dividida com Luisinho, aos 9 minutos. Os gols que o Brasil perdia com Cerezo e Serginho, a Itália desperdiçou com Pablito, livre, à frente de Valdir Peres, aos 13.

Mais aberto estava o lado esquerdo italiano. Antognoni não conseguia seguir Cerezo. O volante atleticano abria uma vala por ali. Aos 22min52s, mais uma vez passou pela direita, puxando Tardelli e Scirea. Falcão, que recebera uma bela bola de Júnior, derivou para dentro e enfiou a canhota de fora da área. Conta Zoff:

> – Imaginei que não levaria gol do Brasil no segundo tempo. Estávamos muito confiantes. Mas, naquele lance, a bola do Falcão bateu o suficiente no Bergomi para me tirar da jogada e passar entre os meus braços. Eu fiquei louco.

Falcão também, numa das mais belas celebrações de gol da história das Copas. O empate era brasileiro. Era só administrá-lo. Telê sacou Serginho e colocou Paulo Isidoro pela direita. Sócrates foi atuar por dentro. Éder compôs o meio. Luisinho passou a sair menos. O Brasil ficou mais com a bola. Não era preciso mexer no time. Nem fechá-lo – Batista, o volante para tanto, machucado, nem no banco estava.

Aos 25, Bergomi bobeou como falhara Cerezo no segundo gol italiano; Éder avançou como Paolo Rossi. Mas havia Scirea para salvar como Scirea. Aos 28, quase a virada, em belo lance de Júnior e Cerezo pela esquerda. Era o caso de o lateral e de o volante estarem tão à frente? Não. E era o caso de Cerezo recuar um cruzamento vadio de Antognoni e tocar para Valdir Peres?

162 As melhores seleções estrangeiras de todos os tempos

Não. O goleiro não impediu a saída de bola para o escanteio que Conti jogou na área. Oscar mais uma vez tirou de cabeça, mas Tardelli pegou o rebote de canhota. Na pequena área estava Rossi para virar rápido, de voleio, e marcar o terceiro, aos 29min14s. A posição era legal. Quase sobre a linha, Júnior dava condição de jogo ao artilheiro italiano:

> – Só me lembram levantando o braço pedindo impedimento... Mas depois teve a defesa do Zoff na cabeçada do Oscar. Antes, o Gentile rasgando a camisa do Zico dentro da área; o gol perdido pelo Serginho; o chute torto do Éder para o gol com o Sócrates livre do outro lado, logo depois do nosso empate, com os italianos ainda tontos...

Tardelli saiu machucado depois do 3 a 2. Marini entrou para fechar. O Brasil se abriu. Antognoni assumiu a criação e fez brilhante lance pela direita, passando por três. Ainda faria o quarto gol, muito mal anulado pela arbitragem, apontando impedimento inexistente, aos 42 minutos, depois de linda jogada de Conti e Oriali. Logo depois de grande arrancada de Scirea pela esquerda. Inútil e perigosa arrancada do líbero. Para quê? Será que os italianos, como os brasileiros, também não sabiam segurar placar?

A diferença é que os arroubos ofensivos desnecessários dos italianos não foram castigados.

Este texto também não estaria no livro se, aos 43min20s, Zoff não fizesse o que fez: a maior defesa sem rebote da história das Copas. Éder bateu falta da esquerda no segundo pau; o excepcional cabeceador Oscar não foi marcado por nenhum italiano (como pôde!?) e enfiou a testa no canto baixo esquerdo de Zoff. Ele não apenas defendeu, como não largou a bola que caiu pouco antes de entrar na meta.

> – Foi a minha maior defesa. Como havia abafado a bola quase sobre a linha, os brasileiros pediram o gol. Tive a horrível sensação de que o árbitro poderia se equivocar e julgar que ela tivesse atravessado a linha. Foi uma sensação de terror absoluto. Por isso fiquei parado, agarrado à bola como se fosse minha vida, e aguardando que o Klein pudesse ver exatamente onde estava a bola. Fora do gol.

Para Tardelli, em documentário da TV italiana, "só um goleiro jovem como Zoff poderia fazer uma defesa daquela". E caiu na risada. O Brasil, na real. Foi a última das dez chances brasileiras no jogo. A Itália teve seis. Fez a metade. E eliminou a sensação brasileira.

Para o técnico argentino Menotti, o brasileiro Telê Santana foi o único "treinador que poderia dizer que perdera uma Copa por falta de sorte". Para o poeta Carlos Drummond de Andrade:

> – Fizemos tudo para ganhar esta caprichosa Copa. Mas será suficiente fazer tudo, e exigir da sorte um resultado infalível? Não é mais sensato atribuir ao acaso, ao imponderável, até mesmo ao absurdo, um poder de transformação das coisas, capaz de anular os cálculos mais científicos?

Vinte anos depois, Zico comentaria:

> – Não foi injustiça termos perdido. Tivemos uma oportunidade, mas devemos ter cometido algum erro. A nossa geração não foi talhada para ganhar uma Copa. Faltou jogar de acordo com a competição. Pelo tipo do nosso futebol, não dávamos a atenção necessária para um Mundial. Não é só jogar futebol, é jogar para ganhar, a todo custo, de qualquer maneira, até com antifutebol. Mas não trocaria o jogo bonito de 1982 pelo título.

Para Tardelli, o Brasil fez lindo: "Eram melhores que nós. Mas faltava um bom centroavante e uma defesa mais sólida". Scirea disse que "os brasileiros deveriam se orgulhar de sua seleção". Para Cabrini, "o Brasil tinha um time soberbo. Talvez tenham pecado pelo excesso de confiança". Bearzot seguia achando que "o Brasil continuava sendo quem oferecera o melhor e mais espetacular jogo visto na Copa". Júnior lamenta: "A seleção que venceu virou referência. Se tivéssemos vencido, seríamos o espelho. Mas, para os treinadores, até que não foi ruim: era muito mais fácil copiar a seleção italiana".

A Copa tinha um novo favorito. A velha Squadra Azzurra em ritmo de *spaghetti-western*: ganhando o duelo no contra-ataque.

2 A 0 NA POLÔNIA

Suspenso com dois cartões amarelos recebidos pelas pancadas em Maradona e Zico, Gentile – sem o bigode de bandido de bangue-bangue italiano –

assistiu da tribuna do Camp Nou ao *replay* do jogo com a Polônia. Gentile não fez (literalmente) falta: o craque rival estava igualmente suspenso. Boniek (que fizera os três gols contra a Bélgica no triangular de quartas de final) não estava em campo porque recebera o segundo amarelo no empate sem gols contra a União Soviética. Estava fora. Como ficaria a Polônia depois de 90 minutos de relativa facilidade para os italianos. Eles já estavam no lucro, para Falcão: "Não teriam ficado tristes se tivessem empatado com o Brasil. Porém, depois da vitória no Sarriá, ninguém os segurou. Estavam muito fortes emocionalmente".

Bearzot manteve Bergomi entre os titulares. Usou o 1-3-3-3 (variável para um 4-4-2) para travar a pouco inspirada Polônia. Collovati se recuperou de contusão e marcou muito bem o ponta Smolarek, pela direita. Cabrini travou ótimo duelo com Lato, com a ajuda de Bergomi pelo outro lado. No meio, Oriali botou o armador Buncol no bolso. Conti recuou como *ala tornante* que era, e Graziani se aproximou de Rossi. A Itália apostou novamente no *contropiede*. Júnior explica que "a marcação e a saída muito rápida eram próprias deles. Faz parte da cultura do italiano. Dava jogo porque os meio-campistas sabiam tocar curto e com lançamentos, especialmente o Antognoni, que botava a bola onde queria".

Aos 18 minutos, o uruguaio Juan Cardellino inventou falta de Majewski sobre Conti. Antognoni bateu no primeiro pau, Rossi se antecipou e, de direita, marcou seu quarto gol. Aos 28, outra perda significativa para a Itália. Numa dividida com Matysik, Antognoni chutou a sola do pé do rival. Marini o substituiu. O craque da Fiorentina virava dúvida para a final, onde poucos poderiam duvidar que a Itália não estivesse. Mesmo com mais uma contusão: Graziani foi substituído por Altobelli, aos 24 do segundo tempo.

Três minutos depois, o atacante da Inter, fresco em campo, tabelou com Conti, que cruzou na cabeça de Rossi, livre na segunda trave. Dois a zero Itália. "Na bola que o Conti me mandou estava escrito 'é só tocar'. Foi o que fiz", disse Rossi, com a simplicidade com que fazia seus gols.

A Itália faria mais. Aos 34, uma linda troca de bola mereceu o grito de "olé" do torcedor espanhol – que estava todo com a Polônia. Mas que reconhecia a superioridade tática e a boa técnica italiana. Um time enfim com cara e futebol de campeão. Explica Falcão:"Muita gente fala que a Itália jogava feio e na retranca. Mas um time que 'apenas se defende e não tem qualidade' não ganha uma Copa...".

Itália de 1982 **165**

3 a 1 na Alemanha

O time pelo qual ninguém daria uma bola furada era a bola da vez. A Itália chegava como favorita ao Santiago Bernabéu. Fala o capitão Zoff:

– Estávamos totalmente convencidos de que poderíamos chegar até a final e sair de campo vencedores. Jogamos tranquilos a decisão em Madri. O mérito disso é de Enzo Bearzot, homem extraordinário e um talentoso treinador. Ele nos ensinou como perseverar e seguir um objetivo.

Para Gentile, que na decisão voltou de suspensão, não haveria mais surpresas:

– Nós não éramos presunçosos, e, sim, confiantes. No futebol, não vence quem é forte – forte é quem vence. Tínhamos certeza que ganharíamos a Copa depois de passar pela Polônia. Estávamos tão certos porque estávamos em ótima forma física e mental. A Alemanha, em contrapartida, não estava tão bem. Vinha cansada da prorrogação contra a França.

Paolo Rossi concorda: "A vitória contra o Brasil criou uma aura em torno da equipe. Sentíamos que éramos os melhores".

Os alemães jogaram 30 minutos a mais de futebol contra a excelente França dos armadores Platini e Giresse. Entraram em campo na quarta-feira à noite. A Itália despachara a Polônia na tarde desse mesmo dia, portanto, tinha menos problemas físicos que os rivais. A estrela alemã, o meia-atacante Rummenigge, vinha de contusão, e jogara apenas a estupenda prorrogação da semifinal contra os franceses. Fora essencial na busca do empate: a França vencia por 3 a 1 quando ele entrou, diminuiu o placar, e participou do gol do empate. Na primeira disputa de pênaltis da história das Copas, a Alemanha venceu a França e chegou à final. Zico afirma que os campeões tiveram menos trabalho na decisão: "A Itália teve méritos, mas teve a sorte de enfrentar a Polônia sem Boniek e a Alemanha destroçada pela prorrogação contra a França".

A Alemanha era campeã da Europa em 1980. Mas, na Espanha, também sofrera. Perdera na estreia para a ótima Argélia por 2 a 1, vencera o Chile, e arrumaria uma vitória feia e arranjada com a Áustria, que classificou

166 As melhores seleções estrangeiras de todos os tempos

as duas seleções. No triangular das quartas de final, não teve problemas para eliminar Inglaterra e Espanha. Encrenca foi a França. E seria a Itália.

Mesmo a Squadra Azurra desfalcada de Antognoni, lesionado. O armador italiano não tinha substituto à altura. O reserva Dossena não havia estreado na Copa, estava sem ritmo. Causio mexeria muito no ataque, e Conti acabaria sacrificado por atuar por dentro. O volante Marini seria a opção mais natural, liberando Tardelli para ser o maestro no lugar de Antognoni. Gentile estava de volta na zaga. Porém, como deixar Bergomi de fora? O jovem vinha bem demais, jogara muito contra o Brasil como zagueiro. Estava feita a escolha. Bergomi no lugar de Antognoni, mas atuando mais atrás. Foi assim que nasceu a melhor interpretação da zona mista italiana em 1982.

Zona mista

Grosso modo, era um esquema que combinava a marcação individual na zaga com a marcação por zona no meio-campo. Algo que a Itália já fizera no triangular. E que faria com sucesso contra os estropiados alemães, num rigor esquemático próprio dos atletas italianos, mas dificilmente visto no atribulado e usualmente conturbado cotidiano da Itália. Difícil imaginar país mais *criativo* para levar a vida, e tão aferrado a uma camisa de força de prática e conteúdo como uma equipe italiana de futebol. Um dos tantos paradoxos de um país culturalmente inquietante.

A rigor, o esquema da zona mista era formado por quatro na defesa: um líbero (Scirea) atrás de dois zagueiros centralizados (Gentile, o *centrale*, mais à direita, e Collovati, o *stopper*, do outro lado); e um lateral mais ofensivo (o *terzino fluidificante* Cabrini, pela esquerda, com mais liberdade para avançar). Nenhum outro esquema moderno tem funções tão estanques e esquematizadas.

Os nomes adotados na zona mista parecem bolados pelo personagem de Ugo Tognazzi em *Amici Miei*, brilhante comédia de Mario Monicelli, de 1975, que no Brasil virou *Meus Caros Amigos*. Para se livrar dos mais diversos temas, tramas e traumas, o personagem Lello Mascetti falava rapidamente palavras a esmo, sem significado. Entre elas, sempre, *supercàzzola*, como ficou conhecida a linguagem rebuscada que tudo parecia, e nada definia.

Na prática, apesar da exaustiva e maçante normatização, a zona mista era menos zoneada: o meio-campo tinha mais quatro funções – e nomes. O mediano, uma espécie de volante, mais defensivo, que normalmente era Oriali, mas sem Antognoni, acabou sendo o zagueiro Bergomi. Tardelli, o *centrocampista centrale* que marcava e armava, teve de ser o *regista* ou *fantasista* (o meia mais criativo), com um pé talentoso de Cabrini em algumas das tarefas. Oriali acabou fazendo o que era de Tardelli, se transformando nesse todo campista; o *ala tornante* pela direita, enquanto o ponta que ajudava na marcação e organização ofensiva, seguiu sendo o brilhante Bruno Conti. No ataque, *centravanti* era Rossi, o homem de área. *Seconda punta* foi Graziani – o segundo atacante que voltava para marcar o lateral rival.

Cabrini ganhou relativa liberdade para armar por dentro, no lugar do lesionado Antognoni; Conti jogou e também cercou Briegel; Tardelli e Oriali marcaram e também armaram.

Era um time inteiro para esperar a Alemanha. E esperar que ela derretesse nos 32 graus da noite madrilena. Scirea deveria sair menos para o ataque. Gentile cuidaria do excelente driblador Littbarski (o Bruno Conti alemão), pela direita da zaga italiana. Collovati ficaria com o centroavante Fischer. Rummenigge seria acompanhado por Bergomi. Cabrini poderia sair mais, com menos preocupações defensivas, também para suprir a ausência de Antognoni na criação.

No meio, mais à esquerda, Oriali trancaria o meia-direita Breitner, campeão mundial em 1974. Mas também deveria jogar. Tardelli marcaria quem aparecesse à frente dele. Mas seria também o que vinha sendo Antognoni, o pé que pensava no meio-campo. Conti deveria jogar e ainda se preocupar com o tanque Briegel, mais liberado para atacar pela esquerda alemã. Graziani acompanharia o avanço do ótimo lateral Kaltz, e ainda tentaria jogar entre ele e o volante Bernd Förster – irmão do implacável marcador de Paolo Rossi (o zagueiro Karl-Heinz Förster).

No primeiro minuto, a Alemanha mostrou que queria resolver logo a parada. Não se importava com o contra-

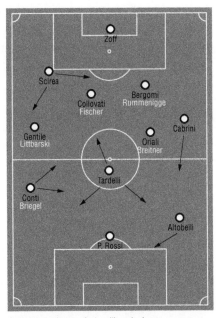

Cabrini ganhou relativa liberdade para armar por dentro no lugar do lesionado Antognoni; Conti jogou e também cercou Briegel; Tardelli e Oriali marcaram além de armar.

golpe letal italiano. A estratégia era inverter a situação, abrindo rápido o placar. Não deu. Embora a tarefa pudesse ser facilitada por uma alteração queimada logo com sete minutos pela Itália: Graziani machucou o ombro esquerdo numa dividida com o volante Dremmler. O atacante Altobelli veio para o jogo com o espírito de decisão: "Quando vi o Graziani caído, já levantei e tirei o agasalho. Não poderia abrir a possibilidade de o Bearzot não me colocar".

Zico entende que a escolha do treinador foi feliz: "Altobelli era reserva, mas um atacante técnico, não trombador". A Itália começou a sair mais pela direita com Conti, que fazia o que queria com o lateral Briegel. Aos poucos, Scirea também se mandava, saindo pelos dois lados. O jogo era igual até 24 minutos, quando o brasileiro Arnaldo César Coelho marcou pênalti de Briegel em Conti. Cabrini tomou a bola do amigo Rossi e não o deixou se isolar na artilharia. Sentia que estava pronto para bater o pênalti e abrir o placar. Mas chutou mais a marca penal e pôs a bola para fora. "Mudei de ideia no último momento e cometi um erro. Olhei para o lado esquerdo, mas o goleiro pendeu nesse sentido. Bati mais aberto e fui mal."

Para Tardelli, nada mudou: "Estávamos tão convictos de que iríamos ganhar que era como se nada tivesse acontecido." Fato. Um minuto depois, Cabrini estava na área e quase marcou. A Itália alternava a marcação como sanfona. A Alemanha começava a criar mais chances. Altobelli se mexia bem e parecia estar na equipe há anos. Oriali dava conta do experiente Breitner e saía para o jogo sem ser molestado. Só Arnaldo ia mal, começando a deixar o pau quebrar ao final de um primeiro tempo com apenas duas chances para os italianos, e uma para os alemães.

Na segunda etapa, o calor parecia maior. A Itália, melhor. Até pela sensação térmica, a Alemanha pregou mais cedo. Mais ou menos como a Itália, na final da Copa de 1970. Na Cidade do México, a prorrogação sensacional contra os mesmos alemães pediria a conta no jogo seguinte, contra o Brasil de Pelé. A Itália lembrava isso. E sabia de mais coisas em campo – e fora dele. O ambiente na seleção alemã não era dos melhores. Azedou aos 11 minutos: Oriali foi derrubado. Tardelli pegou a bola e bateu rapidamente para a direita, para Gentile. Tão rápido que a bola não estava parada. A irregularidade não foi vista por Arnaldo. O mundo viu quando o cruzamento de Gentile passou pela zaga alemã e chegou ao fundo da meta de Schumacher. Paolo Rossi entrou na corrida, se antecipou ao goleiro e ao próprio companheiro Cabrini, e abriu o placar. Um a zero Itália.

Fosse Pablito, alemão, o empate sairia dois minutos depois. Zoff saiu mal, Rummenigge não aproveitou a sobra na pequena área. Jupp Derwall trocou o volante Dremmler por mais um centroavante, o rochoso Hrubesch. Collovati deixou Fischer para Bergomi e formou a bateria antiaérea *azzurra* contra o gigante alemão. Num ofensivo 3-3-4, a Alemanha se abriu para os avanços de Scirea e até de Bergomi.

Os deuses da bola estavam com os italianos. Merecidamente pelo que fizeram aos 23 minutos, em 21 segundos de linda troca de bolas que envolveu até zagueiros: Bergomi tocou para o impedido Scirea, que rolou para Tardelli completar o belíssimo contragolpe com um tiro de canhota cruzado na meta do inerte Schumacher. Eram cinco italianos contra cinco alemães dentro da área. Mais Tardelli fora dela. Mais Schumacher prostrado na meta. Mais um torcedor ilustre mandando a diplomacia às favas, e a imagem às fábulas:

> – O protocolo mandava ficar sentado na cadeira, no máximo batendo palmas. Era o que estava fazendo o rei da Espanha ao meu lado, e ao lado do chanceler alemão, todo triste. Mas como eu iria me segurar com um gol daquele? Eu tinha mais é de levantar e comemorar como qualquer italiano estava fazendo!

Era o presidente italiano Sandro Pertini, celebrando o golaço de Tardelli. Numa imagem menos emblemática apenas que o grito sem ar do autor da proeza, numa das mais belas celebrações de gol de Copas:

> – A sensação de fazer um gol como aquele não tem como contar. Apenas sentir. Aquele grito que apareceu na televisão foi como uma libertação. Era um sonho marcar numa final. Também me senti libertado de certas pessoas, que sempre nos criticavam. Foi como se estivéssemos em guerra contra eles. Mas ganhamos no final. E todos tiveram de celebrar com a gente. Gritaram como eu. E devem ter ficado sem ar como eu também quase fiquei.

Tardelli era um meio-campista que marcava como volante e chegava como meia. Para Falcão, "um jogador de rendimento. Não era de aparecer para a torcida, de lances de habilidade. Mas tinha marcação, chegada à frente, batia em gol, liderava o time, fazia de tudo".

Zoff passa a Gentile a taça que Bergomi, Conti e Scirea também ergueriam, em Madri.

Até olé deu a Itália, aos 32. Três minutos depois, outro grande contragolpe de Conti e o passe para Altobelli de canhota terminar com o papo. Breitner ainda diminuiria, aos 37, num belo gol. Dos menos celebrados da história das finais de Copas. Porque logo depois Arnaldo César Coelho tomaria a bola e a levantaria como prêmio. Como faria minutos depois o capitão Zoff com o troféu da Copa do Mundo da Fifa. O mais velho campeão do mundo, aos 40 anos. Que levou a taça para o gramado onde foi dada a volta olímpica com o espírito daquela equipe: Zoff entregou o objeto para Gentile, que logo o passou a Bergomi, que o deu a Scirea, que rapidamente o entregou ao craque da equipe Conti. Parecia troca de bola do time.

De fato, parecia a Itália. Um time de grandes zagueiros que partiam para o ataque. De grandes atacantes que tiveram de se defender das investidas dos próprios italianos. Torcedores que podiam celebrar um Mundial, como só os pais e avós sabiam o que havia sido, em 1934 e 1938. E que, agora, os netos poderiam contar o que o vovô Zoff e o bambino d'oro Paolo Rossi haviam feito na Espanha.

Pós-Copa

Não ganhasse a Copa de 1934, disputada na Itália fascista de Benito Mussolini, o treinador Vittorio Pozzo sabia que a vida não seria fácil – talvez nem fosse mais vida. Aquela conquista consta na história de um futebol tetracampeão mundial. Mas não conta como mérito técnico indiscutível. O bi mundial em 1938 é outra história, conquistada na França. Vencida praticamente por outro time. Apenas os meias Meazza e Ferrari permaneciam na equipe que conquistou o bi.

A Itália poderia ter sido tri mundial em 1950, faturando em definitivo a Taça do Mundo. Mas a base da equipe morrera com o Torino, na tragédia aérea de Superga, em 1949. Não houve time nem espírito na Copa no Brasil. A Itália voltaria a ser Itália apenas na conquista da Eurocopa-68. Seria vice-mundial em 1970 com a mesma base. Um fiasco em 1974, com um elenco envelhecido e em má forma técnica. E um senhor time em 1978, na Argentina. Com nove dos titulares que seriam campeões em 1982. Para Zico, "a seleção italiana de 1978 foi a mais consistente e merecedora do título naquela Copa".

Zoff entende que a derrota na Argentina ajudou a vencer na Espanha:

> – A equipe de 1982 tomou forma em 1978. Infelizmente perdemos um craque como Bettega, que se machucou e não pôde ser campeão conosco. Mas soubemos superar também isso, além das críticas, que acabaram nos ajudando: quanto mais se ataca um time, mais ele se une e se supera.

Gentile cita o couro curtido e a milhagem adquirida como essenciais: "Em 1982, tivemos uma preparação mais cirúrgica que em 1978. Chegamos para ganhar. Jogar um futebol bonito era secundário. Soubemos entender e jogar a competição. A experiência amarga de 1978 foi fundamental".

Cabrini entende que o time foi mais realista em 1982. "Fomos mais fortes, rápidos e um pouco mais cínicos; não permitimos que os adversários aproveitassem nossos erros". Tardelli também enxerga nas questões físicas e mentais a chave do sucesso da classe de 1982: "Na Argentina, tivemos um bom começo e depois caímos fisicamente. Na Espanha, nos preparamos de maneira diferente e tivemos um mau começo. Nos sentimos fortes ao longo do processo. Como se fôssemos invencíveis".

172 As melhores seleções estrangeiras de todos os tempos

Zoff fala do treinador que os fez sentir assim, a quem considerava como pai. Ou irmão mais velho:

– Bearzot foi o homem responsável. Estou convencido de que foi por causa dele que ganhamos a Copa. Ele conseguiu manter a unidade na equipe e sabia quando tomar as críticas por nós em momentos difíceis. Além de nos passar uma confiança e tranquilidade impressionantes.

A Itália da final de Madri nunca mais se reuniu. O futebol também não foi mais o mesmo. Tanto que só voltaria a vencer um jogo em outubro de 1983, um 3 a 0 sobre a frágil seleção grega. Zoff já havia se aposentado. Bearzot continuaria no comando da Squadra Azzurra até a Copa de 1986. Mas já desgastado por uma prematura eliminação na Eurocopa-84. No Mundial, notável apenas o empate por 1 a 1 com a futura campeã Argentina. Uma vitória apertada contra a Coreia do Sul e a eliminação já nas oitavas de final para a França. Apenas quatro dos campeões de 1982 começaram jogando em 1986.

O tetracampeonato mundial viria durante mais um escândalo de arbitragem e arranjo de resultados na Itália, em 2006. Com mais sofrimento em campo e pênaltis decisivos contra a França sem Zidane. Com ecos de 1982, no comando do treinador Marcello Lippi:

– Quando perdi no primeiro jogo como técnico da Itália, me tranquilizei por lembrar que Bearzot também perdeu o dele. Ele tinha a teoria de que era importante perder amistosos. A derrota é um dos segredos para construir um time e entender seus limites.

Talvez por isso a Itália tenha perdido tantos jogos antes da Copa de 1982. Só para chegar contra tudo e contra todos e levantar mais um caneco.

Paolo Rossi

Acusado de saber do esquema da manipulação de resultados e dele ter se aproveitado para marcar os dois gols do Perugia no empate com o Avellino, em dezembro de 1978, Paolo Rossi parou de jogar em março de 1980. Logo seria suspenso por três anos do futebol sob a acusação de participar de um esquema ainda maior de fabricação de resultados – o *Totonero*. A pena foi reduzida para dois anos e Pablito voltou a jogar no clube em que iniciara a carreira, a Juventus de Turim. Onde, com menos de 20 anos, operara três vezes os meniscos. Um dos motivos que o levariam à aposentadoria precoce, 31 anos depois de ter nascido em Prato, em 23 de setembro de 1956.

Quando retornou ao futebol depois da suspensão, em 30 de abril de 1982, jogou três partidas e fez um gol pela campeã Juventus. Era pouco. Parecia um exagero já ser convocado – e como titular – para a seleção que disputaria a Copa. Mantido na equipe quando ninguém mais o queria depois de três partidas ruins: "Até eu acreditava que não merecia continuar depois da primeira fase. Mas Bearzot me encheu de coragem".

Zoff reconhece o mérito do treinador: "Ele foi excepcional. Bancou o Rossi até fim e foi recompensado por isso". A tragédia brasileira no Sarriá rendeu até livro: *Fiz o Brasil chorar*, autobiografia lançada em 2002. Quando Pablito tentou explicar o que aconteceu naquele 5 de julho:

> – Um gol pode mudar tudo. Quando acontece, é como uma dádiva do céu para um atacante. No meu caso, no Sarriá, mudou a minha vida. Nada estava indo do meu jeito até aquele dia e, depois, de repente, tudo estava indo como sonhava. Daquele momento em diante, foi como se alguém lá de cima estivesse olhando por mim. Se Maradona teve a mão de Deus em 1986, no meu caso, alguém lá de cima estava torcendo por mim em 1982.

174 As melhores seleções estrangeiras de todos os tempos

O ponta-direita promissor que surgiu na base da Juventus virou centroavante quando foi emprestado ao Vicenza. Fez 21 gols na temporada 1976-77 e subiu para a Série A. Marcou mais 24 na primeira divisão e o pequeno clube foi vice-campeão italiano. O desempenho o levou à Copa de 1978. Num imbróglio tipicamente italiano, em lugar de voltar para a casa da Juventus, foi parar no Perugia. Mesmo suspenso, em 1980, retornou à Juve, em 1981.

Ainda atuaria por Milan e Verona, até pendurar as chuteiras em 1987 e se tornar comentarista de TV. Estava em Berlim na final de 2006 contra a França. Apenas riu bastante nas tribunas do Olímpico quando o autor deste livro disse que o admirava como jogador – mesmo sendo brasileiro.

O armador francês Giresse, Falcão e Bruno Conti foram jogadores mais técnicos e regulares na Copa de 1982. Para o próprio Falcão, "o grande nome da Itália foi o Conti, que fez um torneio impecável, desde a primeira fase". Para a Fifa, porém, o craque de 1982, além de artilheiro do Mundial, foi Paolo Rossi. Façanha dupla que seria repetida apenas em 2002, por Ronaldo. O Fenômeno o superou até na superação. Também porque é outro que sabe a importância do time. Assim como diz Pablito:

> – Tem um provérbio italiano que diz que, no xadrez, no final do jogo, o rei e os peões voltam para a mesma caixa. É assim que penso o futebol. Nunca vi um gol como meta mais importante do que uma equipe vencedora. O futebol é um jogo de conjunto. Um artilheiro não é nada sem seus companheiros. Sempre precisei de alguém para armar para mim. Eu era apenas o cara que finalizava a jogada nos últimos seis ou dois metros.

Ou nos últimos três jogos de 1982.

ITÁLIA - 1982

NÚMERO	JOGADOR	CLUBE	IDADE	JOGOS	GOLS
1	Dino Zoff	Juventus	40	7	0
2	Franco Baresi	Milan	22	–	–
3	Giuseppe Bergomi	Internazionale	18	3	0
4	Antonio Cabrini	Juventus	24	7	1
5	Fulvio Collovati	Milan	25	7	0
6	Claudio Gentile	Juventus	28	6	0
7	Gaetano Scirea	Juventus	29	7	0
8	Pietro Vierchowod	Fiorentina	23	–	–
9	Giancarlo Antognoni	Fiorentina	28	6	0
10	Giuseppe Dossena	Torino	24	–	–
11	Giampiero Marini	Internazionale	31	6	0
12	Ivano Bordon	Internazionale	31	–	–
13	Gabriele Oriali	Internazionale	29	5	0
14	Marco Tardelli	Juventus	27	7	2
15	Franco Causio	Udinese	33	2	0
16	Bruno Conti	Roma	27	7	1
17	Daniele Massaro	Fiorentina	21	–	–
18	Alessandro Altobelli	Internazionale	26	3	1
19	Francesco Graziani	Fiorentina	29	7	1
20	Paolo Rossi	Juventus	25	7	6
21	Franco Selvaggi	Cagliari	29	–	–
22	Giovanni Galli	Fiorentina	24	–	–

Argentina de 1986

– Nenhum jogador brilha sem uma boa equipe. Pelé, em 1958, era um desconhecido que se aproveitou disso, e ainda teve Garrincha, Didi e Vavá. Em 1970, Pelé foi perfeito, também pela ajuda dos monstros Gérson, Tostão, Rivellino e Jairzinho.

Falou e disse César Luis Menotti, treinador campeão do mundo pela Argentina, em 1978. Eliminado da Copa de 1982 com três derrotas. Quando manteve nove titulares campeões e agregou as feras vencedoras do Mundial Sub-20 de 1979: o centroavante Ramón Díaz e o gênio Diego Armando Maradona. O maior jogador deste mundo – Pelé é de outro.

O Brasil tem mais títulos mundiais que os *cohermanos* argentinos também por ter escalado Pelé em três deles. E não só *Ele*: outros filhos da África que brilham pelo Brasil e não jogam pela Argentina, por várias razões, de questões matemáticas, econômicas, sociais e familiares a motivos raciais, criminais, sanitários e urbanos. A população negra na Argentina decresceu de 25%, no censo de 1838, a menos de 2%, no recenseamento de 1887. Numa conta simples e simplista, o Brasil goleia na tabelinha de raças. O sociólogo

Gilberto Freyre já enxergava longe, em 1938: "Nosso estilo de jogar futebol tem um conjunto de qualidades de surpresa, de manha, de astúcia, de ligeireza e, ao mesmo tempo, de brilho e de espontaneidade individual em que se exprime o mulatismo brasileiro".

Pelo que sabem jogar com a bola, os argentinos são quase brasileiros. Pelo que sabem jogar sem ela, são quase europeus. Na média, muito mais evoluídos taticamente que os jogadores do Brasil. Também porque parecem mais aguerridos, mais competitivos. Guus Hiddink, treinador holandês de sucesso, exagera: "O Brasil tem muitos jogadores excelentes. Mas nenhum deles tem a personalidade do argentino". A impressão que passam é a de jogar a vida em cada bola. Por vezes, parecem perder o mundo quando perdem um amistoso. Acabam se perdendo. Mas poucos sabem ganhar como eles cada dividida. Poucos países sabem se multiplicar em campo.

Para os argentinos, até o fiasco da Copa de 2002 (depois de dois anos de futebol exuberante e eficiente, sob o comando do treinador Marcelo Bielsa), a seleção albiceleste que mais expectativas criou antes de um Mundial foi a de 1982. Fala o meia Osvaldo Ardiles: "Perdemos o fogo sagrado de 1978. Achávamos que éramos os mesmos, na Espanha. Não fomos". Para Maradona, "esquecemos que, para ganhar uma Copa, é preciso jogar. Não jogamos. Estávamos mal preparados fisicamente em 1982".

A defesa envelhecida caiu, Kempes (craque da Copa de 1978) não se afinou com Diego. Fizeram gato e deram sapatadas em Maradona a Copa toda. Ele respondeu só uma vez e foi expulso ao agredir o brasileiro Batista. Terminou avermelhado e envergonhado pelo papelão dele e da Argentina na Espanha. "Fiz o que pude. Não perdi sozinho. Nunca venci sozinho. Mas fui quem mais perdeu."

Quatro anos depois, no México, Diego foi a primeira pessoa física campeã do mundo. Ele foi mais campeão que a Argentina. Uma equipe ordenada, competitiva e... Ponto. Tinha ótimos jogadores como os xarás Jorge Burruchaga e Jorge Valdano. Tinha um treinador competente, trabalhador, obstinado e pragmático como Carlos Salvador Bilardo, armador tricampeão da Libertadores pelo Estudiantes (1968 a 1970), discípulo fidelíssimo do treinador Osvaldo Zubeldía, de reconhecida capacidade tática, práticas pouco esportivas, muitos treinamentos, lances de bola parada e fervoroso adepto da concentração militar para um time de futebol.

Bilardo era bom. A seleção foi a mais "copeira" do Mundial de 1986. Mas, se não tivesse Maradona... O *se*, se sabe, não joga. Mas tanto jogava

Diego que poderia vencer 11 "ses" sem problemas. E não apenas pelo talento. Também pela liderança. Ele foi um capitão como poucos na Argentina e no mundo. E com apenas 25 anos.

Vida nova

El Narigón Bilardo assumiu a seleção em 23 de março de 1983. Mudou 18 nomes. E também a filosofia do time de Menotti:

> – Não quero mais o jogo sul-americano estático, lento e de jogadores que só fazem uma função. Quero atletas polifuncionais, que joguem todo o jogo o jogo todo. Sei que serei criticado. Mas prefiro que 30 jogadores entendam o que desejo e não que os 30 milhões de argentinos me compreendam.

Estreou empatando no amistoso com o Chile por 2 a 2. De 1982, só o goleiraço Ubaldo Fillol. Debutou oito jogadores. Entre eles, o zagueiro Oscar Ruggeri, o lateral Julio Olarticoechea, o volante Ricardo Giusti e o meia Burruchaga. Todos titulares campeões em 1986. Só conquistaria um resultado notável em novembro de 1984: uma vitória em amistoso na Alemanha por 3 a 1. O treinador derrotado, o estreante Franz Beckenbauer, levantou a lebre e a bola: "Se repetirem essa atuação, os argentinos podem ser campeões no México".

Foi naquele jogo que Bilardo definiu o esquema com três na zaga que seria sua prancheta de cabeceira. Pela primeira vez, colocou o zagueiro José Brown na sobra, com Miguel Russo marcando pela direita, Oscar Garré pela esquerda, Enzo Trossero um pouco mais adiante. A gênese do 3-3-2-2 que vinha fazendo furor na Europa com a Dinamarca de Sepp Piontek, e seria o modelo tático para a campanha dos argentinos em 1986.

Mas quase eles não chegam até lá. Nas Eliminatórias mais sofridas que o esperado, a Argentina precisava empatar no último jogo em casa, contra o Peru, para evitar a repescagem. Com um minuto, o lateral argentino Camino deu um bico no joelho direito do peruano Navarro. Uma das mais violentas agressões já vistas na história do vale tudo, ops, do futebol. O brasileiro Romualdo Arppi Filho só mostrou o cartão amarelo. O Peru foi em frente.

Faltavam dez minutos no campo do River, e a seleção peruana vencia de virada por 2 a 1. Até um lançamento longo de Burruchaga para a ponta direita encontrar Daniel Passarella. O caudilho da zaga chutou cruzado. A bola bateu na trave e foi empurrada pelo centroavante Gareca para o gol chorado da classificação. Lembra Maradona: "Até o empate, só pensava na repescagem. Estava morto fisicamente. Mas, quando tudo acabou, disse ao Gareca: 'Vai ser assim até o final; vamos sofrer, mas vamos ganhar a Copa'".

Até o governo argentino (não mais a sanguinária ditadura militar) queria trocar o comando técnico. O presidente Raul Alfonsín não gostava do futebol da seleção. O secretário de Esportes Rodolfo O'Reilly fazia lobby pelo retorno de Menotti. Julio Grondona, o então presidente da Associação de Futebol da Argentina (e ainda hoje...) bateu o pé e manteve Bilardo. Para Burruchaga, a decisão acertada:

> – Ele nunca desanimava e isso contagiava os atletas. Soube usar isso para nos motivar. Vivia intensamente seu trabalho, e prestava atenção extrema aos mínimos detalhes. Exemplos: reclamava quando a gente botava as mãos nos quadris quando estávamos cansados – para ele, o adversário poderia interpretar o gesto como um sinal de fraqueza. Bilardo sempre estava analisando vídeos dos rivais, o que não era normal na época. Era um obstinado.

Para fugir das críticas e se preparar melhor para a altitude da Cidade do México (2.240 metros) e de Puebla (2.175 metros), a Argentina foi a primeira seleção a chegar ao país, 45 dias antes do Mundial. Bilardo se baseou na preparação brasileira para a Copa de 1970, quando a seleção canarinho voou em campo com excepcional condicionamento físico. O que soou bravata ao desembarcar, virou profecia: "Somos os primeiros a chegar ao país para sermos os últimos a deixar o México".

A Copa

3 a 1 com a Coreia do Sul

Como quase toda boa (ou má) seleção, a Argentina estreou no estádio Olímpico da Cidade do México com formação que ainda não havia atuado junta. Mas já se conhecia. E já sabia o que queria o treinador. Também se imaginava o que pretendia a equipe da Coreia do Sul: parar Maradona no es-

Argentina de 1986 *183*

tilo (estalos?) do feitor italiano Gentile, em 1982. Foram 12 faltas em Diego. Metade delas muito feias – contando um tapa na cara. Sem contar mais duas irregularidades, agressões não marcadas no craque que sentia na carne e na canela o que viria pela Copa.

> – Como me pegaram, mamita! Até sangue tiraram. Levou uma vida para um deles receber cartão. Não lembro como chamava, mas eu ainda o chamo de Kung Fu.

Se Diego reclamou muito em sua autobiografia *Yo Soy El Diego*, em campo, falava pela bola. Pouco revidava. Até pouco falava com o árbitro. Respondia às faltas com dribles. A Argentina tratou de acabar logo com a conversa mole e as jogadas duras do rival. Aproveitando as pancadas alheias, e os exaustivos treinamentos de lances de bola parada, aos 5 minutos já estava aberto o placar: num rebote de uma cobrança que explodiu na barreira, Maradona tocou de cabeça para Valdano bater cruzado. O centroavante revelado pelo Newell's Old Boys crescera no Real Madrid. Era um jogador mais refinado, que saía da área, armava o jogo, dava opções. Mostrava em campo a mesma inteligência com que se comportava fora dele, merecedor do apelido El Filósofo pelo pensamento privilegiado e ousado. Hoje diretor-técnico do Real Madrid, quando comenta futebol, é o melhor entre tantos ex-jogadores e atuais chutadores.

Arrojo nunca esteve no receituário do doutor Bilardo (ele é médico formado, embora pouco tenha exercido a profissão). Apesar do início sufocante contra os violentos e incipientes sul-coreanos, a estratégia argentina era de espera, recolhimento, especulação. Ainda assim, com 12 minutos, se já estivesse goleando, não seria exagero. A ofensiva participação do lateral-direito Néstor Clausen garantia a contundência. Titular desde o início de Bilardo, foi o melhor construtor de lances no início de um jogo em que a Coreia do Sul ficou dentro do próprio campo, também pela marcação por pressão da Argentina.

Pressing que resultou no segundo gol, aos 17 minutos. Mais um castigo pela pancadaria asiática: Diego bateu uma falta da lateral esquerda no segundo pau, onde irrompeu pelo alto um zagueiro do River Plate. Um lance que praticamente perdurou por 30 anos na seleção argentina: bola na segunda trave para um zagueiro do River: ou foi Passarella até a Copa de 1986, ou foi Ruggeri até 1994; ou Ayala, por outros dez anos. Todos de excepcional impulsão. Todos de garra. Quase todos de ótima técnica. Todos de temperamento difícil.

O gol de cabeça de Ruggeri possivelmente seria de Daniel Passarella se o chamado mal de Montezuma mexicano (diarreia) não tivesse abatido o capitão de 1978. Ou, mais que um mal estar, seria mesmo o estar de mal de Passarella com Maradona? O fato é que a doença que debilita o organismo deixou o zagueiro sem três quilos e fora do time. Recuperado, uma contusão posterior na perna direita o sacou de vez da Copa. O problema que atrapalhou a vida do ex-capitão argentino ajudou Maradona a domar e dominar o ambiente da seleção. Eles não se toleravam. Passarella era o senhor do vestiário do antigo treinador Menotti; Diego era o capitão eleito por Bilardo ainda em 1983. Maradona dá a versão dele:

> – Nosso técnico me visitou em Barcelona e quis saber se contava comigo. E ainda me convidou para assumir a capitania da seleção. Chorei. Era tudo que queria. Tinha a mania de comprar faixas de capitão. Agora poderia usá-las com a nossa camiseta. Algo que, certamente, fez com que o antigo capitão [Passarella] passasse a não gostar de mim. Cada técnico tem seus jogadores. O Menotti tinha ele [como capitão]. Agora era diferente, seria eu.

O relacionamento foi pelo esgoto depois de longa discussão na concentração, antes da Copa. Bebidas, drogas, até uma alta conta de telefone, que seria de Passarella, e ele não quis pagar... Boa parte do grupo argentino fechou com o craque (e capitão) Maradona. Os que se mantiveram leais ao ex-caudilho Passarella foram minoria. Silenciosa. Reservada. Na reserva. "Na verdade, a Copa para ele acabou naquela discussão. Ele depois teve diarreia, problemas na perna... Mas ali tudo começou a terminar para ele em nosso time", decretou Diego.

Equipe de craques só se une para dar volta olímpica. A Argentina de 1986 não era um timaço. Mas tinha "o"craque. Valdano define a questão da tão falada união necessária para ser campeão: "No futebol, a união não faz a vitória; mas a vitória traz a união".

Ruggeri fez o segundo gol contra os sul-coreanos no segundo pau, à direita. Como atuava na formação tática de Bilardo. Era o zagueiro pelo setor, com Garré pelo lado esquerdo com liberdade para se juntar ao ataque. Com Brown na sobra, na função que era de Passarella até o início da Copa. Ruggeri era um zagueiro de chácara, um tanto bruto e brusco, mas de enorme ascendência sobre o elenco. Brown não era um novato. Na estreia da Copa fazia seu

15º jogo pela seleção. Já havia atuado na zaga com Ruggeri. Mas nunca atuara com tamanha responsabilidade. Correspondeu: bom de cabeça, Brown não tinha muita técnica, e batia algo além da conta. Mas, também por isso, jogava sério. Jogava argentino.

Além de Passarella, outra esperança argentina não pôde atuar na fácil estreia. O meia-atacante Claudio Borghi pareceria fora de órbita toda a Copa. Apresentado com açodamento como novo Maradona (debutara no mesmo Argentinos Juniors de Diego), não aguentou o peso e ficou de fora. Os sul-coreanos abusaram das faltas. Na quinta em Maradona, aos 18 minutos, El Diez saiu quase sangrando. Não satisfeita, a Coreia do Sul trocou o insaciável perseguidor de Diego por outro, aos 22 minutos. Deu na mesma: continuaram dando no camisa 10.

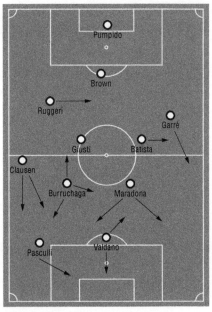

O 3-3-2-2 da estreia argentina tinha o zagueiro Garré avançando como lateral, o lateral Clausen, quase um ponta, e Maradona atuando pelo meio-campo.

A Argentina tirou um pouco o pé do acelerador e das divididas. Ruggeri mostrou sua utilidade tática saindo da direita para a esquerda para cobrir o avanço de Garré, o mais discutido entre tantos nomes discutíveis da equipe de Bilardo. Bom marcador, razoável no apoio, só deixaria a equipe pelo acúmulo de cartões, nas quartas de final. Não voltou. Nem fez a falta que Bilardo imaginava.

Contra a inerme Coreia do Sul, o esquema não precisava ser o solidificado 3-3-2-2. Bastavam Ruggeri e Brown na zaga. Clausen e Garré poderiam atuar mais à frente, pelos lados, para alimentar o ataque formado por outra cria do viveiro riquíssimo do Argentinos Juniors: Pedro Pasculli, que já atuava pelo Lecce italiano. Veloz, atarracado, chato para marcar, e de bom faro para gol. Mas o goleador daquele jogo na altitude, com calor, que começou ao meio-dia para favorecer a transmissão pela TV na Europa, foi mesmo Valdano. Com 54 segundos da segunda etapa, livre dentro da área, completou o cruzamento da direita de Maradona. Diego atuou mais avançado pelo setor e começou a abusar da técnica, com belos dribles e lances de efeito.

186 As melhores seleções estrangeiras de todos os tempos

Mesmo sem forçar, a Argentina teve 12 chances de gol. A Coreia do Sul teve cinco. Quatro delas a partir do quarto final do jogo, quando Brown afundou demais na zaga, os volantes Giusti e Sergio Batista deram mole, e Park Chang-sun fez um belo gol, no ângulo do goleiro Nery Pumpido, aos 27.

Um gol muito celebrado no estádio Olímpico. Se Brasil (em 1970) e Argentina ganharam o mundo em campos mexicanos, só a seleção brasileira conquistou os torcedores locais. Também pelo modo pouco atrativo dos times de Bilardo. Maradona à parte, era uma equipe muito pragmática. Parecia querer se contrapor à escola menottista [que privilegia o jogo ofensivo e o respeito ao *fair-play*], mais abusada e ofensiva, e até mesmo ao Brasil de Telê de 1982. Naquela Copa mexicana começava o maior Fla-Flu tático da história do futebol argentino: os adeptos do jogo bem jogado (os menottistas) e os do jogo mal vencido (os bilardistas). Jogo bonito x vitória feia.

Para Menotti, "Bilardo tem uma mente doentia. Graças a Deus, seguiu a carreira no futebol, não na medicina". A resposta do desafeto: "Se um desejo constante pela vitória é um sinal de loucura, então eu sou o homem mais maluco do planeta".

Um duelo sem vencedores. Ou com dois campeões do mundo, em 1978, com Menotti e 1986, com Bilardo.

1 A 1 COM A ITÁLIA

– Meio-dia, na altitude de Puebla, aquele calor... Não é hora para jogar futebol, é hora dos raviólis. Em dia de jogo, eu acordava 11 horas. Agora, precisava acordar 8 da manhã. Os donos do espetáculo tinham de jogar no calor! Culpa dos dirigentes que nunca usaram uma chuteira e nos obrigavam a isso.

Maradona detonava dentro e fora de campo. Vinha animado para devolver na bola as pancadas que recebera de Gentile, em 1982. A Itália tinha apenas quatro titulares do tri. A Argentina tinha mudanças: José Cuciuffo entrava para fazer apenas a segunda partida pela seleção. Substituía Clausen não só na ala direita. Também para eventualmente fazer funções mais defensivas, como o terceiro zagueiro pela esquerda para liberar o apoio de Garré. Bem coisa de Bilardo: um lateral que virava zagueiro, trocando de lado durante o jogo. Na meia direita entrava Borghi, recuperado de contusão. Valdano ganhava liberdade para atuar mais à frente, com o cada vez mais solto

Argentina de 1986 187

e livre Diego (solto e livre por Bilardo, não pelos rivais): se não havia mais Gentile para segui-lo aos pontapés, ainda havia a célebre marcação individual italiana. Desta vez desempenhada por Bagni, meio-campista do Napoli, e há dois anos companheiro de clube de Diego, na Itália. Na temporada anterior, não por acaso, o jogador que mais cartões amarelos recebera na Série A. O mais faltoso italiano para tentar marcar o mais habilidoso argentino.

Diego teve mais espaço que em 1982. Apanhou menos (três faltas, mais uma não marcada pelo árbitro). E jogou muito mais. Aos 3 minutos, só não abriu o placar em sensacional arrancada porque à frente havia um líbero como Scirea. Outro remanescente da Itália campeã de 1982, que cavaria o lance do gol italiano, com apenas 5 minutos: Bruno Conti armou a jogada que parou no braço direito de Burruchaga. Mão na bola que virou pênalti mal marcado pelo árbitro holandês Jan Keizer. Altobelli fez 1 a 0, aos 7 minutos. Jogo a caráter para os italianos que exploraram o *contropiede*, o usual contragolpe *azzurro*.

Na primeira tentativa, o italiano Galderisi avançou até ser travado por... Maradona (!?), na lateral esquerda. Diego queria jogo. Não queria os rivais jogando. Estava no auge da forma física. Apesar da desvantagem no placar, em campo a bola era mais argentina. Também pela notável movimentação entre os meias Borghi e Burruchaga, e os atacantes Valdano e Maradona. Sim: Maradona, em 1986, foi mais atacante que meia. Todos, sem posições fixas, confundiam as zagas rivais. Fala Zico:

> – Sem nenhum outro grande craque, o time jogava para que Maradona brilhasse. Uma dupla o completava muito bem: o Valdano, que era um senhor atacante, e o armador Burruchaga, que tinha uma ótima movimentação, era um azougue. Eles conseguiam acompanhar o raciocínio do Diego.

Para Maradona, "Bilardo começou a achar o nosso time nesse jogo". O esquema pareceu um 3-4-1-2, com Burruchaga dando um pé no meio um pouco mais atrás, Valdano sendo esse "número um" na armação, mais próximo a Borghi e Maradona na frente. Sem a bola, porém, só Borghi ficava no ataque. A Argentina recuava demais. E era lenta para buscar um ataque preso à marcação italiana. Amarrados os times, só o talento poderia desequilibrar. Só Maradona. Aos 34, Giusti tocou na entrada da área para Valdano; de costas, de primeira, jogou por sobre Scirea, que não alcançou o craque. Num

188 As melhores seleções estrangeiras de todos os tempos

leve toque de primeira, Diego bateu cruzado no canto de um inerte Giovanni Galli. Golaço. "Foi um dos gols mais lindos da minha galeria. Não foi o goleiro que foi lento, eu que fui rápido e chutei antes da hora".

O time de Bilardo não melhorou nem ficou mais ofensivo aos 14 minutos, quando a alteração que viraria padrão foi feita: saiu (irritado) o volante-esquerdo Batista e entrou um remanescente da campanha de 1982, o polivalente Olarticoechea. Ele não atuara na Copa da Espanha, e nunca havia sido titular da seleção. Mas permanecia no grupo pela capacidade de jogar como ala ou lateral pela esquerda, volante ou mesmo meia, dotado de boa técnica, dinâmica e ótimo chute de canhota.

A Argentina teve mais chances no primeiro tempo. Na segunda etapa, a Itália criou mais. Ao todo, quatro oportunidades para cada lado, e um clássico decepcionante entre as campeãs mundiais de 1978 e 1982. Bola e boleiros apanharam no segundo tempo. Comentando a partida pela TV Globo, Zagallo disse que foi o clássico do "medo e do receio. É lamentável, numa Copa, duas grandes seleções praticarem esse tipo de futebol".

2 a 0 na Bulgária

Um gol pode fazer muito mal a um espetáculo. Com 3 minutos, Burruchaga avançou pela direita em belo contragolpe e cruzou no segundo pau para o cabeceio de Valdano. A Argentina abriu o placar no calor, na altitude e na hora do almoço da Cidade do México. Pouco mais se viu no jogo. Classificada, a Argentina recuou demais, poupando-se em seu campo. Não poupando os fãs da escola platina de futebol técnico e competitivo. Só se viu o nem sempre elogiável pragmatismo. Praga que empesteou o futebol entre 1982 e 1994, em Copas de pouca graça e bola, de admiração maior para o suor que para o saber. Pouco mais de cinco segundos de vaias foram ouvidas ao final do primeiro tempo. O jogo foi tão ruim que Maradona só recebeu uma falta.

A Bulgária também não ajudou. Era um elogio chamá-la de seleção medíocre. Bilardo aproveitou para testar variantes táticas: usou mais um 4-2-2-2 que o usual 3-3-2-2: Cuciuffo, Brown, Ruggeri e Garré fizeram uma linha de quatro na zaga, com pouca projeção dos alas reconvertidos em laterais; Giusti e Batista fizeram o *doble-cinco*, como os argentinos chamam um esquema com um volante de cada lado; Burruchaga foi o organizador mais recuado, adiantando Valdano como *enganche* (o meia-atacante típico argentino); Borghi e Maradona mais uma vez atuaram na frente. Diego começou a inverter com

Valdano, recuando e lançando o companheiro em contragolpes. Apesar de um tanto lenta, a movimentação era ótima e prejudicava ainda mais a defesa búlgara já desprovida pela natureza. Zico fala da estratégia argentina: "Eles concentravam jogadores de um lado e deixavam o Maradona isolado do outro, para que pegasse apenas um adversário. No máximo mais um na cobertura. Dava certo".

Com 25 minutos, Ruggeri voltou à direita e Cuciuffo foi marcar como terceiro zagueiro pela esquerda. Variação bastante aplicada por Bilardo durante toda a Copa. Algo que exigia muita concentração de todo o time. Ele mudaria a equipe mais tarde, mas sem mudar a mexida do jogo contra a Itália: o meia Héctor Enrique substituiu Borghi, Olarticoechea fez a vez de Batista, como volante. Na prática, Enrique entrou na dele, como meia, e Valdano foi adiantado ao ataque. Olarticoechea deu maior e melhor saída para o ataque, até mesmo entrando em diagonal pela direita.

A Argentina melhorou um pouco. A Bulgária conseguiu a proeza de piorar. Aos 31, um golaço que o jogo não merecia: Diego recebeu de Garré na ponta esquerda; deu um drible da vaca em Jeliazkov, e serviu Valdano livre para ampliar. Então, a Argentina resolveu jogar. Perdeu mais duas das seis chances que teve, e viu a falta de Getov passar com perigo rente a trave da meta, aos 42. O único lance búlgaro.

Não foi preciso nem mesmo de muito Maradona para se classificar como primeira do grupo. Como explica o próprio gênio: "Não dá para ser um fenômeno todos os jogos. Até Maradona não joga sempre como Maradona".

1 A 0 NO URUGUAI

Oitavas de final. Puebla. Desta vez, jogo às 16 horas. Menos calor. Ainda altitude. Ainda o Uruguai, rival platino. Na fase inicial, o time do técnico Omar Borras levara um 6 a 1 da Dinamarca, a Dinamáquina de Laudrup e Elkjaer. Classificara-se com mais dois empates. Mudara cinco titulares para enfrentar a favorita Argentina, que só tinha uma mudança: o retorno de Pasculli ao ataque, pelos dois lados, no lugar do decepcionante Borghi. Valdano recuaria para armar, mantendo a dinâmica e a movimentação dos meias e atacantes. Outro dos tantos méritos de Maradona no México: não parava. E não conseguiam pará-lo. Fala Zico: "Ele jogava solto, sem responsabilidades. Podia errar dez jogadas que nada mudava. Aceitou ser o craque do time e os companheiros aceitaram isso".

190 As melhores seleções estrangeiras de todos os tempos

O Uruguai adotou a marcação por zona: jogasse à esquerda, Diego seria seguido por Barrios; à direita, por Dario Pereyra, craque do São Paulo, que desde 1980 era zagueiro. Mas, na Celeste Olímpica, voltava a ser o meio-campista que chegara ao Morumbi, em 1977.

A batalha esperada se viu. O árbitro italiano Luigi Agnolin não conseguiu conter a virilidade e/ou violência: quatro faltas desleais e/ou duras foram cometidas pelos argentinos; dez pelos uruguaios – seis delas foram pau puro em El Pibe D'Oro. Quem mais apanhou ao todo. Foram dez infrações sofridas por Maradona. Baixaram o ferro nele. E ele nem aí. Nem quando, aos 12 minutos, deram para quebrar o tornozelo esquerdo. Maradona saiu mancando para atendimento médico. Mas não xingando. Não rolando pelo gramado.

A Argentina propôs o jogo. Atirou-se como fizera contra a Coreia do Sul. Aos 6 minutos, pela direita, Maradona arrancou – aplausos e com a bola. Queria jogo. Pedia a bola. Pelos dois lados. Aos 11, deu o gol a Valdano que chegou um tanto tarde. O Uruguai mais batia que jogava. Quem poderia brilhar, o excepcional armador Enzo Francescoli, era engolido pela marcação individual do lateral Cuciuffo, que seguia o Príncipe uruguaio por toda parte, deixando a lateral direita por conta de Ruggeri, que até ao ataque foi. Com a bola dominada, Cuciuffo largava Enzo e buscava apoiar pela direita. Deixava a bronca na cobertura para o volante Batista: barbudo, cara de mau, alto, um tanto viril além da conta, ele compensava a lentidão com a colocação, antecipação e com o respeito (temor?) que impunha.

Sem os laterais titulares uruguaios Diego e Batista (suspensos), a Argentina forçou o jogo com Maradona e Valdano pelos cantos. Parecia mais viva e veloz que em jogos anteriores. Também por mais uma notável atuação do armador Burruchaga. Cria do Independiente, carimbava todas as bolas da defesa, do meio-campo e do ataque argentino. Inteligente, técnico, tático, fazia o jogo como queria, e com quem queria. Quando chegava à frente, sabia finalizar. Operário de luxo, o típico jogador com quem todo treinador gostava de contar. Sobretudo o utilitário Bilardo.

O primeiro tempo foi argentino. Maradona mandou uma falta de longe no travessão de Alvez. Já as faltas uruguaias terminavam na linha de impedimento bem executada pelos argentinos – herança da passagem de Menotti pela seleção. O Uruguai até foi equilibrando a partida, quando a Argentina marcou: aos 41, Maradona driblou Barrios e tocou para Batista trombar com Bossio. O que sobrou da bola ficou com Burruchaga, que a arredondou para Valdano tentar cortar o zagueiro Acevedo. Infeliz, o zagueiro uruguaio acabou passando a pelota para Pasculli, livre à frente de Alvez. O único gol do clássico. Um gol de fliperama.

O segundo tempo foi ainda mais argentino. O Uruguai teve um lance com Cabrera, no último minuto antes do intervalo. Teria mais uma chance aos 27 minutos da segunda etapa. E assistiria ao rival criar ao menos nove oportunidades em todo o jogo. A Argentina, enfim, acertava bons 90 minutos. Também porque Maradona estava em ponto de bola.

- Tota, a minha velha mãe, me perguntava o que eu estava comendo, por que corria como nunca! Ele ma via na TV sempre com a bola aos pés. Na verdade, estava muito confiante. Havia me preparado muito bem fisicamente com o professor Fernando Signorini. E tudo ficava ainda mais fácil pelo grupo que tínhamos. O ambiente era ótimo. Sentíamos em nossa casa.

Aos 2 minutos, Diego deu o gol ao companheiro de quarto Pasculli. Mas ele não soube fazer. Aos 5, desta vez pela esquerda, escapou com velocidade vertiginosa e só não celebrou o segundo gol porque Acevedo salvou sobre a linha um toque de Burruchaga. O Uruguai tentou reagir. A Argentina não deixou. Time cínico. Parecia jogar só quando preciso. Só o estritamente necessário. Poderia ter definido tudo aos 14: Alvez fez grande defesa em tiro de Maradona, magistralmente acionado por Burruchaga. Aos 21, o árbitro Agnolin deu mãozona ao Uruguai. Anotou falta inexistente (empurrão) de Maradona sobre Rivero, anulando lance do segundo gol argentino.

Com imensa catimba, a partir de então, a Argentina travou o rival, que melhorara com a tardia entrada do meia Ruben Paz (Internacional). Ao final do jogo, no gramado encharcado pela chuva e pelo vento forte dos últimos 20 minutos, a Argentina se classificou com méritos para as quartas de final. Era a revanche da eliminação para os ingleses, em 1966, em Wembley. *Revenge* pelas Falklands inglesas do conflito de 1982.

2 a 1 na Inglaterra

Em dois meses de conflito na Guerra das Malvinas, em 1982, 649 argentinos e 255 britânicos morreram. Quando a agonizante ditadura militar argentina se aventurou a resgatar as Ilhas Falklands do domínio inglês. Per-

192 As melhores seleções estrangeiras de todos os tempos

deram vidas, perderam respeito internacional... e perderiam o poder um ano depois os golpistas de 1976. A ditadura estava sepultada. Diferentemente de milhares de argentinos que sumiram entre 1976 e 1983.

Tão absurda foi a guerra no Atlântico Sul entre argentinos e ingleses, que os países disputaram a Copa de 1982 como se nada acontecesse, ainda que o conflito tenha se encerrado no início daquele Mundial. Ao menos para quem estava de fora, as Falklands eram inglesas em 1986, e a Cidade do México assistiria a apenas mais um (grande) jogo pelas quartas de final. Mas os 114 mil que estiveram dentro do Estádio Azteca, em 22 de junho de 1986, na tórrida partida disputada a partir do meio-dia, sabem que a máxima do treinador escocês Bill Shankly estava em cada canto do campo: "Futebol não é uma questão de vida ou morte; é muito mais que isso".

Sobretudo para a seleção derrotada em 1966 nos campos ingleses, para o país prostrado em 1982 nas águas atlânticas. A Inglaterra sabia que o poder de fogo do time de Maradona era infinitamente maior que o da armada bran-caleone dos milicos que pagaram mico nas Malvinas. E imaginavam o espírito platino para aquele que era mais que um jogo de futebol. Lembra Maradona:

– Para nós era a final da Copa. Até mais que isso. Não pensávamos em ganhar de um time de futebol, mas de um país. Era uma revanche. Jovens argentinos tinham sido mortos como passarinhos nas Malvinas quatro anos antes. Dizíamos para a imprensa que uma coisa nada tinha a ver com a outra [...] Para nós, mais que uma vitória no futebol, seria uma derrota dos ingleses. Queríamos culpar os jogadores deles pelas Malvinas.

Oito senadores peronistas usaram as tribunas do parlamento argenti-no sugerindo ao presidente Alfonsín que a seleção perdesse por w.o. para a Inglaterra como "expressão permanente da afirmação dos direitos argenti-nos sobre as Malvinas". Para felicidade do esporte, a Argentina não tirou o time de campo. Muito menos a alma. Para os ingleses, mais uma infelicidade. Além de Diego, eles teriam pela frente numa Copa mais uma vez uma antiga inimiga de guerra. Como foi a Alemanha, tantas vezes, mais dura pelos con-frontos bélicos passados com os ingleses. Como seria a Argentina, por feridas ainda mais recentes. Para os argentinos, a frase dos geniais músicos e humo-ristas do grupo Les Luthiers era mais que real: "No futebol, o importante não é ganhar. É fazer o outro perder".

Bilardo acertou a mão ao sacar Pasculli do ataque e adiantar Maradona. Na armação, apostou desde o início em Enrique, que aportava marcação, dinâmica e boa técnica à intermediária. O respeito (receio?) mútuo emperrou o jogo tanto quanto o calor. Com menos de 30 segundos já tinha argentino desfraldando bandeira, demarcando território, marcando a canela inglesa. Os ingleses também batiam a ferro e fogo, mas não marcavam individualmente Maradona. Aos 8 minutos, o zagueiro-direito Fenwick levou amarelo ao cometer a primeira das seis faltas sobre Diego. Duas delas muito feias. Mais duas faltas não seriam marcadas (entre elas uma cotovelada do próprio Fenwick).

O primeiro tempo não foi bom. As equipes saíram vaiadas de campo. Duas chances para a Argentina (de bola parada, sempre com Maradona), uma para a Inglaterra, num escorregão do goleiro Pumpido depois de um recuo de bola... A Inglaterra não tinha um grande time. No ortodoxo 4-4-2 usual, tinha pouca técnica e criatividade. O centroavante Lineker foi o artilheiro da Copa (seis gols), mas mal pegou na bola contra os argentinos (bem marcado por Ruggeri, com Brown na sobra).

Na segunda etapa, um lance perdido na memória pode ter inspirado o gênio daquela e de todas as tardes quentes e apimentadas: bola morta na intermediária, Maradona subiu para dividir com Fenwick. Mais alto, o zagueiro inglês chegou um tanto tarde. Não teve dúvidas: ergueu o punho direito e tentou socar a bola. Errou, e perdeu a dividida. Pode ter começado a perder a classificação ali, aos 3 do segundo tempo. Ao dar a ideia para o que faria Diego contra o goleiro Shilton.

Dois minutos depois, Maradona saiu da esquerda para a entrada da área rival. Passou por três e buscou Valdano. Este não dominou a bola, que foi chutada para cima por Sansom. O experiente goleiro Shilton foi em direção a bola na dividida contra Maradona.

O 4-2-2-2 que Bilardo usou no final do jogo, com o ala Cuciuffo mais atrás, atuando como lateral, e Olarticoechea apenas marcando pelo lado esquerdo.

194 As melhores seleções estrangeiras de todos os tempos

Lance típico para defesa com as mãos do goleiro. Essa era a única dividida com Diego que não tinha vantagem para El Pibe, do baixo dos seus 1,66m.

Logo depois do confronto entre as mãos do alto Shilton e a "cabeça" do pequeno Diego, um grito de gol no Azteca. Valdano olhou meio desolado para o árbitro tunisiano Ali Bennaceur, aguardando a marcação do que vira claramente: toque de mão esquerda fechada de Maradona, que só assim se antecipara a Shilton e empurrara a bola para dentro da meta. Não só o companheiro olhou para o árbitro. O próprio Diego iniciou a corrida para a celebração olhando para o tunisiano. Incrédulo, olhou ainda mais uma vez, desta vez para os desesperados Shilton e Fenwick, que reclamavam do soco na bola que viram. Como quase todo o estádio observou. Ou cogitou como mais provável.

> – Saltei com a mão por trás da cabeça. Não acho que o Fenwick tenha visto a mão. Ele deve ter imaginado que seria impossível o Shilton perder aquela dividida. Eu corria olhando para o árbitro e para o bandeirinha para celebrar. Ainda bem que eles não perceberam também isso. O Valdano chegou perto de mim e fez "shhh!", com o dedo na boca, como uma foto de enfermeira em hospital. Fiquei quieto. Na minha. Só celebrando o gol que acabara de fazer neles.

No vestiário, depois da vitória, Maradona disse que foi *La Mano de Dios* que fizera o gol. Queria dizer outra coisa: "Foi a mão de Diego. Foi como roubar o dinheiro dos ingleses. Talvez eu tenha tido mais prazer em fazer esse gol que o outro". Aquele outro gol...

Poderia terminar a histórica partida ali. Mas não seria justo que o maior craque de 1986 fosse discutido por algo que fizera com a mão. Era preciso marcar aquele jogo com um gol indiscutível. Com um sonho. Com um gol imaginado por Maradona. "Quando era menino, sonhava com algo como aquilo. Toda vez que eu o revejo, ainda acho que é mentira. Não é possível que o sonho que sempre tive virou realidade. E contra quem."

Enrique tocou para Maradona no lado direito do campo argentino. Diego driblou seco o atacante Beardsley num rodopio, passou com agilidade pelo meia Reid e avançou rumo ao campo inglês; fintou o zagueiro Butcher, ultrapassou Fenwick na corrida e, já na área, cortou para fora o goleiro Shilton. Maradona conta a possível inspiração:

Argentina de 1986 *195*

– Na hora, não me dei conta. Depois lembrei o que meu irmão menor, o Turco, me havia dito, em 1981, num jogo contra a mesma Inglaterra, em Wembley. Havia feito um lance parecido, mas que defini tocando do lado do goleiro, uma bola que saiu fora. O meu irmão então tinha 7 anos e ficou me criticando porque eu deveria ter driblado o goleiro para fora em vez de ter chutado... Foi o que fiz no Azteca.

Shilton batido pelo drible, Butcher se recuperara e vinha babando, afiando a faca. Maradona botou o lado de fora do pé esquerdo para empurrar a bola, 11 segundos depois de receber o passe de Enrique, aos 9min27s. Livres na área, Burruchaga e Valdano só acompanharam Diego para sair na foto histórica. Do gol realizado com 12 toques na bola, cinco fintas, ao menos uma desaceleração na corrida rumo à antologia. "Eu queria botar a sequência de fotos desse gol sobre a minha cama. Mais duas imagens das minhas filhas Dalma e Giannina, e uma inscrição abaixo de tudo: 'O melhor da minha vida'. Nada mais."

Até os 20 minutos, todas as chances argentinas foram dele. Maradona. A Inglaterra só resolveu jogar a partir de então. Num compacto de melhores lances do jogo, cinco são argentinos, sete, ingleses. Um gol argentino foi irregular. Mas há como falar que o medíocre time inglês merecia eliminar o organizado time argentino? Ou melhor: derrotar o time de Maradona?

Bilardo mudou o 3-3-2-2 para uma espécie de 4-2-2-2, com os alas Cuciuffo e Olarticoechea (que começou o jogo no lugar de Garré) como laterais. Aguentou os ingleses até a entrada do endiabrado *winger* Barnes, aos 28 minutos. Aos 34, o meia aberto pelo lado esquerdo passou por dois e, da linha de fundo, botou na cabeça de Lineker, na primeira jogada decente do artilheiro da Copa.

Menotti, comentando pela TV Globo, disse que a Argentina passara a atuar como Inglaterra, dando bicos a esmo, não trabalhando a bola, apenas se defendendo. E os ingleses quase empataram como argentinos, aos 42 minutos. Barnes repetiu o lance do gol e Lineker só não igualou porque Olarticoechea salvou, sobre a linha, uma zaga vulnerável no jogo aéreo, também pela debilidade no fundamento de Pumpido, o primeiro sucessor do até hoje insubstituível goleiro Fillol.

Tal foi o sufoco que o apito final foi saudado como se fosse a decisão da Copa. Ruggeri e o reserva Trobbiani se abraçaram como se o mundo já fosse argentino. E as Malvinas, pelo menos naquele instante, também.

2 A 0 NA BÉLGICA

Como num bangue-bangue mexicano, era preciso vingar todos os desafetos. Até mesmo os belgas. Algozes da primeira derrota argentina na Copa de 1982. Os companheiros de Maradona tinham, em 1986, o caminho das pedras e das bolas propício para devolver todas as dores históricas. Foi o que fizeram no Azteca, sem muito calor, sem precisar jogar muito contra um rival assustado e amuado em seu próprio campo.

Também pela confiança argentina. Não era prepotência de anedota. Bilardo mal celebrara a vitória sobre os ingleses. Saíra correndo do vestiário do Azteca, entrara num carro de polícia, e viajara até Puebla para assistir ao futuro adversário na semifinal. Viu os 120 minutos de Bélgica 1 a 1 Espanha, torceu pelos belgas nos pênaltis (venceram por 5 a 4), voltou para a concentração argentina e não teve medo ao anunciar aos atletas: "Tranquilos, muchachos. Ya estamos en la final".

A estratégia mental do treinador não foi aprendida no banco de reservas: "Você não pode ficar nervoso quando vai a campo. A medicina foi útil para mim no futebol. Aprendi nos bancos da escola e na prática a tranquilizar meus jogadores. Eles acreditaram no que eu disse".

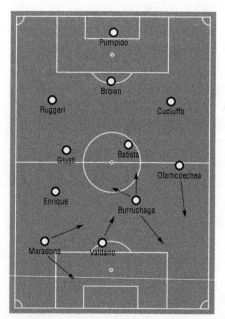

O 3-3-2-2 que Bilardo usou para vencer os belgas tinha Cuciuffo na zaga, Olarticoechea liberado quase como ponta, meias e atacantes dinâmicos.

Além de pior, a Bélgica estava estropiada por ter jogado e corrido 60 minutos de bola a mais na Copa: vencera duas favoritas (União Soviética, na prorrogação) e a Espanha, nos pênaltis. Estava morta. Também por isso atuou tão atrás e marcou tão mal. Nem bater em Maradona conseguiu: fez apenas duas faltas em Diego.

Os mais bonitos lances coletivos argentinos na Copa foram apresentados na semifinal. A clássica escola do *toco y me voy*, do passe bem pensado e executado que mina a força rival, enfim se viu no México. Por pouco tempo, porém suficiente. Bilardo manteve

Argentina de 1986 **197**

a escalação, apenas soltando mais o meia Enrique pela direita, e deixando Cuciuffo como zagueiro pela esquerda, não como ala ou lateral pela direita. Liberando Olarticoechea para ser quase um ponta pela esquerda. Enrique e Giusti organizavam mais os lances pelo setor. O 3-3-2-2 argentino nunca foi tão claro como nessa partida. Fala Maradona:

> – Éramos um time muito organizado. Tínhamos um líbero como Brown. Dois *stoppers* na zaga marcando pelos lados como Ruggeri e Cuciuffo. Dois volantes laterais como Giusti e Olarticoechea. Um volante-central que não deixava passar nada que era o Batista. O Enrique equilibrava tudo no meio-campo e o Burruchaga fazia a ligação entre as partes da equipe. Lá na frente, eu e Valdano. Essa foi a nossa base. Um *equipazo*. Contra os belgas, coitados, foi só uma escala. Estávamos tão confiantes que não poderíamos perder.

Como quase todo campeão, além de o melhor time, treinador etc, é preciso ter as melhores arbitragens: aos 27, Veyt avançou sozinho para fazer o gol belga e o bandeirinha português Carlos Valente marcou impedimento absurdo. Mais nove minutos e o ótimo Vercauteren apareceu livre à frente de Pumpido. Carlos Valente anotou outro impedimento impressionante, por injustificável má colocação. O que também faria no segundo tempo, contra a Argentina. Não era mal intencionado. Era apenas péssimo.

A Bélgica equilibrara o primeiro tempo que terminara sob vaias. Bilardo mudou a estratégia e resolveu atrair a Bélgica, que estava colocando as chuteirinhas de fora da área dela quando, aos 6 minutos, Burruchaga enfiou bola espetacular para Maradona, que ganhou de dois na corrida e, de bico de chuteira, bola no alto, tirou de Pfaff (que se precipitou ao sair da meta). Golaço.

Os belgas saíram para o jogo e poderiam ter empatado aos 13. Claesen perdeu gol feito na pequena área: depois de escanteio, Burruchaga não saiu da linha de meta e deu condição ao atacante belga. Qualquer semelhança com o terceiro gol da Itália contra o Brasil é mera coincidência: em 1982, uma bola vadia de escanteio pererecou até Rossi guardar na história; em 1986, a bola tola não entrou na meta argentina, mesmo com a zaga pedindo para levar o gol belga.

Cinco minutos depois, a pelota e os deuses mostravam por qual time torciam em 1986 – ou que craque idolatravam: Diego recebeu no meio, derivou pela esquerda e bateu cruzado. Fácil escrevendo. Só que Diego passou entre quatro belgas, limpou mais um, e fez outro golaço.

A Argentina recuou, Maradona ajudou na marcação, e o time de Bilardo aproveitou para descansar e pensar na final. Foram dez chances argentinas contra três belgas em 90 minutos. A vitória estava nos melhores pés. E mais descansados.

3 a 2 na Alemanha

Melhor perna esquerda que já entrou em um campo de futebol, Diego entrou no gramado do Azteca fazendo o sinal da cruz e dando pulos sobre a perna direita. A esquerda ficou encolhida. Era um ritual cabalístico. O sinal do que foi a Copa de 1986. A canhota de Maradona pairava no ar. Estava muito acima das outras 43 pernas no gramado quente do sol do meio-dia. Fervendo como o time argentino. Valdano: "Antes da estreia, não tínhamos nem a certeza de bater a Coreia do Sul; na final, não tínhamos dúvidas de que venceríamos a Alemanha".

Maradona apanhou como sempre: sete faltas sofridas, mais três não marcadas pelo brasileiro Romualdo Arppi Filho. Apenas uma feia. Quase sempre uma marcação implacável – porém leal – de Lothar Matthäus. Jogador que mais atuou em Copas. Um senhor meia, de ótima técnica (foi o craque da pavorosa Copa de 1990), e excelente comprometimento tático. Tanto que fez Maradona não brilhar. "Matthäus me marcou sem dar espaços nem patadas."

Bilardo manteve o time. Confiava nos *muchachos*. E nele próprio: um ano antes da Copa, logo depois de quase cair fora do Mundial, a revista *El Gráfico* perguntou-lhe qual a melhor equipe do mundo; a resposta do treinador: "Vejo a Alemanha na final da Copa". "E a Argentina?", perguntou o repórter. Bilardo: "Eu a vejo campeã do mundo".

Na final que preconizara, Bilardo prendeu Cuciuffo pela lateral direita, de olho no atacante Allofs; posicionou Ruggeri mais à esquerda (para encarar o craque rival Rummenigge), e deu menos liberdade a Olarticoechea pela lateral esquerda. Se Diego não "maradoneou", Valdano foi um craque tático. Com a bola, a ordem era jogar, aberto às costas do gigante Briegel, um dos quatro remanescentes da final de 1982. Sem a bola, Valdano deveria seguir o tanque alemão pelo campo, a partir da lateral esquerda rival. E foi o que muito bem fez. Para aplausos de Zagallo: "Valdano foi um jogador completo na final. Com a bola, jogava com o time. Sem a bola, jogava pelo time. Pena que nem todos no Brasil se sacrifiquem assim".

Mesmo mais comprometida defensivamente, a Argentina era melhor e mais ofensiva até fazer 1 a 0, aos 21 minutos; falta tola do meia Magath em Cuciuffo que foi bem cobrada por Burruchaga, na cabeça de Brown. O goleiro Schumacher saiu desgovernado e não chegou perto do zagueiro. Bilardo mais uma vez recuou o time e abdicou do contragolpe, esperando a Alemanha que não veio. Os argentinos só criaram alguma chance no chuveirinho. Um mau primeiro tempo.

Beckenbauer voltou do intervalo com o artilheiro Völler no lugar de Allofs (engolido por Cuciuffo) para fazer companhia a Rummenigge. A Argentina abusou da bola longa na saída rápida para o ataque e foi feliz aos 10 minutos, quando mais atacava a Alemanha: Valdano tapou a saída pela esquerda alemã, tocou para Burruchaga, entrou em diagonal e recebeu a bola na frente. Na saída de Schumacher, bateu cruzado e fez belo gol. Mais que merecido pela aplicação tática.

Beckenbauer apostou tudo na bola aérea. Sacou o apagado meia Magath (trancado por outra partida irrepreensível taticamente de Giusti, o volante lateral que marcava e jogava limpo) e colocou o atacante Dieter Hoeness, de bom jogo aéreo. A Argentina poderia ter acabado com tudo aos 23, quando Enrique partiu livre e foi impedido pelo assistente costarriquenho Berny Ulloa, que marcou impedimento dos mais absurdos já vistos.

Se não pensava bem o jogo que parecia perdido, a Alemanha tinha cabeça para equilibrar. E empatar: aos 29, escanteio de Brehme, Hoeness desviou no primeiro pau, o imenso Rummenigge entrou de carrinho e diminuiu; aos 36, Brehme bateu escanteio na segunda trave, a bola desviou para a pequena área, Voller se anteci-

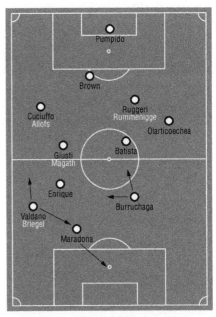

Cuciuffo e Ruggeri marcaram individualmente os atacantes alemães e o atacante Valdano teve de seguir o tanque Briegel por todo o campo.

200 As melhores seleções estrangeiras de todos os tempos

pou a Pumpido, e a uma defesa sempre problemática no jogo aéreo defensivo, e empatou um jogo absolutamente ganho pela Argentina. Fala Maradona: "Até que recebam o atestado de óbito, os alemães não se entregam. Não temem nada. Na entrada dos times, nós costumávamos gritar, bater no peito. Isso metia medo em todos os rivais. Menos neles".

Era a velha Alemanha beatificada no final dos jogos. Mas não santificada e iluminada como Maradona. "Até fiquei com receio da prorrogação depois do gol de empate. Mas quando olhei aquele touro do Briegel com as pernas vermelhas, falei pro Burruchaga que era só fazer a bola correr que a gente ganhava." Dito e jogado: aos 38, no grande círculo, Diego deu um toque de primeira para Burruchaga. O meia, que tanto deixava os companheiros na cara do gol, desta vez recebeu o troco. Avançou livre atrás de uma linha de zaga alemã absurdamente adiantada e bateu antes da saída retardada de Schumacher, que nada fez com o tiro cruzado. Na mesma meta do Estádio Azteca, numa final de Copa, 16 anos depois dos 4 a 1 do Brasil contra a Itália, Burruchaga se ajoelhou e comemorou com o mesmo gesto e fé do brasileiro Jairzinho, que em 1970 fizera o terceiro gol brasileiro. Outro grande camisa 7 agradecia aos céus mexicanos um gol mundial. Lembra o argentino:

> – Foi o pique mais longo e emocionante de minha vida. Achei que não aguentaria. Mas tive a sorte de ver claramente o Schumacher, que estava todo de uniforme amarelo, brilhando. Vi o quanto estava longe da meta quando recebi a bola, e pude mais facilmente definir o lance. O plano era encobri-lo, mas acabei tocando entre suas pernas. Eu não vi que Valdano estava correndo ao meu lado pelo meio, nem ouvi Briegel atrás de mim. Estava esgotado demais para perceber tantas coisas.

Burruchaga foi sacado antes do fim e pôde celebrar o apito final no banco com todos os companheiros. Menos Bilardo. Explica Ruggeri:

> – Ele estava chateado. Ficava se perguntando como é que a gente tinha levado dois gols de escanteio depois de termos treinado tanto. Ele ficou assim por horas. Mesmo com o troféu em nossas mãos. Ele não descansava nunca. Também por isso fomos campeões.

Mas não apenas pela preocupação obsessiva de um treinador detalhista a Argentina foi campeã. Talvez ganhasse a Copa sem Maradona. Mas, cer-

Maradona, sozinho, como em quase toda a Copa, celebra o triunfo final, ao lado da sombra estrelada do sistema de som do Estádio Azteca.

tamente, esse time não estaria neste livro e em tantas mentes se houvesse um outro camisa 10. Uma equipe organizada ajuda sempre. Mas, em 1986, Bilardo teria mais preocupações na bola parada e precisaria ser ainda mais metódico e obstinado se não tivesse um gênio de maus modos e obcecado pela graça e alegria do jogo. O doutor Bilardo não teria a cura, sem a santa loucura de Diego.

No gramado entupido de repórteres na festa platina, a TV mexicana teve de destacar Maradona por meios gráficos, escurecendo a imagem de quem estivesse ao lado. Como se precisasse criar aquele halo virtual. Diego foi a luz argentina. Foi o sol mexicano. Foi ele quem deu o mais efusivo abraço no choroso – e irritado – Bilardo, ainda no gramado. O artista insaciável do campo era tão campeão quanto o operário padrão de terno e gravata do banco. Ou um foi mais que o outro – ou que todos os outros?

Na Itália, quem bem conhecia Diego decretou: "Maradona ganhou esta Copa sozinho". Palavras do ex-jogador Claudio Gentile, que marcou Maradona na Copa de 1982. "Quase sozinho", opina Dario Pereyra, que tentou marcá-lo pelo Uruguai.

Na tribuna, o cumprimento seco entre Maradona e João Havelange, o eterno presidente da Fifa. Diego recebeu do presidente do México a

Diego Maradona é carregado pela gente que ele carregou na perna esquerda.

Copa que beijou, levantou e depois aninhou como um bebê no ombro direito. Nada mais justo. Mais que argentina, aquele Copa era do pai da criança. Era do Pibe D'Oro:

> – Todos estavam contra a gente. O governo, muitos argentinos, os rivais. Éramos visitantes até no Estádio Azteca. A torcida era maior pelos alemães. No fim do jogo, só os argentinos no estádio berravam. Em nosso país, sabia que tínhamos virado o jogo. E os que mais nos criticavam seriam os primeiros a subir no carro da vitória na Argentina. Pena que um título mundial não baixe o preço do pão. Se pudéssemos resolver os problemas do nosso país com dribles...

Pós-Copa

Foram 344 dias sem Argentina em campo. No retorno, em junho de 1987, duas derrotas seguidas até a estreia na Copa América da qual era o país sede. Um empate com o Peru, uma vitória sobre o fragilíssimo Equador,

Argentina de 1986 203

e duas derrotas eliminaram precocemente a anfitriã. Nem a vitória sobre a Alemanha, em dezembro, garantiu menos críticas a Bilardo e a um time que mantinha seis titulares de 1986 – entre eles El Diez – e jovens promessas, como o atacante Claudio Caniggia.

Novo fracasso na Copa América de 1989, organizada e vencida pelo Brasil, levou os argentinos a chegarem com menos cartaz na Itália, no Mundial de 1990. Mas a expressão que Maradona garganteou "vão ter de arrancar a Copa de nossas mãos" motivou o time. Ao final das contas, aos trancos e trombadas, aos pênaltis defendidos pelo goleiro reserva Goycochea, e aos lampejos de Maradona, mesmo com o tornozelo esquerdo torcido e inchado como uma bola, a Argentina só foi batida na final, num pênalti discutível para uma Alemanha indiscutivelmente melhor.

Como foi o futebol argentino na década dourada de 1940. Anos de chumbo e de luto pela Segunda Guerra Mundial. Anos que tiraram vidas e o sonho argentino de conquista planetária – no gramado. Tivessem sido disputados os Mundiais de 1942 e 1946, dificilmente haveria seleção melhor que a da Argentina. Escola de bola que já produzira quatro campeões do mundo, em 1934, os *oriundi* Monti, Orsi, Guaita e Demaría, argentinos de berço, italianos de passaporte. Academia forjada em *La Máquina* do River Plate, da linha ofensiva Muñoz, Moreno, Pedernera, Labruna e Lostau. Seleção espetacular pela presença do zagueiro Salomón (Racing), dos centromédios Perucca (Newell's Old Boys) e Néstor Rossi (River), dos meias Tucho Méndez (Huracán) e Sastre (Independiente), e dos muitos que fizeram, entre 1941 e 1950, a Argentina ganhar quatro títulos sul-americanos em cinco disputas, empatando apenas dois jogos e perdendo uma só partida. Ao todo, em 50 partidas na década de 1940, foram apenas cinco derrotas. Aproveitamento de 80% dos pontos, e média de 3,2 gols por jogo.

Aquele time maravilhoso era conduzido pelo artilheiro da Copa de 1930, e vice-mundial pela Argentina, o ex-centroavante Guillermo Stábile. Ele lançou, em sua época, as ideias de Bilardo: "Temos de jogar para ganhar, não para jogar bonito. Temos de atuar com sobriedade e cautela, explorando os erros dos rivais, não os deixando fazer o mesmo". Era Stábile, em 1940. Foi Bilardo, em 1986.

Maradona

Zito foi bicampeão mundial pelo Santos e pela seleção ao lado de Pelé. Foi quem mais e melhor viu jogar o rei do futebol. Para Zito, o 10 brasileiro é de outro mundo. "Mas Maradona jogou só uns 2% menos que Pelé." Se o mundo não discute Pelé, os argentinos fazem questão de debater *Ele* com Diego. Num ponto, ganham de goleada: se, para o Brasil e o mundo Pelé é o rei do futebol, Maradona é *Deus* para os argentinos.

Dieguito era um garoto que só queria jogar pelo Independiente do coração e com o ídolo, o talentoso meia Ricardo Bochini. Era o sonho do Pelusa – apelido que ganhou enquanto crescia (mas não muito) em Villa Florito, bairro paupérrimo perto de Lanús, ao sul da Grande Buenos Aires, onde nasceu, em 30 de outubro de 1960.

Aos 9 anos de idade foi treinar no Argentinos Juniors, da região central da capital federal. Aos 10, já era notícia no jornal *El Clarín*. Gandula do clube, no intervalo dos jogos era conhecido pelas embaixadas que fazia. Logo se mostrava na televisão argentina pela habilidade circense, com menos de 12 anos. O presente de aniversário de 16 anos foi ganho dez dias antes: estreou no profissional do Argentinos Juniors. Na primeira bola, um *caño* (uma bola entre as pernas) de um zagueiro do Talleres. "Toquei o céu com as mãos", definiu. E seria tocado por Ele. Em fevereiro de 1977, Menotti já o convocava para a seleção principal, com apenas 16 anos. Mas não o levou para a Copa disputada no país. A primeira grande decepção do Pibe. Para Menotti, ainda não era hora. Para Diego, "era possível. Estava pronto. Jamais lamentei tanto. Na Copa de 1994, quando fizeram questão de me pegar no antidoping, eu chorei menos do que sofri por não ter sido convocado em 1978".

Maradona respondeu com gols o esquecimento: foi cinco vezes artilheiro de campeonatos argentinos em dois anos. Em fevereiro de 1981, foi porque quis para o Boca Juniors, e não para o River Plate que pagava um salário maior. Na Bombonera, ganhou seu único título na Argentina, o Metropolitano de 1981. Depois de apenas 40 jogos e 28 gols, foi vendido para o Barcelona. A maior transação do futebol mundial: 8 milhões de dólares.

Argentina de 1986 *205*

A Espanha não trouxe grandes alegrias. Uma hepatite o tirou de campo por três meses. Para variar, brigou com o treinador (Udo Lattek). Foi campeão da Copa do Rei e da Copa da Liga, marcando no Santiago Bernabéu um golaço aplaudido até pela torcida do Real Madrid. Em setembro de 1983, criminosa entrada de Andoni Goikoetxea (Athletic de Bilbao) fraturou o tornozelo esquerdo de Diego. Voltou antes da hora, em janeiro de 1984. No final da Copa do Rei, em maio, Maradona arrumou batalha campal e pegou um gancho em jogos na Espanha até dezembro daquele ano.

Não na Itália. Aproveitando a suspensão, e uma tentadora proposta do Napoli, Diego encerrou a história de 58 jogos e 38 gols na Catalunha. Foi começar do zero em um clube que ficara a um ponto do rebaixamento na Itália. E que começaria a ganhar tudo que jamais vencera. Seria bicampeão italiano (1987 e 1990), ganharia uma Copa da Itália (1987), e uma Copa da Uefa. Com o apoio dos brasileiros Careca e Alemão. Este fala de Diego:

– A explosão dele nos primeiros metros na arrancada era incomparável. Conseguiu vencer no duro futebol italiano por isso, por ser muito rápido nos primeiros metros. Com a habilidade que tinha, era quase impossível evitar o drible.

Elogia Careca, com quem fez notável parceria:

– Apesar de só jogar com o pé esquerdo, o seu raciocínio e a visão de jogo eram superiores. Ele fez com uma perna o que quase todos não fariam com as duas! Você o via com a cabeça baixa olhando para a bola e de repente ele lançava em velocidade e deixava o companheiro na cara do gol. Fora o domínio de bola. Ninguém o desarmava.

Em 1990, dividiu a Itália ao dizer que o país só dava atenção aos napolitanos quando precisava deles, como na semifinal da Copa, quando a anfitriã recebeu a Argentina. Na casa de Diego, o estádio San Paolo. Nos pênaltis, a Itália perdeu. Maradona começava a perder a vida que levava. Em 17 de março de 1991, exame antidoping deu positivo. Cocaína na urina de Diego e 15 meses de suspensão na Itália.

Só voltaria a jogar em julho de 1992, comprado pelo Sevilla, por 7,5 milhões de dólares. Retornaria à seleção argentina logo depois. Na Espanha, jogou 26 vezes, e marcou apenas quatro gols. Brigou com o técnico Bilardo, velho parceiro e agora também no futebol espanhol, e com os cartolas, inimigos cordiais. De volta à Argentina, atuou apenas cinco partidas pelo Newell's Old Boys. Brigou com o treinador e deixou o clube, em janeiro de 1994.

A seleção argentina não vinha bem. Precisou de Maradona para se classificar na repescagem contra a Austrália. Precisou de Diego para enfrentar a Copa de 1994. Parecia revigorada depois da goleada sobre a Grécia e da bela vitória sobre a forte equipe da Nigéria. Mas o antidoping de Diego deu positivo para efedrina, norefedrina, seudoefedrina, norseudoefedrina e metaefedrina. "Me cortaram as pernas", disse para os amigos ao deixar a concentração. Ainda assistiu pela TV à derrota para a Bulgária, no final da primeira fase. Não viu com os companheiros a Argentina cair diante da Romênia, já nas oitavas de final. Estava no Estádio Rose Bowl, em Pasadena. Como um torcedor qualquer.

Ficou 15 meses suspenso dos gramados. Para passar o tempo, resolveu treinar o Deportivo Mandiyú. Ganhou um jogo em 12 partidas. Assumiu o Racing, em 1995: 11 jogos, duas vitórias. Em setembro, reestreou no Boca. Queria ser técnico e jogador. Só foi o último. E tampouco conseguiu ser Maradona. Entre idas e vindas, e mais um antidoping positivo para cocaína, Diego anunciou, no aniversário de 37 anos, sua despedida do futebol.

Para Tostão, "foi o único malabarista que se tornou craque". Para o escritor uruguaio Eduardo Galeano, Maradona é um mito.

> – Porque não só foi excepcional: foi um rebelde que desafiou os poderosos; e porque muita gente se identifica com esse santo bandido, que faz gols com a mão e se dopa com cocaína; é sujo, incoerente, louco; ou seja: um santo popular porque é humano; mais parece pertencer ao Olimpo grego que ao paraíso cristão. A socióloga argentina Graciela Romer o define como a perfeita "expressão para o argentino da possibilidade de alcançar um sonho, a partir de uma origem muito humilde".

Bem que Diego tentou despedir-se da vida. Engordou, drogou-se, exagerou. Mas quase sempre saiu driblando rivais e driblando ele mesmo. Em 1998, meio na brincadeira, fundou-se uma religião chamada Igreja Maradoniana. Muitos fiéis o ajudaram em orações quando esteve internado, em 2004, por todo tipo de excessos. Nos dias de vigília no hospital, faixas estendidas ensinavam o culto ao craque: "Deus existe e está internado"; "Diego, fique tranquilo, você nunca morrerá. Deus não quer competição"; "Diego, se você for jogar no céu, eu morro só para vê-lo"; "Diego, se você precisar de outro, toma o meu coração".

Quando se recuperou, Maradona fez o de hábito: dedicou a recuperação ao povo, e detonou quem o criticava:

> – Não sou a grande vergonha da Argentina. Não cobrei de ninguém os gols que fiz. Simplesmente arranquei um sorriso de todos através dos meus dribles e dos meus gols. Eu não sou a vergonha porque não meti a mão nos bolsos de ninguém e tudo que digo é com o coração. Com o pouco de coração que ainda me restou.

Em outubro de 2008, o futebol argentino estava carente. No desespero, inventaram Diego armando o pálido time *albiceleste*. Maradona assumiu a seleção argentina que não vinha bem nas Eliminatórias para a Copa de 2010. Com o treinador Alfio Basile, conquistara apenas 55% dos pontos. Com Maradona, convocando um elenco diferente e escalando um mau time distinto a cada má partida, faturaria apenas 50% dos pontos. Nas duas rodadas finais, precisava vencer o Peru (mais uma vez...) em Nuñez. Lanterna das Eliminatórias, a equipe visitante foi bombardeada pela Argentina, que só abriu o placar no início do segundo tempo. Aos 44 minutos, no meio de um temporal que fazia tremer as câmeras de televisão e encharcar suas lentes, o Peru empatou. As gotas de chuva pareciam lágrimas; o vento parecia derrubar tudo, inclusive os argentinos que corriam o risco de não se classificar para a Copa.

Aos 47, na mesma meta onde, em 1985, o centroavante Gareca empatara o jogo contra o Peru, levando a Argentina ao México para voltar com a Copa de 1986, o atacante Palermo (aposta de

208 As melhores seleções estrangeiras de todos os tempos

Maradona), impedido, fez o segundo gol argentino. O estádio veio abaixo. Diego também: atirou-se de peixinho no gramado enlameado. Parecia *Free Willy* de cinema pelo peso e pelo drama. Que ainda não teria fim: na saída de bola, o meia peruano Palácios bateu direto para gol. O goleiro Romero estava adiantado e a bola explodiu no travessão argentino. No minuto seguinte, o árbitro poderia ter marcado um pênalti para o Peru, não tivesse o boliviano terminado a partida um segundo antes da falta, com a bola dentro da área argentina. Ainda faltava um empate para a classificação para a Copa de 2010. Justo no Uruguai, que precisava vencer de qualquer jeito. Maradona travou o time na defesa. Teve uma só chance de gol. E fez o gol da vitória em Montevidéu. Com um zagueiro que estreava pelas mãos dele – Bolatti – no primeiro toque que dava na bola.

No apito final, Diego abraçou Bilardo – que voltou a trabalhar com ele como diretor técnico. Repetiram a cena e a festa de 1986. Choraram. Berraram. Ou pior: só Diego urrou uma ordem pouco educada para os que duvidavam da Argentina na Copa. Para os que não acreditavam em Maradona treinador. Na entrevista coletiva, reiterou o desrespeito a quem ele imaginava que não o respeitava ou venerava.. Na célebre definição de Valdano: "Diego precisa entender que ele joga futebol como um deus, mas que ele é apenas um homem". Um *pibe* carente que adora repetir: "eu necessito que as pessoas me necessitem".

Mas quem consegue dizer algo a ele? Quem consegue definir o que é Maradona? Ele é o exagero. O delírio que narrou Victor Hugo Morales, o mais importante locutor argentino, no gol mais lindo da história das Copas, por todas as pesquisas já feitas:

> – *Ahí la tiene Maradona, lo marcan dos, pisa la pelota Maradona. Arranca por la derecha el genio del fútbol mundial. Puede tocar para Burruchaga... Siempre Maradona. Genio, genio, genio! Ta, ta, ta, ta, ta ... Goooooooool goooooooool! Quiero llorar! Dios santo, viva el fútbol, golaaaazo! Diegooooool! Maradona! Es para llorar, perdónenme, Maradona en recorrida memorable, en la jugada de todos los tiempos, barrilete cósmico. ¿De qué planeta viniste para dejar en el camino a tanto inglés, para que el país sea un puño apretado gritando por Argentina? Argentina 2 - Inglaterra 0. Diegol, Diegol!, Diego Armando Maradona. Gracias, Dios. Por el*

fútbol, por Maradona, por estas lágrimas, por este Argentina 2 - Inglaterra 0. Gracias, Dios!

O "deus" a que se refere o narrador argentino no final do mais lindo dos gols pode ser discutido sob o olhar estrangeiro. Morales agradece a Deus por Maradona ou dispensou intermediário? Eles são politeístas no futebol ou existe a santíssima dualidade esportiva?

Pelé, que é o *Pelé* do futebol (como Mozart é o *Pelé* da música, Michelangelo é o *Pelé* das artes...) é o rei de todos os Santos, é o melhor futebolista do Universo. Mas quem melhor representa as (im)perfeições do futebol é o 10 dos argentinos.

Na anedota brasileira, "para os argentinos, Maradona é o melhor jogador do mundo, e um dos melhores da Argentina". Tem a sua lógica. Também porque, para eles, Maradona é único em todos os sentidos. No Brasil, o maior da galáxia esportiva é chamado de *rei* do futebol; na Argentina, o maior deste mundo é *deus*. Se o mundo da bola venera mais o rei brasileiro, os argentinos são fiéis a Diego. *Dios. Diez.* "D10S".

Eles amam mais Maradona que os brasileiros idolatram Pelé. Nesse amor, Maradona dá de dez em Pelé.

210 As melhores seleções estrangeiras de todos os tempos

ARGENTINA – 1986

NÚMERO	JOGADOR	CLUBE	IDADE	JOGOS	GOLS
1	Sergio Almirón	Newell's Old Boys	27	–	–
2	Sergio Batista	Argentinos Juniors	23	7	0
3	Ricardo Bochini	Independiente	32	1	0
4	Claudio Borghi	Argentinos Juniors	21	2	0
4	José Luis Brown	Atlético Nacional – Colômbia	29	7	1
6	Daniel Passarella	Fiorentina – Itália	33	–	–
7	Jorge Burruchaga	Nantes – França	23	7	2
8	Néstor Clausen	Independiente	23	1	0
9	José Luis Cuciuffo	Vélez Sarsfield	25	6	0
10	Diego Maradona	Napoli – Itália	25	7	5
11	Jorge Valdano	Real Madrid – Espanha	30	7	4
12	Héctor Enrique	River Plate	24	5	0
13	Oscar Garré	Ferro Carril Oeste	29	4	0
14	Ricardo Giusti	Independiente	29	7	0
15	Luis Islas	Estudiantes	20	–	–
16	Julio Olarticoechea	Boca Juniors	27	7	0
17	Pedro Pasculli	Lecce – Itália	26	2	1
18	Nery Pumpido	River Plate	28	7	0
19	Oscar Ruggeri	River Plate	24	7	1
20	Carlos Tapia	Boca Juniors	23	2	0
21	Marcelo Trobbiani	Elche – Espanha	31	1	0
22	Héctor Zelada	América – México	29	–	–

França
de 1998

O lateral e zagueiro-direito Lilian Thuram nasceu em Guadelupe, departamento ultramarino francês. Jogou 142 partidas pela França. Ninguém cantou (ou ouviu) mais vezes pelos *bleus* A *Marselhesa*. Poucos atletas tiveram tanta consciência política, social e racial. Thuram viveu e lutou contra a discriminação. Com a mesma lealdade, firmeza e categoria que mostrou em campo. Foi um dos símbolos do elenco de oito negros que fizeram a bandeira tricolor tremular pela primeira vez no pódio da bola. Um elenco que era criticado pelo líder político de ultradireita Jean-Marie Le Pen por ser "artificial", por não "retratar a realidade da sociedade francesa" (no sentido de que era formado por muitos negros, e mesmo descendentes de africanos como Zinedine Zidane, filho de argelinos).

Thuram respondeu pela bola, em 1998. E foi ainda mais firme, como era no gramado, quando Le Pen insistiu com as críticas em 2006, durante a Copa na Alemanha. Para o líder da Frente Nacional (partido de ultradireita francês), "não consigo reconhecer essa seleção como a francesa. Acho que o treinador [Raymond Domenech] exagerou na proporção de atletas de cor. Deveria ter sido mais cuidadoso". Eram 16 atletas afro-descendentes em 2006.

214 As melhores seleções estrangeiras de todos os tempos

A resposta de Thuram:

– Jean-Marie Le Pen é o tipo de sujeito que deve se assustar quando vê um time de negros defendendo os Estados Unidos no basquete... Ele não conhece a sociedade e a história da França, que um dia pretende dirigir. Pega mal para um candidato a presidente não saber que existem franceses que são negros, brancos, mulatos. Quando entramos em campo pela nossa seleção, jogamos como franceses. Pela França. Quando a torcida celebra nossas vitórias, comemoram como franceses não como pessoas brancas ou negras. Só posso dizer uma coisa a ele: a seleção francesa tem muito orgulho de ser francesa. Se Le Pen tem um problema com o nosso time, azar dele. Porque somos a verdadeira França. Não a França que ele deseja.

A declaração de Thuram [pouco depois da vitória sobre a Espanha por 3 a 1, antes de vencer o Brasil com um show de Zidane, e só perder a Copa de 2006 nos pênaltis para a Itália] foi aplaudida em pé pelos jornalistas de quase todo o mundo, como raras vezes aconteceu numa Copa. Essa aquarela fez da França, a partir dos anos 1980, uma das mais ricas escolas futebolísticas do planeta. Não por acaso, campeã mundial em 1998, campeã da Europa em 1984 e 2000, vice-mundial em 2006.

Escola de fato. Academia de futebol real: Le Centre Technique National Fernand Sastre. A Academia de Claire Fontaine – um centro de treinamento bancado pela Federação Francesa para jovens talentos –, idealizada em 1976, foi implementada a partir de 1982, e em 1988 virou referência mundial com sua instalação definitiva, a 50 km de Paris. Nos bancos e campos da escola se pretende desenvolver jovens de 13 a 15 anos, dando mais corpo e velocidade, coordenação de movimentos, ênfase na aptidão técnica e no trabalho com o pé menos usado, habilitação no conhecimento e na leitura tática do jogo. De lá saíram nomes como o atacante Thierry Henry, campeão mundial em 1998 com apenas 20 anos, um dos maiores jogadores do mundo, desde então. Em 1992, por um ano, Henry por lá estudou, antes de, aos 15 anos, começar a brilhar no Monaco.

Outras oito academias espalhadas pela França espelham o cuidado na formação e na reafirmação de uma escola técnica e ofensiva, até então nem sempre competitiva. Talvez por isso os times franceses tenham falhado nos momentos decisivos. Como nas derrotas doídas da década de 1980: em 1982,

França de 1998 *215*

a excelente equipe francesa perdeu as semifinais para os alemães, nos pênaltis; um grupo ainda mais maduro foi derrubado novamente pelos alemães, nas semifinais de 1986. Geração tecnicamente indiscutível. Superior a qualquer outra em qualquer tempo. Não por acaso lembrada sempre pelos campeões mundiais Thuram, Zidane e bela companhia. Diferentemente dos brasileiros tetracampeões em 1994 – que muitas vezes desprezaram o legado dos times de Telê em 1982 e 1986 –, os franceses não esquecem e não renegam suas bandeiras. Como faz questão sempre de lembrar o humilde Thuram:

> – Os grandes heróis do futebol francês continuam sendo Platini, Tigana, Giresse e todos aqueles das Copas de 1982 e 1986. Ganhamos em 1998 pelo exemplo que nos deixaram, pela vontade de vencer que nos passaram com aquele brilhante futebol. Vencemos como um grupo unido, que mostrou que a França é de todos.

França fênix

Pior que as eliminações nas semifinais de 1982 e 1986, só as ausências nas Copas de 1990 e 1994. Nesta, uma ótima geração liderada pelo atacante Eric Cantona tinha dois jogos em Paris para ganhar um ponto, nas Eliminatórias. Perdeu os dois para Israel e Bulgária. Ambos com gols no final.

O treinador Gerard Houllier foi substituído por Aimé Jacquet, ainda em 1993. Ele vinha de bons trabalhos no Lyon e no Bordeaux. Tinha de reconstruir um time e um espírito abalados. E tinha de montar em quatro anos uma equipe competitiva para não fazer feio na segunda Copa sediada pelos franceses.

Jacquet testou muita gente. Poucas vezes fez uma equipe confiável. Na Eurocopa-96, parou nas semifinais, nos pênaltis, diante da República Tcheca. Sem jamais apresentar um futebol consistente. Mesmo com a estrela em ascensão Zinedine Zidane (que estava chegando para a Juventus), com atuações abaixo da média nos jogos decisivos. Já estavam na equipe Thuram, o zagueiro-direito Laurent Blanc, o lateral-esquerdo Bixente Lizarazu, o zagueiro-esquerdo (então volante) Marcel Desailly, e o meia-atacante Youri Djorkaeff, entre os titulares que formariam a base da equipe no Mundial na França.

A pressão foi tamanha antes da Copa de 1998 que, em março, Jacquet pediu as contas. Combinou que deixaria o cargo de treinador no apito final

216 As melhores seleções estrangeiras de todos os tempos

da última partida francesa no Mundial. Ele acreditava que seria na decisão da Copa. Muitos achavam que ele e a França não chegariam até lá.

A Copa

3 a 0 na África do Sul

Greve na Air France. Metroviários parados em Paris. Trabalhadores das companhias elétricas e de gás de braços cruzados. Franceses não muito aí com os *bleus* no início da Copa. A seleção precisava descruzar as pernas e botar o pé de obra qualificado de Jacquet para jogar.

A fraca África do Sul ajudou na estreia, na Marselha natal de Zidane. Nada fizeram os sul-africanos em campo, fora uma cabeçada do zagueiro Issa numa rara falha pelo alto do imenso zagueiro-esquerdo francês Desailly (volante de origem, que tinha força, velocidade, técnica e conhecimento tático).

A França, a rigor, também não fez nada. Aos 27 minutos, o fraco artilheiro da temporada francesa, Stéphane Guivarc'h, saiu contundido. Foi substituído pelo melhor amigo de Zizou no elenco, o atacante Cristophe Dugarry. Um dos mais criticados pelos franceses. Não sem razão. Ele havia sido convocado para o lugar do badalado (por demais) Nicolas Anelka (Arsenal, outro que estudara em Claire Fontaine). Dugarry só era queridinho de Zidane. Nunca correspondeu às desmedidas expectativas geradas desde que surgira no Bordeaux, antes de ser negociado com Milan e Barcelona. Um tanto lento e dispersivo, tinha raça, pouca técnica, e estava longe de ser o jogador necessário para o ataque anfitrião.

Os primeiros erros primários foram sonoramente criticados pelo estádio Velodrome. Quando o humor era cada vez mais azedo, Zidane bateu escanteio na cabeça do amigo. Um a zero, aos 35, com a devida ajuda do goleiro Vonk. Aos 33 de um segundo tempo arrastado, o zagueiro Issa resolveu fazer (contra) o gol que perdera, em lance de Youri Djorkaeff, ótimo, porém errático meia-atacante da Internazionale, filho do lateral-direito da França na Copa de 1966, Jean Djorkaeff.

O terceiro gol só saiu aos 47, marcado em bela arrancada de muita velocidade pela direita, de um dos melhores atacantes do século XXI – mas, em 1998, apenas uma promessa: Thierry Henry, 20 anos, o mais jovem do elenco. Ainda longe do excelente atacante de frieza impressionante e de toques precisos no Arsenal e no Barcelona.

Zidane foi o melhor em campo. "Esta será a minha Copa", havia prometido na véspera. Djorkaeff e o volante canhoto Emmanuel Petit, de ótimo passe e boa marcação, estiveram num nível abaixo. Como toda a França. Armada num 4-2-2-2 semelhante aos esquemas brasileiros, com dois laterais de ótimo apoio (Thuram e, sobretudo, Lizarazu), dois volantes (Didier Deschamps e Petit), dois meias ofensivos (Djorkaeff e Zidane), e dois atacantes, Henry e Guivarc'h (depois Dugarry). Ou, no caso, apenas um atacante de qualidade...

Para o jornalista Dassler Marques, "o Desailly – mais rápido – cobria bem os apoios de Lizarazu; enquanto o lateral Thuram, sempre um zagueiro de área nos clubes, guardava mais posição e exigia menos do lento Blanc". A defesa ficava bem equilibrada. Duro era acertar o ataque. Aturar Guivarc'h e Dugarry. E os ainda verdes Henry e Trézéguet.

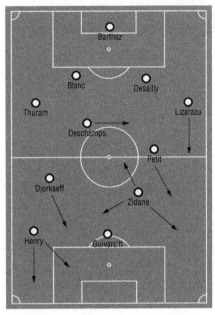

O 4-2-2-2 da pálida estreia: dois laterais de bom apoio, dois volantes contidos, dois meias pelos lados, e dois atacantes de forma discutível. Um modelo tático brasileiro.

4 A 0 NA ARÁBIA SAUDITA

O jogo estava definido, aos 26 do segundo tempo, no Stade de France, em Saint-Denis, arredores de Paris. Dois a zero contra a medíocre equipe saudita. O volante Amin entrou duro em Zidane. O camisa 10, que já perdera um gol imperdível no primeiro tempo para sua tamanha categoria, perdeu a cabeça e o pé na coxa do rival. Na frente do árbitro. O vermelho foi direto.

Um soco na alma de Zizou. Ele acabaria sendo suspenso por dois jogos pela Fifa. No final das contas, ele e a França sairiam ganhando: o craque guardaria forças para as quartas de final. Concentraria energia para responder na bola à própria bobagem.

218 As melhores seleções estrangeiras de todos os tempos

Jacquet escalou a França com o meia Bernard Diomede pelo lado esquerdo, deixando fora Djorkaeff. Zidane ganhou mais liberdade para articular. Deschamps e Alain Boghossian – substituto de Petit – de bons pés e dinâmica de jogo, tiveram mais guarida na marcação.

A expulsão do saudita Al-Khilaiwi, aos 13 minutos, deixou a França ainda mais em casa. O gol saiu aos 36, na quinta chance criada: uma bola de craque de Zidane para Lizarazu (sempre incisivo, veloz e técnico no apoio) deu no gol de canhota de Henry.

A bruxa continuava atacando os centroavantes franceses que mal atacavam: aos 30, Dugarry sentiu a coxa direita. David Trézéguet entrou, e bem. Tecnicamente muito superior aos anteriores 17 (!?) atacantes testados por Jacquet desde 1994, só não tinha experiência. Perdeu pelo menos duas boas chances até marcar o segundo gol, aos 23, de cabeça, numa doação do goleiro saudita.

A França fez o terceiro já sem o expulso Zizou, com Henry, aos 33, depois de um bico de Barthez. O quarto gol veio com naturalidade, em ritmo de treino, com Lizarazu, aos 40, em belo toque de letra de Djorkaeff.

A classificação estava garantida. Era hora de se preparar para as oitavas. Tempo de dar um tempo aos titulares.

2 A 1 NA DINAMARCA

O zagueiro Blanc, dos mais experientes do elenco, um tanto lento, mas de boa técnica e ótimo cabeceio, foi poupado. Ele, Thuram, Lizarazu e Henry. Zidane estava suspenso. Dugarry, machucado. A boa notícia (ou não) era o retorno de Guivarc'h – para o banco.

O público de Lyon não viu a melhor França. Titulares absolutos, apenas dois: o zagueiraço Desailly e o goleiro Fabien Barthez. Baixo (1,83m), mas com ótima impulsão e colocação, não era do tipo que passava confiança. Mas apenas duas bolas passariam por ele na Copa.

No mais, era um time em que quase todos os que entravam e saíam tinham constância e qualidade. A França foi a primeira campeã mundial a adotar com sabedoria e felicidade o *turn-over*, o rodízio sistemático de titulares, moda nos clubes europeus já por aqueles dias. Não só por questão tática e física; também para acomodar os tantos estrangeiros que chegavam desde que, em 1995, a Lei Bosman liberara a presença de atletas da Comunidade

França de 1998 *219*

Europeia nas equipes do continente. O que era ainda melhor para os franceses, que achavam facilmente trabalho e um bom lugar para jogar.

Contra a Dinamarca, que só engrenaria na Copa ao golear a sensação Nigéria, nas oitavas de final, a França não fez muito, novamente. Christian Karembeu quebrou o galho como lateral-direito. Polivalente, mas de técnica discutível, o meio-campista era utilíssimo taticamente. Na lateral esquerda, Vincent Candela cumpriu sua função com a discrição habitual. Mesmo lento e pouco técnico, o zagueiro-direito Frank Leboeuf não teve problemas contra a acanhada Dinamarca.

No 4-3-1-2 usado por Jacquet, Patrick Vieira foi o cabeça de área. Era o "novo Tigana" quando iniciou a carreira. Se não chegou a tanto [o volante Jean Tigana foi um dos quatro nomes do mágico meio-campo francês na década de 1980], jogaria neste século muito mais do que exibiu em 1998. Técnico, veloz, ofensivo, passava bem e jogava ainda melhor. Os volantes pelos lados foram o hábil, técnico e ofensivo meia Robert Pirès, e o mais contido Petit. A dupla liberou Djorkaeff para ser o melhor em campo, atuando à frente dos volantes e atrás dos dois atacantes. Alimentando a dupla formada por Trézéguet e o improvisado pé para toda obra Diomède.

Djorkaeff fez 1 a 0 na cobrança de um pênalti de Hogh sobre Trézéguet. Candela retribuiu fazendo pênalti em Jorgensen, bem executado por Michael Laudrup, empatou aos 42 minutos. Na segunda etapa, Petit desempatou numa bomba de fora da área. Num jogo de apenas três chances francesas, e duas dinamarquesas.

0 A 0 COM O PARAGUAI

Deschamps é o equivalente francês ao nosso Dunga. Volante, capitão, bom de marcação, passe correto. Até o cabelo espetado era parecido com o do brasileiro. A sinceridade, também. Antes do jogo das oitavas de final em Lens, contra o Paraguai, o camisa 7 francês disse nada saber dos rivais, treinados pelo brasileiro Paulo César Carpegiani: um time competitivo com três zagueiros (entre eles Gamarra, que não cometeu faltas na Copa de 1998), um ala de qualidade como Arce, mas um ataque fraco. Equipe que entrou para levar a decisão para os pênaltis. Jogou para matar e não morrer.

No tempo normal, empate sem gols e com pouco futebol. Paraguai se trancou, a França sentiu demais a ausência de Zidane. Mesmo com o

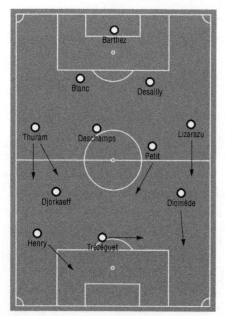

O 4-2-2-2 foi mantido contra o Paraguai para tentar suprir a ausência de Zidane, com Diomède e Djorkaeff armando pelos cantos: não deu certo.

ombro machucado por mais de 30 minutos, Gamarra travou o ataque francês. Henry e Trézéguet não funcionaram, também pela pálida partida de Diomède na armação. Explica o jornalista Dassler Marques aquele misto de 4-2-2-2 com 4-2-3-1: "Jacquet colocou Djorkaeff por dentro; Henry voltando pela direita e Diomède, com seu estilo impetuoso, ainda que de pouco talento, pela esquerda, prendendo Arce na defesa; Trézéguet ficou enfiado no ataque". Djorkaeff, mais uma vez, correu e jogou bem, dando velocidade e criatividade à equipe. Mas os laterais Thuram e Lizarazu pouco apoiaram. Deram pouco jogo.

O sistema defensivo paraguaio e Chilavert garantiram o time sul-americano até os 8 minutos do segundo tempo da prorrogação, quando um belo lance de Trézéguet, depois de cruzamento de Pirès, deixou Blanc, livre para marcar o primeiro gol de ouro de uma Copa do Mundo. O da morte súbita paraguaia depois de longa agonia. A partida acabou ali. O Paraguai também. Carpegiani comenta a escolha que teve de fazer:

– Antes da prorrogação, o Gamarra me disse que estava mal [do ombro] e eu podia trocá-lo pelo Rivarola, que era um zagueiro experiente e bom no jogo aéreo. Só que eu precisava fazer outra troca tática no ataque. Disse que a responsabilidade era toda minha da permanência dele. No dia seguinte, quando fez a radiografia, vimos que tinha dois centímetros de desvio da clavícula. E foi em cima dele que perdemos o jogo, porque a bola veio na cabeça do Trézéguet e ele não subiu junto... Tínhamos grandes possibilidades de fazer o crime naquele jogo. Só que paguei esse preço alto porque a jogada do gol foi em cima do Gamarra, que estava machucado. Estivesse em campo o Rivarola, ótimo no jogo aéreo, quem sabe até onde poderíamos ter chegado...

0 a 0 com a Itália – 4 a 3 nos pênaltis

Sete dos 22 franceses em 1998 jogavam na Itália. Sabiam o que os esperavam nas quartas de final no Stade de France. "Se você não estiver organizado taticamente contra a Itália, pode fazer as malas antes do jogo", disse Deschamps. Zidane voltava ao time. "Agora, tudo depende de mim." A Itália sabia disso: o volante Pessotto, companheiro de Juventus, foi o encarregado de acompanhar Zizou pelo campo.

Jacquet bolou alternativas: abriu mão do 4-2-2-2 que usava sem Zidane, para dar total liberdade ao craque. Sacou Henry do ataque, adiantou Djorkaeff para ser o segundo atacante com a bola, e o quinto homem do meio sem ela, e reforçou a marcação no meio-campo com Karembeu e Petit pelos lados, centralizando Deschamps na cabeça da área. Um 4-3-1-2 que poderia se transformar em 4-3-2-1 com o retorno de Djorkaeff ao meio.

O problema do treinador foi preterir Henry e confiar no recuperado Guivarc'h. Não deu. A França teve quatro chances de gol em 90 minutos. Os italianos, três. Tudo (não) fizeram para levar o jogo para a prorrogação. A segunda francesa na Copa. O treinador italiano Cesare Maldini queria vencer os rivais pelo cansaço. Quase venceu, num lindo lance de contragolpe com Roberto Baggio. A França também teve gol feito bem defendido por Pagliuca. As equipes não mereceram sair do zero. Méritos dos goleiros, e do zagueiro Desailly, o melhor em campo.

Nos pênaltis, Zidane assumiu a condição de líder, bateu o primeiro, e abriu o placar. A Itália vivia um drama e dois traumas nesse tipo de decisão em Copas: em 1990, fora eliminada em casa pela Argentina, na semifinal; em 1994, perdera o tetra para o Brasil, no chute para fora de Roberto Baggio. Era hora do troco. Ou de ter um treco de vez.

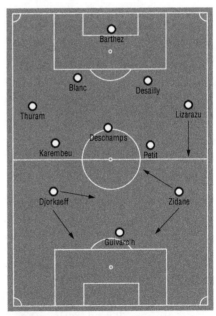

Jacquet usou o 4-3-1-2 pela primeira vez contra os italianos. Poderia ser um 4-3-2-1 com o recuo além do natural de Djorkaeff no meio, deixando Guivarc'h isolado.

O próprio Baggio, que perdera o chute decisivo em Pasadena, bateu o primeiro em Saint-Denis. E fez. Até hoje é o cobrador com o melhor aproveitamento de pênaltis na história do futebol italiano – mas, na final de 1994, estropiado, jogou aquela bola nos céus... Lizarazu recuou o segundo pênalti francês para Pagliuca. Albertini retribuiu a gentileza para a defesa de Barthez. Trézéguet fez 2 a 1 França. Costacurta empatou. Henry entrara no jogo e bateu no canto esquerdo de Pagliuca. Vieri empatou jogando no mesmo ângulo da meta de Barthez.

Blanc bateu o dele e fez 4 a 3 França. Faltava um pênalti. O volante Di Biagio atravessou o gramado sob os gritos inflamados dos franceses. Na tribuna de imprensa do estádio, o bicampeão mundial Zito e o tricampeão Gérson, comentaristas da TV Bandeirantes, cantaram o lance para este autor: "Ó, lá, Mauro! Olha só o carequinha italiano. Ele não toma distância da bola. Vai perder. Vai perder o pênalti... Olha lá... Olha lá... Olha lááááá". Zito contou o que iria acontecer: Di Biagio ficou do lado da bola e mandou o pênalti no travessão de Barthez. Mandou a Itália de volta para casa.

"Eu desejei morrer depois de perder meu pênalti", disse Lizarazu. "Mas, graças a Deus, tivemos a felicidade de nos recuperar e seguimos em frente." Melhor sorte teve ele em relação a outro lateral-esquerdo francês: Bossis perdeu o pênalti que acabaria eliminando a França na Copa de 1982. Não teve como reescrever a história. Algo estava mudando no futebol francês. Mas não no italiano. Derrotado pela terceira vez do mesmo modo num Mundial, Baggio não se conformava: "Eu gostaria de uma vez ser eliminado com a bola rolando... Uma só vez..." Para Deschamps, "agora somos iguais à geração de Platini. Estamos na semifinal. Mas queremos muito mais".

Para tanto, era preciso de Zidane. De muito mais Zidane do que se vira até então.

2 A 1 NA CROÁCIA

Desailly, antes da semifinal no Stade de France, em Saint-Denis: "Não aguento mais ouvir falar das glórias e das derrotas das gerações passadas. Precisamos fazer a nossa história. Queremos ir ainda mais longe que Michel Platini, Alain Giresse e Jean Tigana". Não era prepotência. Muito menos desprezo ao ótimo time do artilheiro da Copa de 1958, Just Fontaine, terceiro colocado no Mundial da Suécia; não era desdém às excelentes equipes que pararam diante dos alemães nas Copas de 1982 e 1986, com times mais talentosos.

França de 1998 *223*

Era um grito de guerra. De liberdade. Desailly queria pilhar o elenco, a torcida que começava a acreditar na equipe, e a imprensa ainda desconfiada. A rival era a Croácia, que disputava a primeira Copa, e já eliminara bonito a Alemanha com um categórico 3 a 0. Com uma equipe equilibrada e com bons jogadores, a Croácia foi ao estádio Saint-Denis para estragar a festa de uma cada vez mais confiante equipe francesa.

Vaias ou desapreço dos franceses transformaram-se em gritos entusiasmados e alegria de mais de 40 mil torcedores nas ruas de Paris; celebrando a vitória contra a Itália. Um comercial da Adidas, patrocinadora da seleção, mostrava o jogo virado, comparando a reação do francês a cada rodada da Copa: "35% dos franceses mostram total desinteresse no Mundial. 30%... 24%... 12%..." Era o espírito do torcedor que, enfim, vestia a camisa tricolor como jamais fizera até então.

Aimé Jacquet tratava de baixar a bola: "Os croatas podem não ter a força e a camisa dos alemães. Mas têm alguns jogadores que podem definir um jogo"; como o artilheiro da Copa, Davor Suker. A um minuto do segundo tempo, depois de belo lance do ótimo meia Asanovic, calou o Stade de France. Depois de um primeiro tempo igual, a Croácia vazava a França pela segunda vez na Copa.

"Não acredito que a França tenha essa defesa toda que dizem", dizia antes do jogo o treinador croata Miroslav Blazevic. Blanc respondeu teorizando que "para ser campeão do mundo é preciso ter uma boa defesa". Fontaine, o maior artilheiro em um só Mundial, o de 1958, pensava o contrário: "Para ser campeão mundial é preciso ter ataque. Temos a melhor defesa, mas um ataque que não faz gols. Só eu marquei 13 gols em seis jogos. Nesta Copa, toda a França marcou 12 gols em seis partidas...".

Mas havia um defensor que sabia marcá-los. Um lateral-direito que podia jogar como zagueiro-direito, com velocidade, qualidade e categoria. Um minuto depois do gol croata, Boban bobeou, Thuram tabelou com Djorkaeff, e empatou. Aos 24, Thuram, de novo, roubou bola de Jarni, bateu de canhota de fora da área, virou o placar e garantiu a primeira final de Copa da França.

"Eu não acredito. Estamos na final!", declarou Petit. "Não faço gols nem nos treinamentos. Numa semifinal de Copa, marquei dois. Não sei o que dizer", declarou Thuram. "Agora, vamos enfrentar os mestres do futebol", falou Jacquet. E pediu para que ninguém mais dissesse nada. A França não se perderia pela boca. Nem na bola.

224 As melhores seleções estrangeiras de todos os tempos

Nos pênaltis, o Brasil eliminou a forte Holanda. Brasil x França decidiriam a última Copa do século.

3 A 0 NO BRASIL

"Tudo que temos a fazer é marcar um gol antes do Brasil. Só um gol", disse Zidane, na véspera. O craque francês que ainda não havia marcado um gol na Copa. Que jogaria tudo em Saint-Denis. Marcando pelos atacantes que chegaram à decisão da Copa sem anotar um gol em 320 minutos. E passariam outros 90 em branco.

Sete horas antes de vencer o futebol campeão do século XX, a França começava a ganhar o Mundial na concentração brasileira. Uma provável convulsão de Ronaldo, já o Fenômeno, o maior do mundo, o craque propaganda da Nike, acabava de prostrar o Brasil que buscava o tetra. Começava a rachar de vez o grupo que não era dos mais unidos. Facilitaria a atuação daquela que viria a ser a melhor equipe na final em Saint-Denis. A melhor defesa da Copa de 1998. Até então, não necessariamente a melhor equipe do torneio.

Ronaldo não seguiu ao estádio com a delegação brasileira. Foi a uma clínica fazer exames. Zagallo preparou psicologicamente o grupo para suprir a ausência dele. "Falei para eles uma verdade: o Brasil já havia conquistado uma Copa sem o Pelé, em 1962. Isso motivou os jogadores."

Ronaldo saiu da clínica "liberado" – mas para jogar uma final de Copa? Algum trabalhador iria bater ponto se tivesse tido uma convulsão? Edmundo, que foi escalado e sacado do time em menos de uma hora, absolve o treinador por ter aceito o pedido do Fenômeno: "Se eu fosse o Zagallo, também teria escalado o Ronaldo".

Zico, coordenador técnico do Brasil em 1998, não. Ele e alguns atletas foram contrários à exposição às feras do gênio que convulsionara sete horas antes:

> – Se tudo que aconteceu com o Ronaldo fosse na véspera, teria sido outro jogo. O problema é que nem eu nem o Zagallo sabíamos que metade dos titulares tinha ficado no quarto com o Ronaldo depois do episódio. O Leonardo ficava perguntando se ele não podia morrer (...) Foi uma coisa assustadora. Depois fui saber que o César Sampaio fez boca a boca, o Edmundo saiu gritando: "O Ronaldo está morrendo!". Faltou reunir todo mundo logo depois do acontecido e esclarecer direitinho.

Zico relembra o que aconteceu:

– Depois do almoço, o Wendell [preparador de goleiros] me chamou para ir ao quarto do Ronaldo. Cheguei lá e estava o doutor Joaquim da Matta, o Roberto Carlos com o olho arregalado (...) Eu perguntei ao Ronaldo se estava tudo bem. Ele olhou para mim e voltou a deitar, meio desacordado. O doutor Lídio de Toledo sabia, mas o Zagallo só foi saber mais tarde.

Zico só percebeu que o próprio Ronaldo não sabia de nada no jantar, antes de sair para o estádio:

– Ele ficou fazendo uns movimentos de aquecimento nas pernas. Perguntei brincando: "O jogo é às 9 da noite e você já está aquecendo?" E ele respondeu: "Estou me sentindo estranho, com o corpo todo dolorido, parece que levei uma surra." Depois o Joaquim da Matta chegou, explicou para ele o que tinha acontecido e o levou para o hospital.

Ronaldo chegou ao vestiário se escalando. Lembra Zico:

– A questão da escalação foi decidida entre o doutor Lídio, o Zagallo e o próprio Ronaldo. Faltavam 45 minutos para o jogo, o Ronaldo chegou e foi taxativo: "Meus exames não deram nada e eu quero jogar. Joguei a Copa inteira e quero estar na final". O Zagallo ainda reforçou a pergunta: "Você está pronto mesmo?" Com a confirmação do jogador, ele o mandou para o aquecimento.

O Brasil não só pensava em Ronaldo. Fala Zico:

– A preocupação do Zagallo na preleção era com a marcação deles sobre o Cafu e o Roberto Carlos. E com o Zidane, obviamente. Ele era o grande cérebro e articulador da seleção francesa, que estava muito motivada por jogar a primeira final de Copa. O Brasil conhecia muito bem o Zidane.

A questão é que nem o próprio Zizou se reconheceria tão decisivo nos primeiros 45 minutos. Fez coisas que jamais fizera. O que facilitou o trabalho

226 As melhores seleções estrangeiras de todos os tempos

francês diante de uma convulsionada equipe brasileira. O treinador Aimé Jacquet não tinha o suspenso Blanc para dar o usual beijo na testa de Barthez antes do jogo, e formar excelente dupla de zaga com Desailly. Para Zico, foi mais uma felicidade francesa:

> – A ausência do Blanc foi melhor para eles. Apesar de ser o jogador mais técnico da defesa, ele dava mais chance para você se criar em cima dele, porque saía muito para o ataque. Acabou entrando o Leboeuf, um zagueirão que jogou muito bem e fechou ainda mais a retaguarda. Eles trancavam o meio com o Deschamps, e, pelos lados, com o Karembeu travando o Roberto Carlos e o Rivaldo, e o Petit, do outro lado, vigiando o Cafu e o Leonardo. Jogaram direitinho.

Como quase todos os cinco campeões deste livro, a França mudou bastante desde a estreia. Foram outros nomes na escalação, outros números taticamente. Mas a mesma teima do treinador em não fugir demais da ideia básica de uma equipe. As duas vices-campeãs desta obra (Hungria de 1954 e Holanda de 1974) pouco mexeram na estrutura das equipes – "em time que está ganhando não se mexe...". Há como questionar: talvez justamente por isso tenham perdido e se perdido? De tanto teimarem num esquema de jogo ele se tornou "previsível"? Os rivais estavam menos desgastados e pressionados por terem de correr atrás dos favoritos, que pouco modificavam seu estressado time titular? Pode ser. Mas chutar grandes equipes de prata e criticá-las depois é canalhice esportiva. Jogo fácil para qualquer análise simples e simplista.

Mesmo anfitriã, a França não era favorita diante do Brasil, que defendia o título. Adversário que tinha outros três troféus na galeria – menos o original da Taça Jules Rimet, roubada e derretida por ladrões, em 1983... A França chegava para a primeira decisão mundial de sua vida mais ou menos como a Alemanha de 1974, que surpreenderia a Holanda, em Munique: na condição de dono da casa que faz todos os desejos do convidado. A França era em 1998 bem menos favorita que a anfitriã Inglaterra, em 1966. Ou mesmo que a Itália, em 1982, em equilibrada final contra os alemães de sempre. Ou a Argentina de 1986, também com as maiores e melhores apostas contra os rivais de costume.

Todo jogo tem favorito. Maior ou menor, mas há sempre uma equipe com mais chances. Quando ela perde, não foi uma zebra necessariamente. Quando um favorito perde um clássico não foi derrotado por uma zebra. Perdeu para um grande rival que tinha um time menor. Ao menos até a bola rolar.

Não há como dizer que um campeão mundial seja uma zebra. Numa decisão de Copa, uns são mais favoritos que outros – como o Brasil de 1950, a Hungria de 1954, a Holanda de 1974. Mas quando um Uruguai vence uma Copa, não é zebra. Quando uma Alemanha faz o que fez em 1954 e 1974, pode se dizer o mesmo. Também é possível afirmar que deu a tal lógica em 1966 com os ingleses; em 1982 com os italianos; em 1986 com os argentinos; e, em 1998, a lógica era Ronaldo ser favorito. Mas aquele não era um Ronaldo lógico. Muito menos o Brasil.

Na frente, a aposta francesa para a decisão era o inefável Guivarc'h. Certamente, o pior titular dos sete fi-

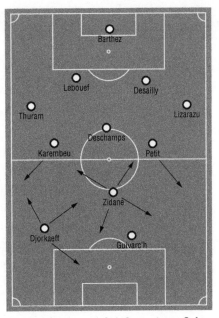

Jacquet planejou o 4-3-1-2 para travar Cafu e Roberto Carlos com Petit e Karembeu, com Djorkaeff recuando para ajudar no combate, e liberando Zidane em campo.

nalistas deste livro. Pelé, na transmissão da TV Globo, agradecia aos deuses pela escalação dele no ataque francês. Ainda assim, logo aos 28 segundos, o camisa 9 quase fez gol de puxeta, na primeira das tantas falhas de Júnior Baiano na decisão. O Brasil parecia sonado e sedado. Até Guivarc'h poderia ter feito um gol! Zico opina:

> – O que aconteceu com o Ronaldo apenas facilitou, mas a França tinha condição de nos vencer porque era um time forte e que sabia explorar o fator campo. O lado emocional foi muito afetado. Até a confusão da escalação entre o Edmundo e o Ronaldo atrapalhou. Mas a verdade é que a França anulou o Brasil, não deixou nosso time jogar.

A França jogara 113 minutos contra o Paraguai, nas oitavas de final. Mais 120 contra os italianos, nas quartas de final. Os brasileiros padeceram em apenas uma prorrogação, porém mais próxima, na semifinal contra os

228 As melhores seleções estrangeiras de todos os tempos

holandeses. A seleção brasileira jogara 13 minutos a menos que os franceses. Mas tivera um dia a mais de descanso até a final.

O desgaste era similar. Em campo, porém, parecia que o Brasil ainda dormia. A França marcou atacando e atacou marcando. Oprimiu a seleção de Zagallo, que errou quase todos os passes, com exibições muito abaixo da ótima média da dupla de zaga, de Roberto Carlos, César Sampaio, Leonardo e Rivaldo.

Ronaldo só tocou sete vezes na bola no primeiro tempo. A primeira, aos 3 minutos. Em quase todas elas como se estivesse longe dali. Aos 32, num choque violento com Barthez numa dividida, o Brasil temeu pelo pior. Cafu saiu voando para ver se ele "sobreviveria". O Brasil estava perdido.

Também por mérito francês. Além dos três volantes, Jacquet deixava livre Zidane para articular o jogo onde (muito) bem entendesse, e marcado à distância por Sampaio e Dunga, com Djorkaeff saindo do lado esquerdo do ataque para voltar e armar os lances de ataque. Os laterais Thuram e Lizarazu saíam menos. E só Guivarc'h ficava à frente. Bem... mal havia um atacante na França.

Não foi necessário. Aos 4 minutos, Zidane limpou três em lance espetacular e serviu para Guivarc'h recuar para Taffarel. Aos 6, sozinho, Djorkaeff "cabeceou" de ombro um gol certo servido por Zidane.

Quando o Brasil começava a equilibrar o jogo, errando menos passes e até criando dois bons lances, Roberto Carlos concedeu escanteio bobo. Petit bateu de canhota, da direita; Zidane veio serpenteando de fora da área, gingou rápido e se antecipou a Leonardo. Falhou o meia. Mas não era ele quem deveria estar ali. "Nas bolas paradas, quem marcaria o Zidane seria o Ronaldo, e não o Leonardo", explica Zico.

Guivarc'h perdeu um gol de Guivarc'h na cara de Taffarel, aos 45, quando a torcida francesa já gritava "olé". A bela defesa do goleiro originou um escanteio que a zaga brasileira não aliviou e, na sobra, pateticamente, Guivarc'h caiu. Ainda assim arrumou um escanteio pela esquerda. Djorkaeff bateu no primeiro pau, Dunga caiu, Zidane se antecipou e entrou de peixinho, a bola passando entre as pernas de Roberto Carlos, e o mundo caindo. Dois a zero França, aos 46. Galvão Bueno, na TV Globo: "É um bando a defesa brasileira dentro da área! Ninguém sabe para onde vai, ninguém sabe o que faz". Zizou sabia.

Zagallo atirou o Brasil ao ataque. No intervalo, sacou Leonardo, botou Denílson na ponta esquerda, abriu Bebeto na direita, avançou Rivaldo para

Didier Deschamps ergue a taça na festa colorida dos franceses.

ajudar um ainda mais inerte Ronaldo. Para Romário, comentando pela TV, "se fosse outro jogador, deveria sair; mas como é o Ronaldo, o Zagallo está certo. Ele pode decidir num lance". Só não o fez aos 11 porque Barthez fez a segunda grande defesa no jogo.

Um minuto depois, Boghossian entrou para ajudar a conter a pressão brasileira no lugar de Karembeu; aos 18, pela terceira vez no jogo, Guivarc'h apareceu livre para isolar a bola. Seria a última: Dugarry logo o substituiu.

Aos 22, com a expulsão correta (e tardia) de Desailly, Jacquet recuou Petit para a zaga, prendeu Djorkaeff definitivamente como meia (até ser substituído aos 30 por Vieira), e deixou Dugarry isolado para perder um gol como se fosse Guivarc'h, aos 37, chutando bisonhamente à direita de Taffarel.

Zagallo foi amontoando atacantes (Edmundo substituiu Sampaio) e o Brasil só mandaria uma bola no travessão, aos 45. Dois minutos antes de um rápido contragolpe passar pelo reserva Dugarry para o reserva Vieira, e deste para o zagueiro-esquerdo improvisado, Petit, avançar e bater cruzado na saída de Taffarel, que não fez uma defesa sequer no segundo tempo. E teve de pegar no fundo da rede o terceiro gol francês. Numa das maiores vitórias em finais de Mundial.

Antes de receber a Copa das mãos do presidente francês Jacques Chirac, o time campeão fez tamanha festa no gramado que o presidente do comitê organizador da Copa, até então o maior craque francês, Michel Platini, teve de pedir calma aos atletas no gramado. Quando o capitão Deschamps subiu na mesa do palanque e ergueu o caneco, a França que só havia parado naqueles dias por greves e protestos também parou.

Os nomes dos 22 heróis eram projetados a laser no Arco do Triunfo na Champs-Élysées. O mundo era francês. E a França não era mais só tricolor. Era negra. Era africana. Era árabe. Era basca. Era de todos.

A França de todos os franceses vencera a França de poucos. A rica miscigenação racial, que explica boa parte do futebol do Brasil, explicava ótima parte da vitória de Desailly, de Zidane, de Barthez, de Petit. O mais colorido time francês de todos os tempos vencera preconceitos e superara a máquina tricolor de jogar bola dos anos 1980. Já multirracial. Até mais talentosa e vistosa com a bola nos pés. Mas não tantas vezes campeã como a anfitriã da última Copa do século.

Pós-Copa

A Euro-2000 foi a prova de que um ciclo não estava se encerrando no Mundial da França. Foi o início de uma senhora equipe. Em campos belgas e holandeses, os franceses baixaram cátedra. Dirigidos desde 1998 por Roger Lemerre, ganharam corpo, entrosamento, milhagem e qualidade na frente. A zaga era a mesma, ainda melhor; no meio, a equipe variava entre um 4-2-3-1 e um 4-3-1-2. Com as promessas de 1998 rendendo o que se imaginava na competição europeia: Henry e Trézéguet definiram o título. Este último fez o golaço da virada na prorrogação, no gol de ouro, que matou a heroica Itália por 2 a 1.

A França era uma outra seleção se comparada aos grandes times dos anos 1980. Com outra mentalidade. Explica Zico: "Eles sempre foram muito técnicos. Pareciam os brasileiros. Mas tinham mudado. A maioria atuava fora da França e adquiriu aquele estilo mais 'europeu', de marcação, de força".

Sem eliminatórias para disputar, a França foi encarando amistosos para 2002. E encantando. Além do título da Copa das Confederações de 2001, deu shows prévios ao Mundial. Numa goleada de 5 a 0 sobre a Escócia, três meses antes da Copa na Ásia, a única boa notícia que deixava aos 31 rivais no Japão e na Coreia do Sul é que seria impossível a França jogar tão bem e tão bonito na Copa.

Zidane se machucou pouco antes do Mundial. O desgaste galáctico do Real Madrid, que tudo venceu, deixou em pó a estrela de primeira grandeza Zinedine. Na estreia na Ásia, um calor literalmente senegalês queimou a campeã de 1998, vencida por 1 a 0. Na segunda partida, empate sem gols com o Uruguai. Na partida decisiva contra a Dinamarca, era preciso vencer. Com Zizou à meia bola, ainda baleado por contusão, derrota por 2 a 0. Pela primeira vez em Copas, a então campeã não marcava um gol sequer na primeira fase. Líder do ranking da Fifa, melhor equipe do mundo desde 2000 ao lado de uma excelente Argentina, a França não passava de fase – como os próprios *hermanos*.

Enquanto isso, aquele gênio que "amarelara" na final da Copa de 1998 se recuperara de duas operações no joelho e guiava o Brasil ao penta com sete vitórias.

A grande França campeã de 1998 era história. Mas Zidane ainda tinha mais um capítulo a contar.

Zinedine Zidane celebra o primeiro dos dois gols do título francês.

Zidane

Ele não sabia chutar bem de canhota, até marcar o mais belo gol da história das finais de Liga dos Campeões, num sem-pulo espetacular, pelo Real Madrid, em 2002. Ele não estava entre os melhores do Mundial até ser o homem da final de 1998. Ele cabeceava mal até marcar dois gols de cabeça contra o Brasil naquela decisão. Ele não vinha jogando realmente todo o muitíssimo que jogava havia três anos até acabar – mais uma vez – com o Brasil, nas quartas de final da Copa de 2006, em Frankfurt. Numa das melhores atuações individuais da história dos Mundiais.

Ele terminaria a carreira de dois títulos mundiais de clubes, um europeu, três nacionais, uma Copa do Mundo e uma Eurocopa despedindo-se numa final de Mundial, no Olímpico de Berlim, contra a Itália. Era o craque da competição até cair numa provocação do nada meigo zagueiro italiano Marco Materazzi, que, em troca, recebeu uma cabeçada no peito que só o quarto dos árbitros presentes viu. Que quase todo o estádio e a imprensa não viram. Que ninguém quis acreditar que fosse verdade.

Na cabine de imprensa de Berlim, a agressão foi vista no *replay*. O telão do estádio não mostrou, por ordem da Fifa. Quase todo o Olímpico vaiou cada lance posterior de Materazzi. Ninguém poderia imaginar que Zizou tivesse perdido a cabeça no peito do italiano. Ninguém ainda acredita no último lance da carreira do menino que nasceu em Marselha, em 23 de junho de 1972, de pais argelinos.

Cresceu jogando bola nas ruas, tentando imitar Enzo Francescoli, elegante meia uruguaio que brilhava no Olympique da cidade. Aos 17, estreou pelo Cannes. De 1992 a 1996 foi meia do Bordeaux. Na seleção começou em 1994. Chegou a parar depois do fiasco de 2002. Mas voltou em 2005 para guiar a França até a decisão de Berlim. Foi onde e quando encerrou sua carreira, iniciada em 1996 na Juventus de Turim, onde foi eleito o melhor do mundo, em 1998 e 2000. Em 2001, foi a segunda estrela galáctica do Real Madrid, comprado por 56 milhões de euros, a maior contratação do futebol até 2009.

Em 2003, Zizou foi eleito pela terceira vez o melhor do planeta. Para sempre como um dos mais elegantes craques de todos os tempos. Nem tanto pelos gols que fazia. Mas pela velocidade e ritmo que impunha ao time e ao rival. Pela imensa categoria em dominar uma bola, e jamais o contrário. "Quando não sabemos o que fazer, passamos a bola pro Zidane. Ele sabe", afirmava Petit.

Alguns poucos jogaram mais que ele. Tão bonito, raros. Tão elegantes, desconheço. O termo "matar" uma bola não cai bem em quem não deixava a pelota cair. Possivelmente não fazia barulho uma bola amaciada no peito de Zidane. A não ser o aplauso do estádio. Guarde nos olhos uma bola por ele dominada e verá como o futebol pode ser uma das mais belas representações artísticas.

Para Pelé, é um dos 125 maiores de todos os tempos. E o craque da primeira década do século XXI. Com uma classe de antanho. "Zidane é mais um bailarino que um jogador de futebol", opina o não menos clássico Franz Beckenbauer. "Pelé ou Maradona? Zidane!", apressa-se, não por acaso, Michael Schumacher, o heptacampeão mundial de Fórmula-1.

Para Ronaldo, Zizou ficará na memória como o primeiro jogador a visitá-lo no hospital depois da primeira contusão grave no joelho, em 2000. Para a França, o maior ídolo do esporte. Para o maior futebol do mundo, o único jogador que o curvou por duas vezes em partidas decisivas de Copa, em 1998 e 2006.

Zidane que só não foi bi pelo desatino com Materazzi. Quando perdeu a cabeça, e a França perdeu o título nos pênaltis, com outros cinco companheiros de 1998. Nem o pior dos xingamentos poderia abalar um craque de 34 anos no seu último lance na carreira. A desmiolada cabeçada que o tirou da final, tirou Zidane do panteão de 2006, tirou a França de um jogo em que era melhor, e deu de bandeja o título que estava aos seus pés.

Zidane se despediu do futebol expulso. É só mais uma injustiça do esporte que nem sempre premia os maiores como ele.

FRANÇA – 1998

NÚMERO	JOGADOR	CLUBE	IDADE	JOGOS	GOLS
1	Bernard Lama	West Ham United Inglaterra	35	–	–
2	Vincent Candela	Roma – Itália	24	1	0
3	Bixente Lizarazu	Bayern de Munique – Alemanha	28	6	1
4	Patrick Vieira	Arsenal – Inglaterra	21	2	0
5	Laurent Blanc	Olympique de Marselha	32	5	1
6	Youri Djorkaeff	Internazionale – Itália	30	7	1
7	Didier Deschamps	Juventus – Itália	29	6	0
8	Marcel Desailly	Milan – Itália	29	6	1
9	Stéphane Guivarc'h	Auxerre	27	6	0
10	Zinedine Zidane	Juventus – Itália	25	5	2
11	Robert Pirès	Metz	24	4	0
12	Thierry Henry	Monaco	20	6	3
13	Bernard Diomède	Auxerre	24	3	0
14	Alain Boghossian	Sampdoria – Itália	27	5	0
15	Lilian Thuram	Parma – Itália	26	6	2
16	Fabien Barthez	Monaco	26	7	0
17	Emmanuel Petit	Arsenal – Inglaterra	27	6	2
18	Frank Leboeuf	Chelsea – Inglaterra	30	3	0
19	Christian Karembeu	Real Madrid – Espanha	27	4	0
20	David Trézéguet	Monaco	20	6	1
21	Christophe Dugarry	Olympique Marselha	26	3	1
22	Lionel Charbonnier	Auxerre	31	–	–

Bibliografia

ASSAF, R.; NAPOLEÃO, A. C. *Seleção brasileira – 90 anos: 1914-2006*. Rio de Janeiro: Mauad, 2006.

AUDINHO, S.; KLEIN, M. A. *O almanaque do futebol brasileiro*. São Paulo: Escala, 1996.

BETING, M. *Bolas & bocas – frases de craques e bagres do futebol*. São Paulo: Leia Livros, 2003.

BINDI, L. F. *O Futebol é uma caixinha de surpresas*. São Paulo: Panda Books, 2007.

CRUYFF, J. *Futebol total*. Rio de Janeiro: Nova Fronteira, 1974.

DUARTE, O. *Enciclopédia de todas as Copas do Mundo*. São Paulo: Makron Books, 1998.

GLANVILLE, B. *The Story of the World Cup*. Londres: Faber & Faber, 1993.

O GLOBO. *O Globo de todas as Copas*. Rio de Janeiro: Nova Fronteira, 1974.

HEIZER, T. *O Jogo bruto das Copas do Mundo*. Rio de Janeiro: Mauad, 1997.

KUPER, S.; SZYMANSKI, S. *Why England Lose: And Other Curious Phenomena Explained*. Londres: Harcover, 2009.

LANCE!. *Todas as Copas, de 1930 a 2002*. Rio de Janeiro: Lance!, 2002.

LANCELOTTI, S. *Almanaque da Copa do Mundo*. São Paulo: L&PM Editores, 1998.

MARADONA, D. A. *Yo Soy el Diego*. Buenos Aires: Planeta, 2000.

MILLER, D. *World Cup – The Argentina Story*. Londres: Daily Mirror, 1978.

NOGUEIRA, A. *Bola de cristal*. Rio de Janeiro: Globo, 1987.

NOGUEIRA, A. ; SOARES, J.; MUYLAERT, R. *A Copa que ninguém viu*. São Paulo: Companhia das Letras, 1994.

238 As melhores seleções estrangeiras de todos os tempos

NORIEGA, M. *Os 11 Maiores técnicos do futebol brasileiro*. São Paulo: Contexto, 2009.

OSTERMANN, R. C. *O Itinerário da derrota*. Porto Alegre, Artes e Ofícios, 1992.

PEARSON, H. *1966 Uncovered*. Londres: Mitchel Beazley, 2006

PHILIPPE, J.; FORT, P. *Zinedine Zidane* – uma biografia. Rio de Janeiro: Sá, 2008.

PICKERING, D. *The Cassell Soccer Companion*. Londres: Cassell, 1998.

POLI, G.; CARMONA, L. *Almanaque do Futebol Sportv*. Rio de Janeiro: Casa da Palavra, 2009.

RIO. *História do futebol brasileiro – Copas*. Rio de Janeiro: Editora Rio, 1978.

SACCOMANO, E. *Memo Foot – Coupe Du Monde*. Paris: Editions 1, 1998.

SANTIAGO JR., J. R. S.; CARVALHO, G. L. *Copas do Mundo* – das eliminatórias ao título. São Paulo: Novera, 2006.

TAYLOR, R.; JAMRICH, K. *Puskas* – uma lenda do futebol. São Paulo: DBA, 1998.

O autor

Mauro Beting tem 43 anos de vida e 37 de estádios. Cursou Direito, mas optou pelo Jornalismo para trabalhar em televisão desde 1987, em jornal desde 1989, como professor desde 1990, em rádio desde 1991, em internet desde 2000, em revista desde 2005. Comenta futebol na Rádio e TV LANCE!, na Rádio e TV Bandeirantes, e no Esporte Interativo. Apresenta futebol no Bandsports. Escreve sobre futebol no jornal LANCE!, na revista FUT!, no blog no LANCENET!, e nos portais Yahoo! e Cidade do Futebol.